FREUD E A COCAÍNA

DAVID
COHEN

FREUD E A COCAÍNA

Tradução de
CRISTINA CAVALCANTI

1ª edição

EDITORA RECORD
RIO DE JANEIRO • SÃO PAULO
2014

CIP-BRASIL. CATALOGAÇÃO NA PUBLICAÇÃO
SINDICATO NACIONAL DOS EDITORES DE LIVROS, RJ

Cohen, David
C628f Freud e a cocaína / David Cohen; tradução Cristina Cavalcanti.
– 1ª ed. – Rio de Janeiro: Record, 2014.
il.

Tradução de: Freud on Coke
ISBN 978-85-01-09763-7

1. Freud, Sigmund, 1856-1939. 2. Psicanálise. I. Título.

14-08777 CDD: 150.1952
CDU: 159.964.2

Título original em inglês:
Freud on coke

Texto revisado segundo o novo Acordo Ortográfico da Língua Portuguesa.

Impresso no Brasil

ISBN 978-85-01-09763-7

Seja um leitor preferencial Record.
Cadastre-se e receba informações sobre nossos
lançamentos e nossas promoções.

Atendimento direto ao leitor:
mdireto@record.com.br ou (21) 2585-2002.

Caro John,

Você me pergunta que qualidades pessoais eu considero essenciais para um futuro psicanalista. A resposta é comparativamente simples. Para ser um verdadeiro psicanalista é preciso ter um grande amor à verdade, tanto a verdade científica quanto a verdade pessoal, e é preciso sobrepor este amor à verdade a quaisquer incômodos ao deparar com fatos desagradáveis, sejam eles pertinentes ao mundo externo ou à sua própria pessoa.

Anna Freud

Odeio o que a droga faz comigo. Ela me faz chorar. Ela me deixa louco. Fico achando que tem gente querendo me matar. Odeio o que ela faz, mas eu a amo. Adoro a cara dela. Adoro o sabor, o cheiro, a sensação; eu a amo mais do que qualquer coisa que já amei na vida.

Um usuário de cocaína

Dedicado à memória de
William S. Burroughs Junior (não ao pai),
e a todas as demais baixas e prisioneiros da "Guerra às Drogas".

Sumário

Agradecimentos

Tenho duas grandes dívidas — a primeira para com o meu filho Reuben Cohen, a segunda para com o meu colega Martin Hay. Eles tiveram um papel decisivo ao sugerir este livro e, depois, ao fornecer uma boa dose de apoio pessoal e editorial. Freud sem dúvida diria algo sobre o fato de um filho editar o trabalho do pai, e eu quero agradecer a Reuben pelo seu trabalho. Ele exigiu delicadeza e inteligência.

Gostaria também de agradecer a Jeremy Robson, que publicou o meu livro anterior, *The Escape of Sigmund Freud* [A fuga de Sigmund Freud]. Ele tinha motivos para esperar que eu lhe desse a oportunidade de publicar o meu segundo livro sobre Freud, e foi extremamente generoso quando lhe expliquei por que não podia fazê-lo.

Em várias instituições os bibliotecários foram muito prestativos — especialmente os da MS Collection da Biblioteca do Congresso, em Washington, da Biblioteca Wellcome, em Londres, e do Instituto de Psicanálise. Na coleção Wellcome da *Chemist and Druggist* encontrei um verdadeiro tesouro com ilustrações de anúncios da década de 1880 de diversos produtos que continham cocaína.

Josh Brown fez sugestões úteis e compilou as referências com muita atenção. Vera Lustig verificou todos os meus erros. Beth MacDougall fez sugestões sobre o layout. Minha amiga e agente Sonia Land apoiou-me, como já fizera em vários outros projetos, literários e não literários. A sua colega Gaia Banks conseguiu a proeza de vender os direitos russos antes de eu terminar o livro, o que foi muito hábil no difícil clima editorial de hoje em dia. Ray Buckland trabalhou na formatação do texto durante o feriado do Natal. Um QWERTY de primeira.

Também quero agradecer a Tracey, que tem uma loja maravilhosa de ilustrações, por ter conseguido alguns anúncios do Vin Mariani.

Os erros, claro, são meus.

Prólogo

Uma história de dois viciados

Quando tinha 4 anos, Billy viu o pai atirar na mãe e arrebentar a cabeça dela com um revólver. Com a morte da mãe, Billy foi viver com os avós, amorosos e protetores. Eles mentiram e disseram ao menino que o pai era um explorador, ausente em razão do trabalho, que consistia em mapear partes remotas da América do Sul.

Como ocorre com as melhores mentiras, havia nela um elemento de verdade, pois o pai de Billy estava escondido no México — mais tarde ele seria absolvido da acusação de homicídio, pois atirara com o consentimento da mulher e sem intenção de matá-la. Aquilo fora uma brincadeira que eles chamavam de sua "rotina Guilherme Tell". O pai de Billy pensava ser um exímio atirador, e já havia atirado diversas vezes numa maçã sobre a cabeça da mulher enquanto Joan ria, sob os efeitos da anfetamina. Nos dez anos seguintes, Billy só viu o pai três vezes.

Os franceses costumam dizer "*tel père, tel fils*", "tal pai, tal filho". Aos 13 anos, o próprio Billy atirou no pescoço de um garoto e quase o matou. Os avós o mandaram para um hospício, para uma "reabilitação psicológica". Um ano depois, Billy foi viver com o pai na África do Norte, mas eles não ficaram à vontade com aquela proximidade, e o pai não era o tutor ideal para um adolescente problemático. Ele bebia demais, pagava aos garotos locais para fazer sexo e estava constantemente doido de haxixe, heroína e ópio, que ele fumava em cigarros infindáveis consumidos até queimar seus dedos anestesiados.

A violência e a negligência cobraram o seu preço. Aos 15 anos Billy também tinha problemas com drogas, o que não era de surpreender, já que o esperma do seu pai devia conter uma verdadeira farmacopeia e a sua mãe não deixou a gravidez interferir no seu amor às anfetaminas. Billy nasceu vulnerável ao vício e se tornou um dos muitos doidões de anfetamina dos anos 1960. Contudo, mais do que um simples drogado, Billy era um escritor talentoso e, como muitos viciados, tinha consciência da sua situação. Como ele disse: "Eu nunca soube a hora de parar. Sempre quis ir além do ponto X. Isto é, sempre fui meio burro."

Uma definição de "burro" poderia ser: pessoa incapaz de mudar o seu estilo de vida quando este a está matando. De ser assim, Billy seria burro e fixado na burrice, mas, na verdade, a inteligência não tem relação com a suscetibilidade ao vício: muitos adictos são irremediavelmente fracassados, assim como muitos alcoólatras e, no entanto, muitos deles conseguem fazer grandes coisas. É mais do que sabido que Winston Churchill bebia do café da manhã à hora de dormir, e que ele provou anfetamina: durante a crise dos mísseis cubanos, John F. Kennedy fazia uso de anfetamina, além do Demerol, um forte opiáceo sintético que tomava para aplacar as dores de seus ferimentos de guerra. Muitos artistas, músicos e escritores famosos foram usuários regulares de drogas — assim como muitos médicos.

Billy nunca conseguiu largar as drogas e morreu de falência hepática com apenas 34 anos, apesar de ter recebido um transplante de fígado. Àquela altura, a sua droga era o álcool. O seu pai, Guilherme Tell, que sobreviveu ao filho por quase vinte anos, não foi ao enterro de Billy.

Outro usuário de drogas, Solomon, também detestava enterros. Ele chegou atrasado ao enterro do pai com uma desculpa patética: não conseguira encontrar um barbeiro que fizesse a sua barba a tempo. Alguns anos mais tarde, Solomon tampouco compareceu ao enterro da mãe, apesar de afirmar que sempre a amara.

Solomon era filho de um pequeno empresário com um péssimo tino para os negócios. Três meses depois do nascimento de Solomon, seu avô morreu. O pai de Solomon ficou inconsolável, pois amava e reverenciava o pai. Quando Solomon ainda era bebê, morreu seu irmão, também bebê. Solomon tinha uma babá de quem gostava, mas quando ele estava com uns 3 anos, a família a despediu por suspeita de furto. Ele sentiu saudades dela e passou por mais um trauma. A família foi obrigada a deixar a casa confortável e mudar-se para uma cidade grande, onde só podia pagar aluguel numa área operária pobre. Tempos depois, Solomon escreveria que nunca perdeu o medo da pobreza.

Solomon também gostava do tio, que com frequência lhe trazia presentes de suas viagens de negócios à Inglaterra, inclusive doces coloridos de Blackpool. Quando o garoto tinha 10 anos, esse tio foi detido e condenado a dez anos de prisão por estelionato. Os jornais noticiaram o fato. A família foi humilhada publicamente.

Seis anos mais tarde, em outro negócio fracassado, o pai de Solomon perdeu outra vez todo o dinheiro que tinha. Quando cresceu, Solomon foi preso algumas vezes por não se apresentar ao serviço militar obrigatório. Tanto Billy quanto Solomon tiveram infâncias traumáticas, marcadas por violência, perda, pobreza e deslocamento. Muitas pessoas que passam por esse tipo de vida na primeira infância se tornam dependentes de drogas e álcool.

Ouvi muitas histórias semelhantes dos dependentes de heroína que entrevistei em 1985, para um documentário chamado *Kicking the Habit* [Largando o hábito], um estudo sobre o tratamento da dependência naquela época. O Reino Unido estava assolado por uma epidemia de heroína, complicada pela disseminação da aids mediante o uso compartilhado de seringas. Os dependentes que entrevistei tinham pouco em comum com Billy e Solomon, os quais, apesar de um passado terrível e do consumo de drogas, eram escritores de talento.

Quando Billy tinha 22 anos, escreveu o primeiro romance, *Speed*, que o poeta Allen Ginsberg elogiou como "um relato coerente de um tema terrivelmente incerto — as entranhas do Universo da Metedrina". O livro conta uma história assustadora — a de um garoto desesperadamente perdido e solitário, vagando entre abrigos, becos e as celas de prisão que pontuam as suas injeções de metedrina, anfetamina e cocaína. Mas o livro é também cálido e engraçado, com um tom irônico e autodepreciativo, apimentado por pequenos vislumbres e pela compaixão. O melhor, e muitas vezes o único amigo de Billy, era um Ginsberg bem-intencionado, mas um tanto transtornado, que uma vez quis mostrar a Billy as fotos da sua mãe no necrotério. *Speed* não é uma obra-prima, mas um início poderoso, fruto da sua época, e deveria ser leitura obrigatória para todos os que romantizam a cultura das drogas do final dos anos 1960. Não havia paz nem amor no universo de drogas de Billy.

Ele publicou um segundo romance autobiográfico, *Kentucky Ham*, outro excelente relato da vida de um dependente e suas tentativas de recuperação. Apesar de ser um escritor com estilo, Billy — William S. Burroughs Jr. — nunca ficou famoso como o pai, William S. Burroughs, autor de *Junky*, *Almoço nu* e *Cidades da noite escarlate*, dentre outros romances experimentais que alguns críticos compararam às inovações linguísticas de James Joyce, mas que podem igualmente ser descartados como sonhos de ópio escatológicos de uma personalidade profundamente perturbada e obcecada com sexo e centopeias. Billy Burroughs Junior, dependente de anfetamina, alcoólatra e filho do homem que matou a sua mãe, era caloroso e humano no papel, onde o pai, apesar de ser indubitavelmente original, era frígido e obsceno (à exceção do romance *Queer*, comovedor e excepcionalmente não experimental).

Burroughs pai tornou-se um ícone da contracultura, o Sumo Sacerdote da Heroína, e até hoje é reverenciado por muitos *junkies*, jovens e velhos. Ele jurava de pés juntos a quem quisesse ouvir que havia escrito o aterrorizante *Almoço nu* para dissuadir os jovens de experimentar drogas. Ele estava mentindo ou iludindo a si mesmo. Apresentando-se como Fausto à juventude alienada do final do século XX, Burroughs retratou o vício como um pacto com o diabo, uma luta pela própria alma, uma estética sombria que atraía a juventude alienada do final do século XX. Em entrevista, Marianne Faithfull afirmou que decidiu viciar-se em heroína depois de ler a sua obra. Uma homenagem e tanta!

É hora de acabar com o esconde-esconde deste prólogo. Solomon se tornou ainda mais famoso que William S. Burroughs. Solomon é a grafia correta do nome ídiche *Shlomo*, e era o segundo nome de batismo de Sigmund Freud, o fundador da psicanálise e uma das figuras mais influentes do século XX. Como no caso de Billy, o consumo de drogas terminou por matá-lo. Ele desenvolveu câncer na mandíbula aos 70 e poucos anos e se recusou a deixar de fumar charutos. Passou por 16 cirurgias e recebeu uma prótese na mandíbula. Ele odiava o fato de não conseguir comer sem babar, e ainda assim não conseguia parar de fumar. A filha insistia para que ele parasse, e a mais rica das suas amigas e pacientes, a princesa Marie Bonaparte, mandou confeccionar charutos sem nicotina especialmente para ele. Freud agradeceu à princesa por sua consideração, mas disse que os detestava e voltou aos charutos de verdade.

Se tivesse sobrevivido, William Burroughs Junior poderia ter se tornado um grande escritor, e Sigmund Freud certamente o foi. Se foi um grande cientista — ou se foi mesmo um cientista — é outra questão, muito diferente, mas até o seu crítico mais feroz, Hans Eysenck, reconhece que Freud era um bom estilista literário.

Ao examinar Freud e seu legado, devemos recordar que a psicanálise, esse estranho exercício em que o paciente conta seus sonhos e abre sua alma deitado num divã, foi inventada por um homem com um passado profundamente traumático. Na verdade, um homem que se tornaria usuário habitual de cocaína — além de fumante inveterado dos charutos que terminaram por matá-lo. Freud era zeloso em ocultar o passado, difícil e marcado pela dor, e os seus leais seguidores não o inquiriam muito a respeito, por isso não costumamos pensar no jovem Freud como prejudicado, vulnerável e um candidato promissor à dependência química. No entanto, a evidência oculta por muito tempo é clara. Filho de um lar não exatamente desintegrado, mas frequentemente afetado pela má sorte, escolhas equivocadas e perdas, essa infância o marcou de diversas formas — como a tendência à hipocondria, à depressão e à automedicação. Gerações de estudos freudianos negligenciaram esses aspectos cruciais da sua personalidade.

O fundador da psicanálise, que diversas vezes afirmou se identificar com Moisés, deveria ser examinado não como o sábio em que ele e seus seguidores tanto queriam acreditar, mas em termos humanos. Era-lhe tão impossível escapar à sua infância quanto ao pobre Billy Burroughs Junior. Freud não foi nem o profeta inatacável nem o monstro enganador que os críticos contemporâneos, sejam eles devotos ou oponentes confessos da psicanálise, têm tanta ânsia em retratar; ele foi profundamente prejudicado e traumatizado e não gostava de revelar essas "intimidades".

A experiência pessoal de Freud com a cocaína começou em 30 de abril de 1884, uma semana antes do seu aniversário de 28 anos. Era o dia da Walpurgisnacht, uma tradicional festa pagã em que, segundo a lenda, as bruxas se reuniam à noite para saudar a chegada da primavera, da nova seiva, da nova vida. Goethe, o autor favorito de Freud, situou uma cena de Fausto nessa mesma noite. Mefistófeles surge com suas patas bipartidas e induz Fausto a cair nos braços de uma jovem bruxa nua, que revela ser a Medusa com cabelos de serpentes. Freud conhecia bem a peça. Como parábola, ela poderia ser usada para representar a queda do usuário de drogas no vício: a droga, a tentadora radiante, por fim demonstra ser um monstro voraz.

Freud havia encomendado 1 grama de cocaína à Merck em Darmstadt, uma das várias empresas farmacêuticas que, naquela época, vendiam a droga de forma perfeitamente legal. Ele pesou 1/20 de 1 grama de cocaína pura. Aqui há uma estranha coincidência: segundo alguns estudiosos de Goethe, o escritor se inspirou no próprio boticário Merck para criar o seu Mefistófeles.

À diferença da cocaína vendida nas ruas atualmente, a mercadoria da Merck era *pura*; o mais provável é que fosse hidrocloreto de cocaína de 98% a 99% puro. Trata-se de uma substância muito diferente da que geralmente se vende hoje como cocaína, e nos últimos anos a análise da cocaína apreendida pela polícia do Reino Unido indica uma forte queda na pureza. Às vezes, 1 "grama", vendido nas ruas por preços que oscilam entre 30 e 60 libras esterlinas, não contém mais do que 5% de cocaína que, cada vez mais, é adulterada com similares semilegais e anestésicos dentais. No entanto, o mais preocupante é a atual prática, muito disseminada, de adulterar a cocaína com levamisol, uma substância que suprime a produção de células brancas no sangue, com consequências potencialmente fatais. Porém, a cocaína "malhada" é uma consequência da ilegalidade da droga — para a qual, como veremos, a obra de Freud contribuiu.

Freud não sabia muito bem como pagar seu primeiro grama. Apesar de ter se formado médico há pouco tempo, ele não tinha emprego e constantemente era forçado a pedir dinheiro emprestado. Há dois anos ele estava noivo de Martha Bernays, mas eles não podiam marcar a data do casamento porque ele era pobre demais para alugar um apartamento decente. Ele continuava vivendo em um albergue estudantil e se ressentia de ser pobre. Ele não pretendia que essa situação durasse muito tempo.

Por ter estudado a literatura sobre a cocaína, Freud sabia que a droga era um potente estimulante e que sua temperatura, seus batimentos cardíacos e sua pressão sanguínea subiriam imediatamente. Engoliu a cocaína e ficou à espera dos seus efeitos. Não se decepcionou, pois escreveu:

> Alguns minutos depois de tomar a cocaína, experimenta-se uma súbita euforia e um sentimento de leveza. Sente-se uma espécie de pilosidade nos lábios e no palato, acompanhada da sensação de calor nestas áreas; se depois tomamos água fria, sentimos calor nos lábios e frio na garganta.

Às vezes o principal efeito era um frescor bastante agradável na boca e na garganta. "O efeito psíquico" era nada perturbador, pois "a excitação e a euforia não diferem em nada da euforia normal de uma pessoa sã. O sentimento de excitação que acompanha o estímulo do álcool está totalmente ausente; tampouco há a necessidade característica de atividade imediata produzida pelo álcool."

Quando ingeriu o 1/20 de grama, Freud não buscava o efeito eufórico por si só, mas queria compreender melhor o potencial da droga. Ele estava fazendo pesquisa médica, na esperança de encontrar um uso médico para a droga que lhe trouxesse fama e fortuna. Os resultados da primeira prova foram promissores, mas inconclusivos. Depois daquele primeiro grama ele comprou outro. E depois outro, e outro mais... quase como se agisse guiado por alguma forma de compulsão.

Um ano mais tarde, Freud começou a trabalhar para os rivais americanos da Merck, a Parke-Davis, testando seus lotes de cocaína. Ele se tornara um especialista reconhecido na droga, e a Parke-Davis usou seu aval para anunciar que sua cocaína era a melhor do mercado. Não sabemos se ele recebia amostras gratuitas em troca, mas ele cobrou 60 marcos. Freud não tinha a menor ideia de que a cocaína podia viciar. Na verdade, ele acreditava nas alegações da Parke-Davis de que ela poderia ser um *tratamento* para a dependência de morfina.

Os experimentos de Freud com a cocaína viriam a exercer forte influência na percepção social, cultural e médica da droga — influência que continua vigente. Eles contribuíram para formar a grande divisão convencional entre drogas boas, terapêuticas e medicinais, prescritas por médicos bons e sensíveis, e drogas recreativas ruins, vendidas por traficantes demoníacos. Na verdade, muitas vezes os médicos receitam e os traficantes vendem os mesmos produtos químicos — os opiáceos e as anfetaminas são os exemplos mais óbvios. No que concerne às drogas, a percepção — e a política — são tudo. Poucas palavras na língua inglesa têm tantos significados possíveis e até mesmo contraditórios quanto a palavra "*drug*". Sabemos que quando a polícia e os políticos falam do "problema das drogas", não se referem aos produtos comercializados pelas empresas farmacêuticas: e já não se pode comprar cocaína nem cannabis numa *drugstore* dos EUA nem numa franquia da "Superdrug" no Reino Unido. No entanto, não questionamos esta nuance, e em geral aceitamos a existência do "bom" uso das drogas, o uso terapêutico, sob prescrição de um profissional da medicina, e das drogas "más", imorais, frequentemente descritas como "recreativas" ou para a busca de prazer. A experiência de Freud com a cocaína não deixa dúvidas quanto à solidez desta distinção e ela não é meramente semântica.

Encaradas de um modo imparcial, as políticas mundiais que visam a regular o uso de drogas, medicinais ou outras, são claramente irracionais e ineficazes. Se um jornalista consumir anfetaminas compradas de modo ilícito para passar a noite acordado e cumprir um prazo, no Reino Unido ele será culpado pela posse de drogas Classe B e, teoricamente, pode enfrentar cinco anos de cadeia. Contudo, se tiver um diagnóstico de "distúrbio de déficit de atenção em adultos" (DDAA) — um diagnóstico controvertido para o qual não existem testes objetivos — e as mesmas drogas lhe forem prescritas, ele não terá cometido um crime. Essa é a lógica de *Alice no país das maravilhas* e seu famoso coelho branco, mas os políticos não se atrevem a dizê-lo.

O próprio consumo de drogas por Freud contribuiu para as condições que estabeleceram esse estranho paradoxo, consagrando uma distinção entre consumo de drogas terapêutico e recreativo que pode perfeitamente ser mais aparente — e, neste caso, uma ilusão política — do que real. O seu legado nesse aspecto também tem sido negligenciado pela prolífica indústria freudiana.

A experiência de Freud com a cocaína estabeleceu um padrão para experimentos, alguns letais, vigente até hoje, tanto entre certos médicos e a rede mundial de usuários de drogas, que têm à disposição uma seleção cada vez maior de produtos legais e ilegais; essa tradição de "consumo introspectivo" de drogas tem sido adotada por estudiosos, escritores, cientistas e leigos que consomem substâncias químicas e depois escrevem sobre suas experiências com a substância — ou substâncias — em questão. Formou-se uma comunidade em escala mundial de consumidores introspectivos de drogas, particularmente após o lançamento das "pesquisas de substâncias psicoativas" de Alexander Shulgin — discutidas mais adiante, no capítulo 13.

Porque o que começou naquela Walpurgisnacht persiste até hoje, numa escala muito maior — maior do que a imprensa e os políticos conseguem entender — e, na era da internet, ameaça tornar as leis antidrogas e as políticas oficiais totalmente irrelevantes. A verdadeira história de Freud com a coca é uma história secreta e inédita importante, que deve ser reexaminada para oferecer um panorama mais claro do legado da psicanálise e da confusa cultura das drogas em todas as suas formas, a qual tem escapado a sucessivas tentativas de regulamentação e controle.

1

Freud, o conquistador

Em abril de 1884, poucos teriam imaginado que algum dia Freud concorreria ao Prêmio Nobel de Medicina. Tempos depois, apesar dos frequentes rumores de que figurava entre os favoritos, ele nunca recebeu o prêmio, o que foi sempre um motivo de amarga frustração. Ele é um dos pensadores mais importantes cuja nomeação foi rejeitada — e um dos mais prolíficos.

As obras completas de Freud somam 32 volumes. Ele escreveu sobre sonhos, sexo, anatomia cerebral, chistes, o homem de Neanderthal, Hamlet, Leonardo da Vinci, o Moisés de Michelangelo, o Moisés original, Jesus, as deficiências de Woodrow Wilson, presidente dos EUA, a criação dos filhos, a terapia, os erros, o assombroso, a mente, o dinheiro, a falta de dinheiro, o instinto de morte (Tanatos, o eterno oposto de Eros, o impulso vital e sexual), Shakespeare, Dostoiévski, o sionismo, estranhos acontecimentos em monastérios, arte, pragas, cães, sapos, o judaísmo e a guerra. Contudo, nas *Obras completas* não há nenhum texto sobre a cocaína, apesar de Freud ter escrito quatro artigos sobre o tema e ter ficado muito orgulhoso deles à época da publicação.

Freud foi amigo e conviveu com muitos homens e mulheres importantes do seu tempo, como Albert Einstein, William James, Carl Jung, Thomas Mann, Stefan Zweig, o sexólogo pioneiro Havelock Ellis, H. G. Wells, Virginia Woolf, Salvador Dalí e um certo padre Schmidt, que era confidente do papa. Schmidt odiava Freud porque dizia que ele era um demônio, ateu *e* judeu. Entre os pacientes de Freud estavam a princesa

Marie Bonaparte, bisneta de Napoleão, a poeta Hilda Doolittle e o primeiro embaixador americano na União Soviética, William Bullitt.

Tendemos a pensar em Freud como alguém calmo e controlado, porém ele era volátil e discutia com muitos dos seus "discípulos", como Carl Jung e Wilhelm Reich, autor do clássico *Psicologia de massas do fascismo*. Para Jung, Freud punha ênfase excessiva no sexo; para Reich, Freud subestimava a importância do sexo. As disputas não eram só sobre sexo, mas sobre autoridade, como ficou claro quando Freud e Jung foram juntos de navio para os Estados Unidos, em 1909. Freud fora convidado para dar uma conferência no 25º aniversário de fundação da Universidade Clark, em Worcester, Massachusetts.

No navio, Jung contou seus sonhos a Freud, mas este se recusou a fazer o mesmo, e comentou que precisava preservar sua autoridade. Jung gritou e se zangou; Freud desmaiou, como às vezes ocorria quando se sentia ansioso ou ameaçado. Jung nunca perdoou o que considerou um insulto. Esses analistas eram verdadeiros modelos de maturidade. Freud podia ser absolutamente afrontoso, como quando resolveu, por exemplo, outra vez por uma questão de "autoridade", que só ele podia analisar sua filha Anna; ninguém mais podia escutar os segredos da família Freud. Hoje, seria considerado completamente antiético — para não dizer absurdo — um pai analisar o próprio filho. Freud sabia que havia transgredido um limite, pois por mais de 25 anos guardou segredo sobre o fato de ter analisado Anna. Jung tampouco era santo; ele se deitou com pelo menos uma paciente e, apesar de não ter sido um nazista, não se opôs ao Terceiro Reich.

Como foi observado no prólogo, ao consumir cocaína Freud estava emulando muitos médicos, artistas e cientistas do século XIX ao experimentar em si mesmo e estudar os próprios pensamentos, sentimentos e sensações sob a influência da droga. Já em 1799, o grande químico Humphry Davy havia inalado óxido nitroso ("gás hilariante" ou "crack de hippie" para os usuários recreativos contemporâneos) para investigar seus efeitos. Na Paris de 1844 havia o Clube do Haxixe; entre os membros estavam Victor

Hugo, Balzac, o pintor Eugène Delacroix e o poeta Charles Baudelaire. William James, o pioneiro psicólogo americano, inalou óxido nitroso e escreveu extensamente sobre sua experiência com o gás. A "tradição do consumo introspectivo de drogas" inclui ainda Havelock Ellis, William Haslted, o pai da cirurgia americana, e Aldous Huxley, autor de *Admirável mundo novo*. Um dos exploradores mais improváveis foi Robert Wasson, vice-presidente do banco J. P. Morgan entre 1943 e 1963, cujas experiências com alucinógenos não o levaram a jogar na bolsa de maneira imprudente, embora ele provavelmente não comesse cogumelos mágicos no horário comercial.

Dois dentre os mais importantes exploradores introspectivos de drogas dos últimos 60 anos eram químicos. Em 1938, Albert Hoffman sintetizou o LSD quando trabalhava na empresa farmacêutica Sandoz e Alexander Shulgin trabalharia na Dow Pharmaceuticals anos depois. Ambos tinham carreiras convencionais de prestígio. Hoffman descobriu um composto que diminuía as dores do parto, e Shulgin criou um dos pesticidas mais rentáveis da história. Contudo, o legado de ambos não está nesses triunfos, mas na criação de alucinógenos.

Os primeiros psicólogos consideravam a introspecção um método essencial da sua disciplina. Porém, a palavra introspecção não significava a mesma coisa no final da época vitoriana do que costuma significar para nós hoje, a saber, o fato de alguém pensar nos próprios sentimentos e problemas; ela significava *pensar sobre o pensamento*, na esperança de descobrir os átomos básicos do pensamento. Isto não surge naturalmente, e os primeiros psicólogos treinavam para conseguir fazê-lo. Era uma espécie de "atletismo cognitivo".

Os psicólogos imitavam o que acreditavam que os "cientistas de verdade" faziam nas pesquisas *deles*. Os físicos e os químicos estudavam os átomos da matéria, então os psicólogos tinham de estudar os átomos da mente para descobrir as partículas básicas do pensamento. Os psicólogos ambiciosos passavam horas contemplando círculos, triângulos, sílabas sem sentido, como VUT, ou quadrados de cores vibrantes, e registravam o que pensavam e sentiam. William James, que montou o primeiro laboratório de psicologia nos Estados Unidos em 1879, queixou-se de que aqueles "estímulos sensoriais" eram "pobres", pois as pessoas normais não passavam muito tempo olhando triângulos e sílabas sem sentido, mas a maior parte dos seus colegas não se perturbou com isso, pois imaginava que o estudo dos chamados estímulos "puros" era mais eficaz do que tentar entender as complexidades da consciência.

Acontece que as descrições do que os objetos da pesquisa sentiam e pensavam ao olhar os triângulos e outros estímulos eram bastante consistentes, mas os psicólogos não conseguiam entrar em um acordo quanto ao seu significado. Os átomos básicos da mente eram pensamentos, sensações ou imagens? Era possível pensar sem imagens? Era possível ter imagens sem o pensamento? E onde a emoção se encaixava nessa história?

Essas discussões infindáveis provavam que a introspecção era inútil, argumentavam os psicólogos americanos e britânicos, pois não era possível ser objetivo sobre algo tão subjetivo como o pensamento. Os empiristas insistiam em reafirmar que a psicologia nunca avançaria se não estudasse o comportamento observável e mensurável. A menos que um de nós esteja bêbado, louco, ou seja daltônico, veremos um ônibus londrino vermelho trafegando como algo vermelho, em movimento e na rua. Essas disputas metodológicas mudaram a psicologia durante cinquenta anos. A introspecção desapareceu da psicologia anglo-americana e só "sobreviveu" em estudos marginais e dissidentes, inclusive nos estudos das experiências com drogas. A rejeição à introspecção quase removeu os pensamentos e os sentimentos da psicologia, já que os psicólogos se concentraram em questões mais simples, como observar ratos procurando a saída de um labirinto.

Antes de começar seus estudos sobre a cocaína, Freud escreveu artigos científicos convencionais sobre temas como o cérebro e a vida sexual das enguias, que não lhe exigiam pensar sobre o seu próprio pensamento. O uso da cocaína forçou-o a aprender as técnicas da auto-observação. As consequências foram de grande alcance. Se não tivesse confiança na sua própria capacidade de auto-observação, ele nunca teria começado a estudar os próprios sonhos e não teria embarcado na famosa autoanálise, na qual se baseia a "invenção" da psicanálise.

Contudo, Freud nunca admitiu que a cocaína tivesse um papel importante no seu desenvolvimento intelectual ou emocional. Ele atribuía a sua originalidade e sucesso como pensador a dois fatores. Primeiro, como judeu ele estava condenado a ser um *outsider* e, portanto, podia ser um "opositor ousado", livre das amarras da ortodoxia. Em segundo lugar, ele se permitia ousar devido ao amor materno e ao fato de ser o "favorito inegável", o que o fazia sentir-se como "um conquistador".

Há certa ironia histórica nisso. Ao se autodenominar um conquistador, de maneira consciente ou inconsciente Freud se identificou com os espanhóis que cruzaram o Atlântico, conquistaram o México e o Peru e, no processo, destruíram duas grandes civilizações. O explorador espanhol Hernan Cortés desembarcou no México em 1519 com apenas 400 soldados e derrotou o império asteca; aqueles homens entraram para a história como "conquistadores". Os historiadores românticos ressaltam que os astecas acreditavam que Cortés seria uma manifestação do deus Quetzalcoatl, "a serpente emplumada", ao passo que os mais pragmáticos apontam que Cortés possuía armas e cavalos, enquanto os astecas só dispunham de arcos, flechas e lhamas. Pouco depois de desembarcar no México, os conquistadores descobriram os usos da coca. Então, Freud se identificava com os primeiros europeus que provaram a coca, a folha de onde a cocaína é extraída.

Não sou freudiano de carteirinha nem um crítico virulento da sua obra, porém quanto mais estudo Freud (há cerca de 40 anos), mais me parece óbvio que ele não foi totalmente honesto nem preciso ao escrever sobre si mesmo. Ele pode ter se comparado a um conquistador, mas não teria durado muito na tripulação de Cortés. Em primeiro lugar, era um marinheiro lamentável, e constantemente enjoava ao viajar de navio para os Estados Unidos. Depois, Freud não sabia andar a cavalo. Em terceiro lugar, e o mais importante, até bem entrado nos 40 anos, ele dava poucos sinais da confiança que atribuía ao grande amor da mãe por ele. Até então Freud muitas vezes duvidava de si mesmo e transigia com os mais velhos e os colegas. A cocaína lhe proporcionava confiança social e alívio fácil quando se sentia indisposto, o que ocorria com frequência, já que era hipocondríaco. Ele inclusive deu cocaína à noiva, Martha Bernays, e as cartas para ela sugerem que eles exploraram juntos as suas propriedades afrodisíacas. Freud era relativamente sincero sobre a sua necessidade de charutos, mas muito menos sobre a necessidade de cocaína.

Quando estudei psicologia em Oxford, no final da década de 1960, Freud havia sido relegado ao ostracismo pelos psicólogos empiristas britânicos, para os quais as teorias freudianas não podiam ser provadas nem refutadas. Como afirmam os filósofos da ciência, eram vagas demais para serem verificáveis ou refutadas. A refutabilidade era o critério pelo qual se julgava se uma teoria podia ser considerada "científica", e Freud foi hábil ao evitá-la, mas isso não impressionava os empiristas.

Porém, um dos meus orientadores, Brian Farrell, me fez ler *Projeto para uma psicologia científica*, que Freud escreveu enquanto consumia uma boa quantidade de cocaína. Fiquei mais desconcertado do que inspirado pelo livro, uma espécie de fantasia sobre a anatomia cerebral que, segundo ele, viria a ser perfeitamente compreendida num futuro não muito distante. Por sua vez, isso permitiria aos psiquiatras corrigir qualquer disfunção com uma droga feita sob medida, como uma "panaceia", ou um procedimento cirúrgico. A ciência, pensava Freud, estava a ponto de conquistar as fronteiras internas, aprender a linguagem da função cerebral em termos exatos e abrangentes e tornar redundantes as primitivas "curas pela fala" da psicoterapia.

Para os historiadores da psicologia, aqui reside uma deliciosa ironia: essa fé cega na "biopsiquiatria" continua a ser a filosofia norteadora de muitos psiquiatras que descartam Freud como um charlatão confuso e fantasioso, e a psicanálise como a moda ridícula e duradoura que ele semeou. Em vida, Freud nunca autorizou a publicação do *Projeto*. Obviamente, foi demasiado otimista ao pensar que a ciência logo seria capaz de entender o cérebro, mas não era o único a alimentar essa fé. Passados 125 anos, sabemos que isso não é tão fácil; vimos muitíssimas "panaceias" errarem o alvo e, no entanto, a fé persiste.

Quando saí de Oxford entrevistei psicólogos famosos para a *New Scientist* e a revista francesa *Psychologie*, compiladas no meu primeiro livro, *Os psicólogos e a psicologia*. Eu não estava fazendo uma pesquisa sobre a reputação de Freud, mas seu nome inevitavelmente surgia e as entrevistas apontaram como muitos psicólogos respeitados viam Freud e a psicanálise nos últimos 50 anos. Dois deles eram opositores ferozes do homem e do seu sistema. Conheci Hans Eysenck, cujas fama e infâmia se devem à sua afirmação de que as evidências acumuladas dos testes padronizados mostravam diferenças raciais nos resultados do QI. Os estudantes protestaram e acusaram-no de racismo, o que deve ter sido duro; neto de uma judia, Eysenck fora forçado a fugir dos nazistas. Ele admitiu que Freud escrevia num lindo alemão, no entanto prosseguiu criticando e afirmou que o novo na obra de Freud não era verdadeiro, e o verdadeiro não era novo.

Eu esperava que B. F. Skinner, o psicólogo behaviorista preeminente entre os anos de 1930 e 1975, desprezasse Freud tanto quanto Eysenck. Quando o encontrei em sua casa, perto de Harvard, ele usava bermudas e me surpreendeu ao dizer: "Freud fez algumas descobertas muito importantes e também chamou a atenção para descobertas feitas por outros. O resultado disso é que mudamos. Já não acreditamos em caprichos, acasos ou veleidade. Existem motivos para você esquecer seus compromissos, por exemplo. Não acho que ele sempre tenha dado as razões corretas, mas aceito seu determinismo. Acho que seu grande erro foi inventar o aparelho mental, como ele o denominou, uma criação fantástica oriunda da psicologia da vontade alemã." Com isso, Skinner se referia ao quadro quase gótico da mente inconsciente como um fosso fumegante de desejos desconhecidos e motivações ocultas. Skinner chegou a criticar Eysenck por ser "talvez um pouco exagerado" ao criticar os fracassos da psicanálise.

Um dia antes de encontrar Skinner conversei com Neil Miller, que publicara um livro com John Dollard em 1950, em que tentaram reconciliar a psicanálise e a teoria da aprendizagem, então o modelo dominante da psicologia. Eles acharam que seria útil testar as ideias de Freud à luz do "rigor" da teoria da aprendizagem. Miller disse: "Acho que pensávamos que aquilo não era absolutamente perfeito, mas estávamos satisfeitos com a abordagem geral." O livro foi apresentado como uma modesta defesa de alguns pensamentos freudianos.

Entrevistei também Michel Jouvet, neurofisiologista francês que pesquisava o sono e os sonhos. Jouvet e outros pesquisadores haviam descoberto que sonhamos em um estágio particular do sono, e ele fez um trabalho pioneiro sobre o cérebro e os sonhos dos gatos. Ele não era fã da obra de Freud, mas se dedicara a estudar 1.400 dos seus próprios sonhos — um projeto parcialmente inspirado no livro que criou a reputação de Freud, *A interpretação dos sonhos*. Os estudos de Jouvet o levaram a pensar que Freud se equivocara em vários aspectos, mas, ainda assim, havia aberto uma importante área de pesquisa. Conscientemente, Jouvet usou a compreensão dos próprios sonhos para mudar seu comportamento, muito além do que Freud parece ter conseguido fazer.

Os mais aguerridos defensores de Freud que entrevistei foram R. D. Laing, cujo primeiro livro, *O eu dividido*, contribuiu mais para humanizar os pacientes psiquiátricos do que qualquer outro texto, e Karl Menninger. R. D. Laing era uma figura quixotesca e carismática, que teve a grande infelicidade de escrever logo de saída o melhor livro: seu declínio posterior no alcoolismo, nas drogas e na escrita de uma poesia horrível foi uma perda trágica tanto para ele mesmo quanto para a psiquiatria progressista. Menninger, sóbrio até dizer chega, teve um papel importante no desenvolvimento da psicanálise nos Estados Unidos e foi a Viena em 1934 para conhecer Freud. Este o fez esperar por uma hora, "o que me irritou" — novamente uma questão de autoridade —, mas logo se acalmou. Ele reparou que Freud não estava passando bem e "suportava a dor com uma bravura incrível". Menninger depois escreveria:

> Porém, o que mais me impressionou em Freud foi a dor interior de que ele obviamente padecia, subjacente à sua gentileza e doçura, uma espécie de sofrimento interior que podia provir em parte do conteúdo de suas grandes descobertas pois, como os físicos atômicos, ele devia achar que as descobertas transcendiam a compreensão dos seus efeitos e do controle do descobridor.

Menninger foi perspicaz ao perceber a dor interior de Freud, que tem um papel importante na sua história com a cocaína. Ele também fez um relato plausível em que explica por que a psicanálise teve êxito nos Estados Unidos. "Freud era otimista quanto à capacidade dos seres humanos de ajudarem a si mesmos [...] e isto tocou fundo num país pioneiro, onde sentimos que não há nada que não possamos alcançar quando nos empenhamos."

De todos os psiquiatras que encontrei que haviam conhecido Freud, o mais conflituoso era Viktor Frankl. Quando Frankl tinha apenas 18 anos, enviou a Freud o rascunho de um artigo pedindo a sua opinião. Freud não respondeu e ele se ofendeu com o silêncio. Quatro anos mais tarde, Frankl avistou Freud caminhando numa rua de Viena, foi até ele e perguntou: "O que o senhor achou do meu artigo, Herr Professor?" Freud, com seus 70 anos, não sabia quem ele era. Profundamente magoado, Frankl passou a hostilizar a psicanálise, dedicou-se a destronar Freud e criou um tipo diferente de terapia, a logoterapia. A psicanálise sempre provocou profunda lealdade e grande fúria. Os freudianos tradicionais tinham mais ódio de Frankl do que ele deles.

No estudo de Frankl havia muitas fotografias dele escalando montanhas. Na época não percebi que, ainda que Freud não tivesse muitas das qualidades de um verdadeiro conquistador, ele era um bom montanhista e certa vez chegou ao cume do Dachstein, um pico de quase 3 mil metros de altitude nos Alpes austríacos. As fotografias em que Freud está mais relaxado são as que o retratam vestido de *Lederhosen* caminhando pelas montanhas ou catando cogumelos, um hobby que cultivava. As fotografias de Frankl provam que ele conquistara muitos outros alpes. As suas teorias podiam não ser tão conhecidas quanto as de Freud, mas ele tinha a satisfação de ser melhor montanhista.

Menninger e Frankl não fizeram parte do primeiro círculo psicanalítico de Freud em Viena. No entanto, Melanie Klein foi uma das primeiras mulheres psicanalistas, e mais tarde teve uma série de disputas acirradas com Anna Freud sobre o significado do seio. Nos anos 1970 conheci a filha de Melanie Klein, Melitta Schmideberg, ela também uma terapeuta famosa, que me abriu os olhos para as disputas e cismas pessoais endêmicos ao mundo da psicanálise, disputas que raras vezes eram resolvidas, por mais abstratas que fossem suas origens. Ela e a mãe não se falavam havia anos. Schmideberg vivia numa casa repleta de antiguidades e tinha boas recordações de Freud, que era especialmente grato ao marido dela, Walter, um oficial de cavalaria que forneceu charutos ao analista durante a guerra de 1914. Schmideberg me contou que, após 40 anos, concluíra que a melhor forma de terapia era escutar as descrições dos problemas dos pacientes — e, quando possível, servir-lhes sopas nutritivas.

Ela concluíra que demasiada teoria, fosse ela freudiana, jungiana, kleiniana, reichiana ou de qualquer outra procedência, era de pouca ajuda para pacientes e terapeutas. Ela transpirava a sabedoria de uma velha senhora que havia visto muito, mas sorriu como uma menina contente ao mostrar-me uma colher de prata que Freud lhe dera de presente.

Em Oxford também estudei o colega vienense de Freud, o filósofo Lwig Wittgenstein. Ele era um excêntrico, e parece que uma vez brandiu um atiçador de ferro contra o influente filósofo da ciência Karl Popper, então Freud teve sorte por sair só ligeiramente chamuscado das *Conferências e discussões* de Wittgenstein: "Freud constantemente afirma ser científico. Mas o que ele oferece é especulação — algo anterior inclusive à formação de uma hipótese."

Contudo, após a condenação vinha o elogio: "Sabedoria é algo que eu nunca esperaria de Freud. Inteligência, certamente; mas não sabedoria."

Este livro não pretende analisar a extensão da sabedoria de Freud nem o valor da sua contribuição à psicologia e à psiquiatria. Em *Os psicólogos e a psicologia* argumentei que os psicólogos eram muito mais combativos que outros cientistas, pois suas teorias sobre a natureza humana se refletiam neles como seres humanos. Se digo que somos máquinas bioquímicas, dificilmente posso fingir ser um indivíduo único, diferente das demais máquinas, e o orgulhoso dono de uma alma imortal. As intermináveis guerras de Freud mostram claramente como é difícil para os psicólogos encará-las de modo desapaixonado.

É justo alertar os leitores que, a partir deste ponto, estão entrando numa zona de guerra.

Em 1984, Harold Bloom, o celebrado crítico literário e filósofo, fez uma nuançada defesa de Freud em uma resenha de *Nos arquivos de Freud*, livro de Janet Malcolm. Freud sempre tinha em mente que o inconsciente era a sua hipótese ou metáfora, afirmou Bloom, mas "a profissão psicanalítica tornou as metáforas de Freud literais na sua busca angustiada do status de ciência". Alguns analistas modernos foram estúpidos a ponto de comparar a psicanálise à cirurgia ou ao conserto de um carro. Bloom cita um psicanalista anônimo que teria dito: "A análise não é intelectual. Não é moral. Não é educacional. É uma operação. Ela reacomoda as coisas dentro da mente assim como a cirurgia recompõe coisas dentro do corpo — e até como um mecânico de automóveis conserta coisas sob o capô do carro." Bloom desancou este literalismo. "Independentemente das metáforas que Freud possa ter deixado implícitas, ele não confundiu a mente com uma máquina de combustão interna."

Bloom elogiou Freud por ser "encantadoramente capaz de escrever que a teoria das pulsões era, por assim dizer, a sua mitologia e, ainda assim, defender a sua reivindicação à condição de ciência, recordando-nos que a linguagem da física também era um discurso figurativo. Essa defesa reconhece que a psicanálise é mais uma interpretação do que um fato, mas a sofisticada erudição de Freud não foi legada aos analistas, alguns dos quais são, na verdade, a doença que afirmam curar".

Freud afirmou que os Estados Unidos eram "um erro colossal" e, segundo Bloom, ele tinha toda razão no que se refere a muitos psicanalistas americanos.

Numa resenha para a *New York Review of Books*, Sarah Boxer assinalou que, em 1990, "havia um grupo de pessoas relativamente pequeno que minava a reputação de Freud". O escritor Stanley Fish fora particularmente feroz ao elogiar um paciente de Freud, o chamado "Homem dos Lobos", por seu bom senso em apontar "que Freud era um trapaceiro judeu" que pretendia usá-lo "por trás" e defecar na sua cabeça. É óbvio que os que se dedicam às ciências exatas se atacam mutuamente, porém a maioria não o faz de modo tão infantil.

Boxer argumenta que ultimamente o debate ficou ainda mais virulento. Os críticos contemporâneos "despedaçam quaisquer fibras vivas de Freud. Eles são um grupo obcecado e desprovido de humor". Um deles, Eric Miller, chegou a chamar Freud de "assassino". Boxer rebate e cita John Forrester, que reclamou que esses críticos tentavam "demonstrar que a psicanálise é profundamente falha [...] não só por ser uma teoria ruim e antiquada, mas principalmente porque Freud não era confiável e era demente e falso". Em resumo, tudo o que se busca num médico.

Apresentei fragmentos dessa literatura para evidenciar a fúria que Freud desperta. Embora críticos mais moderados tenham identificado falhas genuínas, incoerências e coisas piores no seu pensamento, ele estava certo em insistir que a psicologia devia estudar mais do que o mero comportamento. Ela não pode simplesmente ignorar o que sentimos e pensamos, pois os sentimentos e pensamentos conformam a nossa realidade psicológica e são o modo como conhecemos a nós mesmos. O estudo da complexa interação dos processos cerebrais, alguns dos quais hoje podemos ver por meio da tecnologia de neuroimagem, com os pensamentos e sentimentos subjetivos exige certa introspecção. O cientista perfeito, que vê os fluxos e contrafluxos químicos e elétricos no meu cérebro num dado momento, não consegue saber o que eu sinto, por mais perfeito que seja seu aparelho de imagem computadorizada. A mente e o corpo não podem ser explorados com os mesmos métodos e a mesma linguagem. O cientista pode ver o padrão de neurônios que disparam quando provo um camembert maduro ou vejo uma pintura de David Hockney, mas ver os padrões da minha atividade neuroquímica e eletroquímica não diz muito ao observador a respeito da *minha* experiência humana, intrinsecamente subjetiva.

Curiosamente, alguns dos melhores exemplos atuais de pesquisa introspectiva são os estudos em primeira pessoa sobre cocaína e outras drogas legais, ilegais e de todos os matizes intermediários. Desde que saiu da Dow Chemicals, Alexander Shulgin não só criou mais de 300 compostos psicoativos, em sua maioria alucinógenos, como também criou uma escala psicológica para comparar os efeitos dos diferentes preparados sobre a mente e o corpo, começando pelo seu. Ele inspirou uma geração de criadores de drogas, que informam rotineiramente sobre os efeitos da última invenção, e uma geração de seguidores que escrevem relatórios sobre quaisquer coquetéis duvidosos que encontram.

Hoje em dia, a internet pulsa com informações sobre novas substâncias e os relatos dos usuários. Alguns são apresentados como estudos científicos convencionais. Por exemplo, um informe sobre a mefedrona, droga psicodélica estimulante similar ao MDMA (ecstasy) e a cocaína que chegou às manchetes antes de ser banida, em abril de 2010, dizia:

> *Positivo: alto astral; euforia leve; efeitos empatogênicos; estimulação leve a moderada; aumento da motivação, da sociabilidade e da clareza mental; bode e ressaca pouco significativos; afrodisíaco depois de passado o efeito.*
> *Neutro: batimento cardíaco ligeiramente acelerado; dilatação das pupilas; loquacidade; supressão do apetite.*
> *Negativo: dificuldade de dormir após os efeitos primários.*

É claro que, na web, a maioria dos usuários permanece no anonimato — o que certamente deixará os futuros historiadores intrigados e frustrados, pois é quase certo que alguns dos que hoje postam suas experiências com drogas ilegais chegarão a ocupar posições influentes e notórias.

O presidente Barack Obama escreveu que usou maconha e "tragou" para aliviar seu sofrimento na época em que tentava definir sua identidade racial e pessoal. O vice-presidente Al Gore, filho de um eminente senador, admitiu ter usado muita cannabis, e o mesmo afirmou John Kerry, que concorreu contra George W. Bush em 2004. Na que talvez seja uma de suas melhores frases, Bush, neto de senador famoso e filho de presidente, admitiu que "quando eu era jovem e burro, eu era jovem e burro", sem especificar as drogas que usou. Ele admitiu que tomou muito álcool na juventude e se recusou a confirmar ou negar alegações de que usara cocaína e maconha. Todos sabem que Bill Clinton não tragou, pois preferia charutos, mas seu contemporâneo em Oxford, Christopher Hitchens, garantiu que Clinton preferia um esquisito *brownie* de haxixe. David Cameron simplesmente se recusou a responder se usara cocaína e ecstasy em Oxford. Contudo, ele não contestou uma biografia que alegou que ele fumava cannabis em Eton.

Quando alcançam um cargo importante, os políticos geralmente são cautelosos e deixam de usar drogas — ou, ao menos, provavelmente não são flagrados —, mas o mesmo não ocorre com as celebridades do show business e os apostadores de Wall Street. Em 2007, Tom Granahan publicou no *Investment Dealer's Digest* uma reportagem sobre o consumo de cocaína, álcool e outras drogas pelos corretores de ações de Wall Street. Eles ganham o suficiente para cheirar e ingerir o que quiserem. Granahan comentou: "As suas vidas muitas vezes respondem às próximas crises. Eles têm acesso a drogas, a amigos e a sócios usuários de drogas e acham que elas são parte do pacote a que têm direito." Quando você faz negócios, merece mais do que Dom Pérignon e, quando não faz, vai precisar ainda mais. Mas isso tem um preço. O dr. Alden Cass, presidente do Catalyst Strategies Group, comentou com Granahan: "Muitos pacientes são dependentes de medicamentos para melhorar a concentração e o foco ou para entorpecer alguns sentimentos." Ritalina, Adderall (ambos estimulantes), Vicodin e Oxycontin (analgésicos derivados do ópio) são os mais comuns. Cary Cooper, um renomado psicólogo, passou meses observando corretores em seus ambientes de trabalho e se espantou com a intensidade do uso de drogas. No entanto, a maior parte das pesquisas sobre uso de drogas é feita em clínicas ou centros de tratamento, cujos clientes não são magos de Wall Street. Sabemos muito mais sobre os usuários seriamente prejudicados do que sobre aqueles que podem cheirar e tomar comprimidos, e até se injetar, e ainda assim conseguem trabalhar e ter uma vida familiar "normal".

A classe e o dinheiro também contam. Os "trabalhadores" de Wall Street não costumam ser mandados para a cadeia por usar drogas — e o mesmo ocorre com atores, modelos, artistas e outras celebridades. Em setembro de 2005, o *Daily Mirror* estampou fotos da supermodelo Kate Moss em que ela parecia estar cheirando carreiras de um pó branco, presumivelmente cocaína, numa sessão de gravação. Ele não podia ser acusada de um crime com base só naquilo, e os amigos correram para defendê-la. Stella McCartney, Naomi Campbell, Helena Christensen, a grande atriz francesa Catherine Deneuve e o ex-namorado de Moss, Johnny Depp, a apoiaram. O estilista Alexander McQueen usou uma camiseta que dizia: "We love you, Kate." Hoje, Moss trabalha em estreita colaboração com sir Philip Green, o magnata do comércio varejista que atualmente assessora David Cameron nas questões relativas ao estado deplorável das finanças públicas britânicas.

Quanto mais famosa é a pessoa, mais a sociedade fará vista grossa para o uso, abuso e dependência de drogas. A rainha sagrou Elton John, Mick Jagger e Paul McCartney cavaleiros, apesar de todos terem admitido usar drogas. Mick Jagger começou um rumoroso caso com a supermodelo Carla Bruni quando ela saía com seu grande amigo Eric Clapton, que escreveu sobre sua dependência da cocaína e do álcool. Dez anos depois de deixar Clapton arrasado, Bruni dedicou estes versos ao atual marido, Nicolas Sarkozy, presidente da França:

Você é meu vício
Mais mortal que a heroína afegã
Mais perigoso que o branco colombiano.

Insinuar que não desconhecia o pó colombiano não impediu Bruni de ser acolhida pela família real britânica no Palácio de Buckingham (Madame Sarkozy também admitiu ter "experimentado várias drogas" na juventude).

Mas o palácio também teve suas próprias experiências com drogas ao longo do tempo. Afinal, a cocaína é um *must* na alta sociedade, o champanhe dos estimulantes. A princesa Margareth supostamente gostava de dar uma cheirada de vez em quando. O último amante da princesa Diana, Dodi Fayed, foi expulso do set de filmagem de *Carruagens de fogo*, filme que ele ajudou a financiar, por vender cocaína aos atores e à equipe. Já foi dito que, após o acidente fatal, a polícia parisiense encontrou cocaína na bolsa da princesa Diana, e que a prova foi rapidamente eliminada.

Declaração de interesses

Hoje em dia, as revistas acadêmicas exigem rotineiramente dos autores uma declaração de interesses. Este é o meu quarto livro sobre um psicólogo em particular. Em 1979, publiquei uma biografia de John B. Watson, o fundador do behaviorismo, e concluí que sua teoria não explicava muito bem seu próprio comportamento. Depois, escrevi um livro sobre Carl Rogers, o fundador da psicoterapia humanista. Novamente, ele não era um exemplo e, como Watson, bebia demais — a filha de Rogers advertiu-o que ele fedia a vodca — e sua mulher se queixou de que ele achava ser Deus. O meu primeiro livro sobre Freud tratava de como ele conseguira fugir da Áustria em 1938, após o *Anschluss* nazista. Como outros judeus, Freud não via perigo em permanecer em Viena, e só concordou em partir depois que a Gestapo interrogou sua filha Anna. Os homens mais sábios estão longe de serem infalíveis, e psicólogos brilhantes podem não ser assim tão brilhantes na hora de entender a si mesmos.

A segunda parte da minha declaração de interesses refere-se ao meu próprio consumo de drogas. Provei a cannabis pela primeira vez aos 15 anos, mas nunca fui muito bom de inalação, portanto não sei exatamente quanto consumi. Provei cocaína algumas vezes, descobri que é um afrodisíaco poderoso e, uma vez, tomei uma dose de mescalina que me levou a ver o centro de Londres banhado numa névoa flutuante. Foi agradável, mas eu mentiria se dissesse que isso me levou a algo particularmente profundo. Os postes de luz do lado de fora do meu apartamento estavam ligeiramente desfocados, mas não havia anjos circulando em volta deles.

Uma das minhas experiências com drogas foi muito ruim, embora não tenha muita certeza do que consumi. Fiquei seriamente paranoico e via pequenos policiais escalando o vaso sanitário para me prender. À época, eu morava numa vizinhança de policiais, então, de um modo tortuoso, a minha fantasia se referia a uma coisa real.

Fumei maconha algumas vezes por ano até meus filhos chegarem à adolescência, quando parei totalmente sem pensar duas vezes. Nos últimos vinte anos devo ter fumado três baseados e achei chato, comparados aos charutos. A minha experiência com drogas é relativamente limitada, mas explorei a dependência como jornalista e psicólogo e observei-a entre amigos e parentes. Mais de uma vez constatei que a experiência com drogas tanto pode mudar o indivíduo quanto afetar a sociedade — de Freud com cocaína ao mundo com Prozac.

Este livro é parte história e parte polêmica. A primeira parte investiga o uso de cocaína por Freud, discute os quatro artigos que ele escreveu sobre a droga e examina o que o "episódio da cocaína" revela sobre seu trabalho e sua personalidade. Ela ressalta três relações importantes. Freud prescreveu cocaína a um de seus professores, Ernst Fleischl Marxow, na tentativa de curá-lo do vício em morfina. O tratamento foi um fracasso total, mas Freud nunca admitiu completamente o erro nem o terrível efeito que a cocaína produziu em Fleischl.

Entre 1884 e 1887, Freud foi amigo de Carl Koller, um colega da Universidade de Viena. Pouco depois de provar cocaína pela primeira vez, Freud percebeu que ela poderia ser um eficaz anestésico local, mas não deu importância a esse *insight*. Koller levou adiante os experimentos principais e demonstrou que, de fato, a cocaína podia ser usada como anestésico ocular, e ficou famoso por uma descoberta que Freud poderia ter feito — e, de fato, devia ter feito.

Em 1887, Freud teve um encontro crucial com o otorrinolaringologista alemão Wilhelm Fliess, de quem foi o amigo mais próximo por 15 anos. Fliess acreditava no uso tônico e terapêutico da cocaína e Freud escreveu-lhe com intimidade sobre suas ideias, seus temores, quanta cocaína havia consumido, os problemas pessoais que o levavam a consumi-la e como a cocaína o afetava. Tudo isso teve influência em *A interpretação dos sonhos*, o livro que tornou Freud famoso. O sucesso finalmente lhe deu a confiança que ele tanto lutara para adquirir. Se a mãe não o amasse, talvez ele nunca tivesse escrito o livro, mas, se não o tivesse escrito, o amor da mãe não teria sido suficiente para fazer dele o titã em que se converteu. Após adquirir a confiança advinda do sucesso, ele pôde parar de usar cocaína, embora não tenha escrito nada que sugira que alguma vez admitiu isso para si mesmo.

O episódio com a cocaína voltou a assombrá-lo após a morte de Wilhelm Fliess, em 1928. A viúva de Fliess, Ida, pediu a Freud que comprasse as cartas que escrevera ao seu marido; ela sabia que continham material constrangedor para a época, pois detalhavam tanto o seu uso da cocaína quanto os erros que havia cometido no tratamento de pacientes. A saga da compra das cartas provocou uma ansiedade infinita em Freud, mas ele conseguiu convencer a princesa Marie Bonaparte a lhe emprestar o dinheiro necessário. Freud morreu em Londres, em 1939, certo de que as cartas nunca seriam lidas por acadêmicos, e muito menos publicadas. Marie tinha outras ideias.

Outras partes do livro examinam a evolução da tradição introspectiva no uso de drogas depois de Freud. Por volta de 1920, a heroína, a morfina e a cocaína já eram ilegais e só era possível obtê-las com prescrição médica no Reino Unido, nos Estados Unidos e na maior parte da Europa. Os pioneiros introspectivos posteriores se debruçaram sobre compostos alucinógenos como o LSD e a mescalina, que só se tornaram ilegais muito mais tarde. Nos anos 1960, ficar doidão fazia parte da contracultura e era considerado por alguns um ato inerentemente revolucionário, como fica claro no famoso alerta de Timothy Leary à América: "se liga, se sintonize e caia fora".

Um ano antes da morte de Freud, Alfred Hoffman, um químico suíço de 28 anos que trabalhava na Sandoz, sintetizou o LSD. A descoberta das notáveis propriedades do LSD voltou a transformar as drogas em algo existencialmente glamouroso, pois os alucinógenos pareciam expandir a mente para novas experiências e até mesmo para a iluminação, enquanto os governos exploravam seu possível uso na guerra. Hoffman inspirou uma enxurrada de pesquisas após o fim da guerra de 1939-1945. Mais tarde, a pesquisa sobre o LSD contribuiu para a nossa compreensão do cérebro, ainda que talvez menos do que os primeiros usuários esperavam, e sugeriu que a droga tinha uma variedade de aplicações terapêuticas. A exploração desses usos foi impedida durante décadas, mas nos últimos anos há um renascimento dos experimentos clínicos com psicodélicos e compostos similares, e até o governo dos EUA investiga os usos do MDMA no tratamento de estresse pós-traumático.

Na década de 1950 começou a surgir um paralelo entre as novas ondas de drogas legais e ilegais. Assim como a cocaína fora inicialmente saudada como uma panaceia e, mais tarde, condenada como uma maldição, os primeiros antidepressivos e antipsicóticos foram considerados curas assombrosas para a doença mental, até ficar claro que também tinham efeitos colaterais alarmantes. Este padrão é recorrente a cada nova geração de medicamentos psicoativos, dos compostos amplamente prescritos, como o Prozac e o Provigil, às drogas do mercado negro, como o MDMA. Isto não deveria surpreender. O cérebro é a estrutura mais complicada do universo; certa vez, o grande psicolinguista Noam Chomsky disse-me duvidar que o cérebro humano alguma vez consiga compreender o funcionamento do cérebro. Nós brincamos com ele ao consumir drogas, mas talvez nunca nos deparemos com a plena realidade daquilo com que brincamos.

Por fim, o livro examina a situação atual, complexa e confusa, em que os fabricantes de drogas comerciais criam e vendem novas substâncias recreativas criadas para burlar as leis antidrogas existentes. Os governos não estão conseguindo acompanhar esse alvo, que é rápido demais, e muitas drogas novas parecem ser consideravelmente mais perigosas do que aquelas há muito proscritas. Um observador neutro da atual confusão na cena das drogas saberá que as forças da lei, da ordem e da convenção não estão se saindo bem contra a internet e os aficionados dos sites de drogas. A pesquisa sobre o uso de drogas e a personalidade também avança lentamente, já que a maior parte dos usuários de drogas se recusa a ser metódica. A grande maioria consome mais de uma droga, o que impossibilita isolar o porquê de uma pessoa em particular preferir determinada droga.

Freud tentou intuir as razões profundas por trás do uso das drogas, mas com resultados definitivamente variados. Não se pode avaliar a importância da história de Freud com a cocaína sem compreender suas ideias. O capítulo seguinte apresenta as linhas gerais da essência do pensamento de Freud.

2

O Freud essencial

Em 1931, Stefan Zweig, grande amigo de Freud e um dos maiores escritores europeus do século XX, publicou *A cura pelo espírito*. O livro traz uma das primeiras análises sérias da obra de Freud. Para Zweig, Freud era um herói. Ao longo de 50 anos, Freud havia assistido a uma procissão de "lamuriosos, contestadores, impacientes e ansiosos, histéricos e raivosos; sempre os doentes, os oprimidos, os atormentados, os mentalmente perturbados", escreveu Zweig.

A psicanálise visava a "acabar com a ilusão e dissipar as fantasias sem fundamento [...] ela não promete nada, não oferece consolo e silencia quando se lhe exigem essas coisas". Zweig elogiou a honestidade de Freud, que tornava sua obra "surpreendente em seu significado moral". Zweig não mencionou a cocaína, claro.

Em 1933, o psicólogo americano Joseph Jastrow, mais crítico, escreveu *A psicanálise ao alcance de todos*, onde argumentou que os historiadores podem "considerar o grande volume de literatura psicanalítica como uma das mais estranhas anomalias e caprichos fantásticos de princípios do século XX. Contudo, se forem tolerantes, também podem encontrar neste movimento um dos momentos mais verdadeiramente notáveis na compreensão do eterno enigma — a psique humana". Os psicanalistas estavam muito mais dispostos a escutar os pacientes e os relatos de seus sofrimentos do que os psiquiatras jamais estiveram, ressaltou Jastrow.

Isso pode parecer um detalhe insignificante, porém, à época, a noção de *escutar os pacientes* nas disciplinas da "cura mental" era um desenvolvimento radical e até revolucionário. A muitos psiquiatras do século XIX, ou "doutores de manicômios", como eram chamados, não ocorreu perguntar aos pacientes o que os perturbava porque, afinal, estes eram loucos, e os seus pensamentos e sentimentos eram patológicos. Os pacientes eram "exibidos" como espécimes exóticos, arrastados para salas de conferências, indagados sobre assuntos constrangedores e, às vezes, instados a realizar tarefas estranhas, de forma que os estudantes pudessem perscrutar comportamento. Em termos mais formais, o olhar clínico os reduzia a objetos que os médicos podiam manipular e trabalhar. Claro que essa visão era altamente antiética e desumanizadora. Freud mudou isso ao aprender a escutar. Ele foi o primeiro grande escutador psiquiátrico.

O primeiro objeto que ele escutou foi a si mesmo — e a seus sonhos.

Na Bíblia hebraica, que Freud conhecia bem apesar de ser ateu, quase sempre os sonhos são profecias. Na parte do Gênese às vezes chamada de "a história de José", o filho favorito de Jacó, José, interpreta o sonho do faraó de sete vacas gordas e sete vacas magras. Essa visão nada críptica anunciava que a sete anos de abundância se seguiriam sete anos de fome e por isso um governante sábio construiria silos para os tempos difíceis que se avizinhavam. Impressionado com esse analista judeu tão original, o faraó pôs José a cargo do cinturão agrícola egípcio (uma promoção um tanto incomum, de psicanalista/profeta a ministro da Agricultura, mas naquele tempo as coisas eram diferentes).

Como um materialista devoto, Freud não acreditava em profecias, mas ele adivinhou em sonhos um código complexo que podia expor os aspectos ocultos do passado e do presente. Freud afirmou que *todos* os sonhos eram a realização de desejos, mas, como os nossos desejos mais profundos muitas vezes são violentos, eróticos e constrangedores, eles geralmente eram ocultos por simbolismos e narrativas que podiam ser impenetráveis para a mente consciente e, por isso, requeriam a interpretação de um analista. Os sonhos podiam ser "a estrada real para o inconsciente", mas o inconsciente era turbulento, um pântano borbulhante onde espreitavam monstros e desejos monstruosos. A maioria de nós não quer encarar a plena realidade dos nossos desejos mais obscuros e desviantes. Influenciado por Freud, o poeta T. S. Eliot observou que a humanidade não aguenta realidade em excesso. (Eliot certamente não aguentava e internou a mulher num hospício.)

Conhece-te a ti mesmo, advertiu o filósofo.

"Se conhecesse a mim mesmo, sairia correndo", foi a resposta de Goethe que, claro, era o escritor favorito de Freud. É um tanto paradoxal que Freud reverenciasse um escritor que sugeria ser melhor não conhecer tanto sobre o próprio ser. Toda a questão da psicanálise era alcançar o autoconhecimento. Para tal, escreveu Freud, devemos buscar nos sonhos o seu significado oculto — ou latente, no jargão analítico. As nossas esperanças mais profundas, os nossos maiores medos, o melhor de nós, o pior em nós, todos os aspectos da psique, são secretados nos sonhos. Vistos sob esta luz, os sonhos funcionam como um raio X psicológico. Se soubermos interpretá-los, eles revelam onde nos dói e como podemos nos curar. Autoconhecimento é poder, mas um poder que deve ser mediado por uma terceira parte, o analista, que guia o paciente através da escuridão do inconsciente.

Em primeiro lugar, o analista deve ajudar o paciente a recordar seus sonhos e depois extrair deles o significado latente, enterrado. O conteúdo superficial — as imagens e palavras que perduram na memória do paciente — em geral é depurado e eufemístico. Para encontrar o significado latente, o analista precisa decodificar as representações simbólicas dos desejos que os pacientes não conseguem admitir para si mesmos. Embora tenha ressaltado que o significado desses símbolos nem sempre era fixo, Freud deu exemplos do que pareciam ser símbolos fixos. Um túnel, afirmou, era claramente uma vagina, enquanto uma chaminé era um pênis e a caixa em que a mulher guarda as joias significava o útero. Uma casa de muitos quartos era um bordel. O analista era um decodificador. Freud também gostava de contar aos pacientes que eles estavam em busca do ouro, o ouro da verdade. Às vezes ele também falava de prospectar petróleo e acrescentava que, para chegar ao petróleo e ao ouro, o psicanalista precisava criar um ambiente onde o paciente se sentisse suficientemente seguro para confessar seus segredos mais íntimos.

Freud se formou em medicina em 1881, aos 25 anos, mas só embarcou no projeto de analisar os próprios sonhos 15 anos depois. Quando sua autoanálise noturna começou, ele gostava de pensar que seu próprio inconsciente chocaria vários dos seus contemporâneos. Havia algo de menino travesso no grande sábio.

Diversos livros foram escritos sobre as atitudes sexuais contraditórias dos vitorianos. O sexo era considerado sujo, as mulheres supostamente não deviam desfrutá-lo e (ainda que isso às vezes seja considerado uma noção apócrifa) as pernas dos pianos costumavam ficar cobertas para não provocar pensamentos eróticos. Externamente, a Londres vitoriana era uma "cidade moral", mas isto não passava de propaganda para uso interno: em alguns lugares, ela era uma pocilga de vícios. William Gladstone, que foi primeiro-ministro em quatro ocasiões, entre 1868 e 1894, era um cristão devoto que vivia pregando a importância da ética. À noite, contudo, deambulava pelas ruas de Picadilly falando com prostitutas, e alguns historiadores sugerem que ele ia além de simplesmente tentar salvá-las de uma vida de vícios. Gladstone registrou esses encontros num diário secreto: ele se sentia profundamente culpado diante delas e costumava se autoflagelar para expiar os "pecados".

Freud, por sua vez, opunha-se a isso. Ele afirmava que o sexo não só era natural como uma força primitiva. Todo ser humano tem uma libido, ou a energia vital instintiva que busca o prazer. Esses impulsos entram em conflito com as convenções do comportamento civilizado, ou o que Alfred Doolittle, o maravilhoso lixeiro de George Bernard Shaw, desprezava como "moralismo de classe média". Freud não foi o único médico da época a afirmar que não devíamos nos envergonhar da sexualidade. Havelock Ellis, que escreveu *A inversão sexual* e *Sex in Relation to Society* [O sexo com relação à sociedade], e o médico, romancista e dramaturgo Arthur Schnitzler enalteceram a liberdade sexual em termos mais radicais do que Freud. Assim como Wilhelm Fliess, Schnitzler era otorrinolaringologista, mas é lembrado por uma série de peças e romances, dos quais o mais conhecido é *La Ronde* [A ciranda], uma obra divertida com mensagem, na qual um amante leva a outro amante e os parceiros são trocados e largados numa ciranda erótica que, ao final da peça, volta ao primeiro amante. A mensagem, porém, não era tão alegre, pois a maior parte dos personagens contrai sífilis.

Freud afirmou que a sexualidade não começava na puberdade. Uma de suas contribuições mais marcantes foi a teoria do desenvolvimento infantil e suas três fases — oral, anal e genital. Cada uma tinha o seu orifício. Quando os bebês são pequenos, encontram prazer pela boca quando a mãe os amamenta. Por volta dos 18 meses, ficam fascinados com a excreção: a fase anal. Depois, seguem para a fase genital do desenvolvimento, tornando-se edípicos. Freud teve seis filhos e parece ter sido um pai atencioso e observador.

Depois, os pacientes de Freud forneceram o que pareciam ser evidências notáveis de um aspecto oculto e horrível da vida da classe média em Viena. Durante os cinco anos em que escreveu *A interpretação dos sonhos*, os pacientes muitas vezes lhe contaram que os pais os haviam molestado sexualmente; aparentemente, Freud deparara com um segredo chocante. Em muitos lares, homens respeitáveis, e às vezes mulheres, estavam seduzindo os próprios filhos. Por volta de 1905, Freud havia mudado de opinião a respeito e chegara à conclusão de que as afirmações dos pacientes eram falsas: as recordações de abusos, insistiu ele, eram fantasias. Sendo edípicas, as crianças pequenas queriam ser tocadas e beijadas e queriam fazer amor com as mães e os pais; os seus desejos eram inconscientes e se manifestavam na fantasia, solidificando-se em falsas recordações.

Em 1983, Jeffrey Masson, na época um dos diretores dos Arquivos Freud, sugeriu que Freud havia mudado de opinião por razões que não seriam científicas, mas cínicas. Ele temia, argumentou Masson, que a psicanálise nunca seria aceita se insistisse naquela teoria escandalosa de abuso generalizado — e ele seria eternamente marginalizado, tido por doido no *establishment* médico. Ninguém queria uma ciência que provava que os pais abusavam dos próprios filhos. Masson foi demitido dos Arquivos depois de publicar suas ideias sobre a questão e até hoje é um crítico virulento de Freud.

Freud tinha mais autocrítica do que Masson admite. Ele não tentou ocultar essa mudança drástica de postura, e escreveu: "as cenas de sedução nunca ocorreram, e não passavam de fantasias que os meus pacientes criaram ou que talvez eu mesmo lhes tenha inculcado". Obviamente, a última frase é reveladora. Freud estava consciente de que podia, inadvertidamente, ter semeado na mente dos pacientes a sugestão de que haviam sido molestados, o seu inconsciente guiando o inconsciente deles a uma conclusão desejada e predeterminada. Há muitas evidências posteriores de que os terapeutas podem levar pacientes sugestionáveis a "recuperar" falsas lembranças de abusos. No seu pequeno livro *Nos arquivos de Freud*, Janet Malcolm faz um bom relato do escândalo provocado por Masson em torno da "teoria da sedução".

As ideias de Freud sobre a sexualidade infantil foram influenciadas pela leitura do mito grego de Édipo, um estudo que teve início quando ele era muito jovem. Aos 13 anos ele recebeu um prêmio escolar pela tradução de 33 versos da peça *Édipo rei*, de Sófocles. A peça foi encenada pela primeira vez por volta de 460 a.C. e foi montada regularmente ao longo de 2.500 anos, o que sugere que reflete alguma verdade profunda.

Édipo chega a Tebas logo depois do assassinato do seu governante, o rei Laio. A praga assola a cidade, e não será contida enquanto não for decifrado o enigma da esfinge, dizia o oráculo. A questão era: O que é que anda em quatro patas, depois em duas e depois em três?

A resposta é o ser humano. Um bebê engatinha nos quatro membros; um adulto se posiciona sobre duas pernas ao passo que, na velhice, caminhamos com a terceira perna da bengala ou do cajado.

Édipo resolve a charada, a praga desaparece e ele ganha a coroa do falecido Laio, além da mão, e da cama, da viúva, Jocasta. Porém, doze anos depois, a praga volta a atacar e Tirésias, o vidente cego, revela que

Édipo havia matado Laio. Jocasta então admite a Édipo a predição dos oráculos de que o seu filho mataria o pai e teria filhos com ela, a própria mãe. Quando Édipo nasceu, Jocasta o entregou a um pastor e ordenou-lhe que o matasse, para que a profecia-maldição não se cumprisse. Mas ela escolhera o pastor errado, pois ele era misericordioso demais para assassinar um bebê e criou Édipo como seu filho.

A verdade vem à tona. É revelado que Édipo matara o pai, Laio, sem saber quem ele era; depois, casara-se com a mãe, Jocasta, novamente sem saber que eram mãe e filho. O final da peça é terrível e sangrento. Jocasta se enforca. Édipo fura os próprios olhos e se exila. Para Freud, furar os olhos era um símbolo de castração, uma punição adequada para o pecado primeiro de dormir com a própria mãe.

Para Freud, a história revelava uma verdade universal. Inconscientemente, o menino deseja dormir com a mãe e matar o pai, mas sabe, outra vez inconscientemente, que deve ser punido por esses pensamentos. A tragédia edípica dizia a verdade psicológica. Sob a superfície, as nossas mentes fervem com paixões primevas que nunca podem ser admitidas na consciência. A menina tem o complexo equivalente de Electra — quer se deitar com o pai e matar a mãe.

"Quando insisto com um paciente sobre a frequência dos sonhos edípicos, em que se sonha ter relações sexuais com a própria mãe, ele costuma responder 'Não me recordo de ter sonhado algo assim'", escreveu Freud. A mente consciente pode censurar uma mentira, mas não pode mudar as cruas verdades do inconsciente. "Os sonhos disfarçados de relações sexuais com a mãe de quem sonha costumam ser mais frequentes do que os explícitos", afirmou Freud. Essa afirmação era tão revolucionária quanto qualquer coisa que Karl Marx tenha dito.

Freud percebia que precisava encontrar uma evidência objetiva para a afirmação de que os bebês eram criaturas sexuais e, para sua surpresa, não foi difícil encontrá-la na psicologia acadêmica da época. Sanford Bell, um renomado psicólogo americano, havia reunido 2.500 observações de bebês e publicara os resultados na *American Journal of Psychology*, em 1902. Bell havia escrito: "A emoção do amor sexual [...] não surge pela primeira vez no período da adolescência, como se pensava."

Quando deu conferências na Universidade Clark, Freud se referiu a Bell, e disse:

> Ele (Bell) fala dos sinais pelos quais se manifesta a condição amorosa: "A mente sem preconceito, ao observar essas manifestações em centenas de crianças, não pode deixar de remetê-las a uma origem sexual. A mente mais rigorosa se satisfaz quando a essas observações se acrescentam as confissões daqueles que experimentaram, na infância, a emoção com um alto grau de intensidade, e cujas recordações de infância são relativamente nítidas."

Os céticos "ficarão muito surpresos ao saber que, dentre essas crianças que viveram o amor tão cedo, não poucas tinham as tenras idades de 3, 4 e 5 anos". Freud insistia em que os médicos "esqueceram a própria atividade sexual infantil devido à pressão da educação para a civilização, e não querem ser lembrados agora do material reprimido". Algumas crianças se fascinavam com os genitais desde muito cedo, e inclusive demonstravam sinais de excitação. "Dizem que são degenerados", disse Freud, mas isso era injusto e equivocado. As crianças eram simplesmente humanas. Somos criaturas sexuais desde o nascimento.

Freud nunca admitiu ter tido sonhos edípicos com a mãe, mas confessou numa carta a Fliess, em 1897, recordar um sonho que revelava sentimentos inadequados, isso é, sexuais, por sua irmã Mathilde, que à época tinha 9 anos. Naquele momento ele frequentemente usava cocaína, como veremos. Ainda que a carta seja conhecida há mais de 25 anos, muito poucos freudianos discutiram suas implicações. Não há nenhuma evidência de que alguma vez ele tenha abusado dos próprios filhos ou de quaisquer outras crianças, mas é claro que este sonho o influenciou. Ele sabia que os pais tinham fantasias sexuais com as filhas, pois ele próprio tivera ao menos uma. No entanto, ele passou a afirmar que eram os filhos que tinham fantasias com os pais. Qualquer tentativa de entender Freud precisa aceitar o fato de que às vezes ele era um mestre da negação. A grande questão não respondida é se ele próprio estava cônscio disso.

O poder do complexo de Édipo explicava dois fatos peculiares sobre o desenvolvimento humano, afirmou Freud. Aproximadamente entre os 6 anos e a puberdade, as crianças deixam de se interessar tanto por seus corpos e entram em "latência" sexual. O esforço "psíquico" (termo de Freud) exigido para resolver o complexo de Édipo explicava por que recordamos tão poucas coisas do começo das nossas vidas.

Quando meninos e meninas chegam aos 3 ou 4 anos, estão suficientemente cônscios das regras da vida familiar para "saber" que não podem dormir nem se casar com o pai e a mãe, então eles reprimem esses "maus" desejos. A repressão absorve tanta energia psíquica, porém, que toda a memória da primeira infância é apagada, razão pela qual sofremos de "amnésia infantil". Não podemos recordar o *que* sofremos, mas isso não impede que soframos as consequências. Por isso tantas pessoas — idealmente, *todos* nós — precisam da psicanálise para se lembrar com precisão, para que possam ser livres para "amar e trabalhar", como explicou Freud. Hoje, os biólogos têm uma explicação mais simples para a amnésia infantil; uma estrutura no cérebro denominada hipocampo tem um papel crucial na retenção da memória e leva alguns anos para amadurecer, por isso os primeiros vestígios da memória são instáveis — e se dispersam em fragmentos.

Freud costumava usar analogias para tornar suas declarações dramaticamente claras. O seu amor pelo montanhismo forneceu uma analogia poderosa na descrição do papel da análise e de seus praticantes. O analista tinha de fazer o papel de um guia de montanha numa subida particularmente difícil, mas o paciente queria mais do que um guia. Então, o paciente projetava amor, ódio, carência, raiva e todo tipo de sentimentos no analista, que devia reconhecer que essas emoções eram um subproduto da terapia e, na verdade, eram impessoais: o paciente simplesmente estava trabalhando seus conflitos infantis. Seja o que for que pensasse, o paciente na verdade não amava ou odiava o analista, mas projetava nele os sentimentos que tinha pelos próprios pais. Freud denominava "transferência" essa projeção. À diferença dos pais, o analista podia — e, de fato, devia — manter distância e usar suas habilidades profissionais para guiar o paciente ao topo da montanha.

A imagem do labirinto pode ser ainda melhor. O analista nos leva ao centro do labirinto, onde se encontra o maior prêmio — o nosso verdadeiro ser, o ser que não é perseguido, mutilado ou incompleto, o ser que pode verdadeiramente "amar e trabalhar".

Uma das críticas mais equilibradas da análise está no livro de Janet Malcolm, *Psicanálise: a profissão impossível*, em que ela ressalta o paradoxo da terapia freudiana: "Pode não valer a pena viver uma vida não analisada, mas é impossível viver uma vida analisada por mais que alguns momentos de cada vez [...]. O maior paradoxo da psicanálise é a quase inutilidade dos seus insights. Porque 'tornar o inconsciente consciente' — o programa da teoria psicanalítica — é como derramar água num coador. A umidade que permanece na superfície da trama é o benefício da análise." Essa imagem poética e reveladora parece apequenar as alegações mais extravagantes sobre o poder da análise, uma humildade que Freud às vezes compartilhava.

Freud também ficou famoso pela afirmação, mais simples, de que nenhum comportamento era realmente acidental, afirmação que B. S. Skinner tanto admirava. Em seus livros, sempre divertidos, *A psicopatologia da vida cotidiana* e *Chistes e sua relação com o inconsciente*, Freud apresentou exemplos de "equívocos" em conversas que não eram acidentes, mas revelavam algo que não podia ser dito, pelo menos na sociedade bem educada. Por exemplo, ele conta a história de um homem muito vaidoso que disse ter conversado com alguém *tête à bête*, e não *tête à tête*. A grosseria deixava claro que o falante desconsiderava a inteligência do interlocutor: o homem era uma *bête*, uma besta. No francês coloquial, *bête* também significa burro. Esse é um exemplo de "lapso freudiano", ou "ato falho", expressão que há muito tempo faz parte da cultura popular.

A Primeira Guerra Mundial mudou as ideias de Freud, pois o massacre de milhões nas trincheiras o fez entender que a libido, o princípio doador de vida e do prazer, não era a única força impulsionadora do comportamento humano. A libido possui uma imagem reflexa obscura, o "princípio do Nirvana", "Tanatos", ou o instinto de morte. A vida exige demais. Queremos parar de lutar e escapar no sexo, nas drogas e no álcool. Flertamos com o suicídio e às vezes o cometemos. Os lemingues são a única outra espécie capaz de se matar. Esse é o tema de *Além do princípio do prazer*, de Freud.

A guerra de 1914-1918 também levou a uma estranha coincidência. Hitler desenvolveu cegueira histérica na frente de batalha e foi enviado ao Hospital Pasewalk, onde os psiquiatras costumavam acusar soldados perturbados de fingir doenças para não serem enviados de volta às trincheiras. O cabo Hitler foi atendido por Edmund Forster, um psiquiatra impressionado pelas ideias de Freud que reconheceu que ele não estava fingindo, mas desesperado para continuar lutando. Forster o tratou com hipnose e sugestão, técnicas que Freud às vezes usava, mesmo depois de ter "descoberto" a análise. Forster disse a Hitler que ele tinha um destino a cumprir, para o qual necessitava do poder da visão. Para grande pesar da humanidade, o tratamento funcionou e Hitler voltou a enxergar. A cura o deixou confiante e incutiu nele o sentimento de que tinha um destino; também demonstrou os usos possíveis da psicoterapia. Dezesseis anos mais tarde, quando se tornou chanceler da Alemanha, ele mandou queimar os livros de Freud como "literatura judia obscena", mas também pensou que uma versão ariana da psicanálise poderia ser útil. Ela poderia produzir nazistas mais contentes e mais eficientes, os quais, de fato, "amariam e trabalhariam", então Hitler apoiou a criação de um Instituto de Psicoterapia do Reich, que se apropriou da maior parte das ideias de Freud sem nunca reconhecer suas origens judaicas.

Após a Primeira Guerra Mundial, Freud desenvolveu um mapa da mente que ele subdividiu em ego, id e superego. Como ocorrera com o "ato falho", esses termos se incorporaram à nossa cultura. O id foi definido como um maníaco sexual de olhos arregalados, um corpo violento de desejo animal cru e o superego como um moralista condenador que cria proibições constantes, ao passo que o ego seria a voz da razão, tentando desesperadamente mediar entre as ninfas e sátiros do id e o sacerdote inquisidor do superego.

As conferências de 1909 na Universidade Clark estabeleceram a reputação psiquiátrica de Freud. Depois da guerra de 1914, ele se tornou uma celebridade internacional. O escritor americano Max Eastman foi a Viena entrevistá-lo para um livro intitulado *Heroes I Have Known*; os outros eram Charles Chaplin, a grande dançarina Isadora Duncan e Leon Trotski. A bisneta de Trotski viria a se tornar uma das maiores especialistas em dependência química.

A partir dos anos 1920, Freud passou a ser considerado um dos homens mais sábios do mundo.

Em 1932, Albert Einstein, outro sábio consagrado, pediu a Freud para colaborar em *Por que a guerra?*, uma troca de cartas publicada pela Liga das Nações, antecessora das Nações Unidas. Os dois titãs esperavam ajudar a evitar futuras guerras ao oferecer ao mundo os benefícios de seus estudos.

O fundador da psicanálise não pensava que seria fácil controlar a agressividade humana nem acreditava que "em alguns rincões felizes da terra [...] florescem raças cujas vidas transcorrem suavemente, desconhecendo a agressão e a coação. Gostaria de ter mais detalhes sobre esta gente feliz", disse Freud. Infelizmente, essas almas alegres e pacíficas não foram encontradas em ilhas tropicais encantadas nem nas profundezas das florestas. Segundo ele, em grande parte os seres humanos seriam sempre governados pela agressão e pela coação.

Freud esperava que "o fortalecimento do intelecto, que tende a dominar a nossa vida instintiva", tornaria os humanos menos ansiosos por empunhar metralhadoras e diminuiria o "impulso agressivo". Seríamos então suficientemente inteligentes e emocionalmente equilibrados para evitar as guerras ou, ao menos, a sua frequência.

Einstein respondeu em 3 de dezembro de 1932:

> Com sua resposta genuinamente clássica, você ofertou um presente muito gratificante à Liga das Nações e a mim. Você granjeou a minha gratidão

e a gratidão de todos os homens por ter dedicado toda a sua força à busca da verdade e por ter demonstrado uma rara coragem ao professar suas convicções ao longo de toda a vida.

Talvez a prova mais saborosa da importância de Freud nos Estados Unidos seja o fato de James Thurber, um colaborador proeminente da revista *The New Yorker* nas décadas de 1930 e 1940, ter escrito duas obras hilárias, *Six-Day Bicycle Riding as a Sex Substitute* [Um passeio de bicicleta de seis dias como substituto do sexo] e *Let Your Mind Alone! And Other More or Less Inspirational Pieces* [Deixe a sua mente em paz! e outras peças mais ou menos inspiradoras], nas quais zomba da psicanálise e do seu fundador. Os satiristas só zombam dos que têm status. Os dois livros não mencionam as experiências de Freud com a cocaína, porém, pois quando Thurber se dedicou a ridicularizar a psicanálise elas haviam sido esquecidas e, de certo modo, ocultadas.

Em seu último livro, *Esboço da psicanálise*, escrito pouco antes de morrer, Freud contemplou retrospectivamente suas ideias e sua vida e afirmou que o futuro era brilhante, voltando à fé na biopsiquiatria que tivera na juventude. Um dia, as substâncias químicas seriam a melhor cura para os males psicológicos, previu. A análise era uma medida temporária que, redundante, desapareceria quando os cientistas aprendessem o suficiente sobre o cérebro para curar qualquer disfunção com a dose certa da substância adequada prescrita certeiramente.

Novamente deparamos com uma ironia curiosa, porque, no início dos anos 1990, os evangelistas do Prozac e de drogas afins mais ou menos proclamaram que esse momento havia chegado: esses biopsiquiatras contemporâneos rejeitam a psicanálise como uma bobagem mística e obscurantista. Como veremos, os "traficantes" do Prozac, para dizer o mínimo, foram um pouco precipitados ao declarar que o nosso conhecimento do cérebro e dos seus neurotransmissores havia chegado ao ponto do entendimento quase perfeito, e a convicção que comungavam com Freud, se isso fosse possível, continua sendo uma questão de fé, e só de fé. Essas profecias são o princípio central do credo ao qual às vezes se denomina "cientificismo"

— a fé cega de que todos os segredos do universo serão desvelados pela ciência porque ela pode e o fará. Como esta fé costuma ser abraçada pelos críticos severos da religião convencional, eles são incapazes de perceber a natureza essencialmente religiosa — e acientífica — da própria fé. O biólogo evolucionista e escritor Richard Dawkins tornou-se o Sumo Sacerdote dessa religião com outro nome ou o "papa do cientificismo".

É impossível entender a psicanálise e a complexa relação entre drogas, psiquiatria e cultura sem compreender a "história de Freud com a cocaína". Os freudianos ortodoxos tentaram descartá-la como uma neurose passageira, uma aberração juvenil da qual ele logo se teria curado. Freud fez o possível para garantir que a história fosse essa e, como veremos, destruiu as cartas que mencionavam o uso de cocaína.

Contudo, ele não podia queimar os artigos que escreveu sobre a droga, publicados em revistas acadêmicas, mas fez o possível para eliminá-los da história. Eles não constam da *Standard Edition*, e algumas cartas sobre o episódio continuam vetadas. Na Biblioteca do Congresso, o conteúdo de 19 caixas com artigos da Freud Collection está vedado; algumas só poderão ser abertas em 2020, outras em 2050 e outras tantas foram vetadas à perpetuidade. Os arquivos trancados de modo definitivo incluem anotações sobre pacientes, e parece razoável preocupar-se com aqueles a quem Freud prescreveu cocaína com resultados desastrosos. Um desses pacientes foi o brilhante médico e erudito Ernst Fleischl.

Três livros já discutiram o envolvimento de Freud com a cocaína. O mais substancioso deles, *Freud and Cocaine*, de Elizabeth Thornton, era sarcástico demais para ser crível. Entrevistei-a na década de 1980, e ela era a típica bibliotecária solteirona indignada. Em sua opinião, Freud era pura e simplesmente uma fraude. O consumo de cocaína distorceu a sua obra e desvalorizou suas teorias. Disse ela:

> Esse livro faz a afirmação herética de que seu postulado central, o inconsciente, não existe, de que suas teorias não tinham fundamento e eram aberrantes e, a irreverência maior, de que Freud estava sob a influência de uma droga tóxica com efeitos específicos sobre o cérebro quando as formulou.

Convenientemente, Thornton esqueceu-se de que Davy, James, Victor Hugo e vários outros artistas e cientistas usaram algum tipo de droga. Na verdade, apenas 51 das 330 páginas do livro tratam de Freud, embora ela afirme que o livro é uma "biografia alternativa". Thornton não se referiu nem mesmo aos dois livros anteriores — *Comment Freud devint Drogman*, de Eyguesier, e *Freud und Das Kokain*, de Von Scheidt. O primeiro livro é fraco e às vezes estranho, já que Eyguesier era discípulo do famoso psicanalista francês Jacques Lacan, que podou a hora analítica para meros dez minutos; 600 segundos com o mestre eram suficientes para curar o mais complexo dos complexos. A melhor parte do livro é a análise dos homens e mulheres famosos que usaram cocaína entre 1860 e 1890.

O curto livro de Von Scheidt fornece um resumo correto dos artigos de Freud sobre a cocaína e afirma que não foi por acaso que o primeiro sonho discutido em *A interpretação dos sonhos* estivesse relacionado à cocaína. Nenhum dos dois foi traduzido para o inglês.

Um ano depois de Freud experimentar cocaína pela primeira vez, os médicos começaram a alertar sobre o perigo que ela representava. Em seu curto livro *Opium, Morphine and Cocaine*, o médico parisiense Jean Brodereau cunhou uma palavra simpática, "*cocomaniaques*", ou cocomaníacos. Ele aplicou o termo tanto aos usuários quanto aos médicos que prescreviam a droga. Para ele, a cocaína era obviamente perigosa.

As biografias

Em 1925, Edward Bernays, sobrinho de Freud, contou-lhe que um editor americano estava disposto a pagar generosamente por sua biografia, mas Freud não ficou tentado. "O que desmerece as biografias é sua trama de mentiras", respondeu ao sobrinho. "Digamos, hipoteticamente, que seu editor demonstre a ingenuidade americana ao imaginar que um homem, até então honesto, se rebaixaria tanto por 5 mil dólares. A tentação começaria com cem vezes esta soma, mas ainda assim eu desistiria meia hora depois."

Doze anos mais tarde, Arnold Zweig, escritor socialista amigo de Freud, pediu autorização para escrever a sua biografia. Novamente, Freud foi enfático:

> Quem escreve uma biografia se compromete com mentiras, omissões, hipocrisia, adulação e até com a ocultação da própria falta de entendimento, pois não existe a verdade biográfica e, se existisse, não poderíamos empregá-la.

Ele acrescentou uma citação de seu querido Hamlet: "Não estava certo o príncipe ao indagar quem escaparia dos açoites se todos fossem tratados como merecem?"

Contudo, a maioria dos biógrafos não dá aos biografados só o que "merecem". Muitos escritores idealizam seus objetos e "perdem a oportunidade de penetrar nos segredos mais fascinantes da natureza humana". Por fim, Freud sabia que não podia evitar que a biografia fosse escrita, então se assegurou de que ela fosse a história "oficial" da sua vida, contada por alguém que ele e a filha, Anna, pudessem controlar.

Para a tarefa, Freud escolheu Ernest Jones, médico galês que foi o primeiro cristão a ter um papel importante na psicanálise. O fato de não ser judeu era importante, pois Freud temia que a psicanálise fosse encarada como algum tipo de seita judaica; um médico cristão dedicado à "causa" era muito bem-vindo, apesar de Jones trazer na bagagem alguns escândalos no início da carreira. Hoje em dia, ele teria perdido a licença por seduzir algumas pacientes jovens. Freud sabia desses incidentes, pois Jones o havia procurado para se aconselhar.

Freud sabia que Jones teria dificuldade em ser objetivo, já que o galês o admirava tanto. Para evitar críticas, Jones advertiu que suas "propensões ao culto ao herói haviam sido trabalhadas" antes mesmo de encontrar Freud. Aquilo era a projeção de um desejo, e seu estudo em três volumes, *Sigmund Freud: vida e obra*, é encarado por diversos autores mais como uma hagiografia do que uma biografia.

Jones escreveu que pouco se sabia sobre certos aspectos da infância de Freud, mas acabou se centrando nas lembranças e sonhos que Freud resolveu lhe contar. Alguns eram dramáticos. Na infância, Freud admirava o pai, e se ofendeu ao ouvir Jacob gritar "esse menino não vai dar em nada" quando ele usou o urinol do quarto dos pais.

Freud também descreveu um incidente em que um gentio derrubou deliberadamente o chapéu do pai e Jacob Freud não se atreveu a responder ao insulto. Ele se abaixou e recolheu o chapéu sem protestar. Um judeu sensato na Viena da época não criaria caso com um cristão. Freud ficou decepcionado ao ver o pai se submeter.

Contudo, Jones não alinhavou os eventos traumáticos da infância de Freud, como um biógrafo mais imparcial teria tentado fazer. Em vez disso, aventou que a criança precoce se tornou o homem perfeito e, aos 45 anos, "alcançara a maturidade completa, uma consumação do desenvolvimento que poucos conseguem alcançar". De fato, Freud era tão maduro que, às vezes, desmaiava quando se sentia pressionado, tinha neurose de viajar de trem e discutiu com muitos seguidores importantes antes de lhes dar as costas e expulsá-los do seu séquito. Em 1957, Hans Eysenck, o crítico de Freud, afirmou haver um vínculo entre traços da personalidade neurótica e o consumo de drogas. Parece que Freud encaixava perfeitamente no perfil do neurótico usuário de drogas.

Porém, Jones não especulou sobre os motivos que levaram Freud à cocaína. Pelo contrário, ele retratou seu herói como um asceta, disciplinado como um santo. As suas teorias podiam ser ousadas e até escandalosas, afirmou Jones, mas Freud era um monge. Ele perdera o interesse no "lado apaixonado do casamento ao completar 40 anos". Jones patinou nos aspectos questionáveis da carreira de Freud, e o verbo é apropriado, já que era um exímio patinador no gelo e, antes da biografia de Freud, o seu livro de maior sucesso havia sido *The Elements of Figure Skating* [Os elementos da patinação artística].

Contudo, a saga da cocaína deixara demasiadas marcas para ser ignorada. Jones dedicou um capítulo ao "Episódio da cocaína". É justo admitir que ele foi mais crítico ao tratar o tema do que diante de quaisquer outros aspectos da obra de Freud. Ele escreveu que, entre 1884 e 1887, Freud "empurrou" cocaína "aos amigos e colegas; ele a deu a uma irmã e à noiva. Em resumo, do ponto de vista do nosso conhecimento atual, rapidamente ele estava se tornando uma ameaça pública". Mas Jones conseguiu transformar a tragédia numa espécie de triunfo, e conclui dizendo:

> [...] o interessante no episódio da cocaína é que joga luz no modo de trabalho característico de Freud. A sua grande força, ainda que às vezes seja também sua grande fraqueza, era o extraordinário respeito que tinha pelo fato singular. Essa é certamente uma qualidade muito rara. À diferença de muitos cientistas que descartam o fato inconveniente que vai de encontro ao pensamento ortodoxo, o fato isolado o fascinava e ele não conseguia descartá-lo até encontrar uma explicação. Por mais aflitivo ou chocante que fosse, o fato devia ser encarado e estudado, como, por exemplo, quando descobriu em si atitudes até então desconhecidas com relação aos seus pais, Freud imediatamente percebeu que não lhe eram peculiares e que havia descoberto algo sobre a natureza humana em geral; Édipo, Hamlet e os demais logo lhe passaram pela mente.

Jones termina com um floreio: "assim opera a mente de um gênio".

Embora Freud tivesse deixado de usar cocaína, ele nunca venceu outra dependência química, a da nicotina. O seu último médico, Max Schur, escreveu um livro comovente sobre o paciente, descrevendo-o como um velho orgulhoso, sábio, trabalhador e bondoso — e viciado. Freud o admitiu em 1929, ao responder a uma pesquisa. Homens e mulheres famosos foram indagados a respeito dos seus hábitos como fumantes. Ele respondeu:

> Comecei a fumar aos 24 anos, primeiro cigarros, mas pouco depois exclusivamente charutos, que fumo até hoje (aos 72 anos e meio) e reluto muito em me privar deste prazer. Entre as idades de 30 e 40 tive de deixar de fumar por um ano e meio, devido a um problema no coração que pode ter sido provocado pelo efeito da nicotina, mas que provavelmente era a sequela de uma gripe. Desde então, tenho sido fiel ao hábito ou vício.

Freud não foi um cientista perfeito nem um homem perfeito. O fundador da psicanálise passou mais de 20 anos consumindo cocaína — o que também pode ter contribuído para o seu "problema no coração", e até o final da vida fumou cerca de 20 charutos por dia; obviamente ele era vulnerável a substâncias. Os freudianos não gostam de anunciar as fraquezas do seu fundador, pois um ser humano fraco pode produzir teorias fracas.

Já se passaram mais de 70 anos da morte de Freud. A sua aventura com a cocaína precisa ser contada por inteiro, o que implica vasculhar não só sua infância como também acontecimentos anteriores ao seu nascimento. Três meses antes do seu nascimento, em Freiburg, Moravia, no dia 6 de maio de 1856, seu avô paterno morreu. Sigmund Freud nasceu numa casa em luto.

3

Uma infância traumática

Segundo Freud, cada aspecto da nossa personalidade é o resultado das nossas experiências infantis. Ele afirmou ter experimentado cocaína por curiosidade científica, mas sua teoria, assim como pesquisas recentes, não consideram essa explicação completa e muito menos convincente. Chama a atenção que nenhum biógrafo tenha indagado o que teria ocorrido na infância de Freud para torná-lo suscetível à cocaína — especialmente quando suas teorias fornecem pistas úteis. O analista não se analisou onde mais lhe doía.

Aos 10 anos, Freud já havia passado por uma série de traumas, como foi dito na introdução, mas também tinha o que hoje denominamos "problemas de família reconstituída". Jacob tinha dois filhos do primeiro casamento, Emanuel e Philipp. Jacob casou-se novamente após a morte da primeira esposa, mas pouco se sabe sobre a segunda esposa; Rebekah sumiu quase inteiramente da história. Em 1855, viúvo duas vezes, casou-se com Amalie Nathanson, 19 anos mais nova. Sigmund, o primeiro filho do casal, foi circuncidado no oitavo dia de vida, conforme ordena a Torá.

Pouco depois do nascimento de Sigmund, Amalie engravidou novamente. Ela e Jacob adoravam o segundo filho, mas o bebê era doentio. Os historiadores da psicanálise não se perguntaram se, temerosa pela morte de Julius, Amalie teria cuidado dele muito mais que ao irmão mais velho e, por isso, teria "rejeitado" Sigmund. Da mesma forma, os estudiosos não se colocaram a questão delicada-indelicada: teria Amalie parado de amamentar Sigmund de modo a ter mais leite para Julius?

Julius morreu aos 8 meses. Foi a segunda perda da família num período de dois anos — primeiro o pai de Jacob, agora o filho mais novo. Os pais vitorianos estavam acostumados a perder filhos, mas isso não tornava a morte mais fácil de enfrentar, especialmente para uma mãe adolescente como Amalie. A linguagem reflete o horror de perder um filho. Chamamos "órfã" a criança que perde os pais, mas não há um termo específico para os pais que perdem um filho, uma dor grande demais para caber em palavras. Na verdade, no período subsequente a uma perda como essa é muito difícil ser bons pais dos filhos restantes.

É claro que Freud não fizera nada para causar a morte do irmão, porém, 40 anos depois, ao analisar os próprios sonhos, ele "descobriu" que tivera ciúmes e desejara-lhe a morte para ter os pais só para si. A morte de Julius foi um acontecimento de importância crucial no mapa do inconsciente de Freud. O seu desejo "mau" se tornara realidade e explicava, disse, algumas das suas reações neuróticas, especialmente o hábito irritante de desmaiar em ocasiões estranhas. Qualquer triunfo obtido lhe recordava o "triunfo" sobre Julius, então ele desmaiava para evitar sentir-se culpado, já que o seu inconsciente "acreditava" que havia matado o irmão simplesmente desejando sua morte. A psicanálise considera essas crenças primitivas mais poderosas do que a mente racional.

Segundo a historiadora alemã Marianne Krull, pode ter havido um trauma muito diferente na família, além da morte de Julius. Em seu livro, *Freud and His Father*, ela sugere que Amalie, a mãe de Freud, teve um romance com Philipp, seu enteado e meio-irmão de Sigmund, então com 20 anos. Segundo Krull, o primeiro segredo com que Freud deparou foi a mãe na cama com Philipp. A prova que Krull apresenta para uma afirmação tão sensacional não é muito sólida, pois se baseia principalmente numa imagem que apareceu a Freud em um sonho: uma figura materna sendo carregada por uma criatura com cabeça de pássaro que lembrava os animais humanoides da antiga mitologia egípcia. Em alemão, a palavra para pássaro, *Vogel*, é muito similar à palavra para o ato sexual, *Vogeln* — mas esse tipo de "evidência" para uma afirmação tão ousada não seria levado em conta num tribunal.

Porém, dois fatos concretos e sugestivos podem apoiar a tese de Krull. Em *Freud and the Christian Unconscious* [Freud e o inconsciente cristão], Vitz assinala que esse drama na família reconstituída poderia ser o motivo de terem abandonado Freiburg. A maioria dos biógrafos de Freud atribui a mudança a razões econômicas, mas Vitz sondou os arquivos locais e descobriu que a cidade prosperava à época. Não foi a economia, mas o medo do adultério, o que levou Jacob a carregar a família para longe. Ele descobriu, ou começou a suspeitar, que a jovem esposa tinha um caso com o seu filho de 20 anos e decidiu levar Amalie para longe de Philipp. Está claro que, ao se mudar de Freiburg para Manchester, Philipp jamais voltou a ver o pai. O seu irmão Emanuel, por outro lado, visitava a família em Viena com frequência. É óbvio que nada disso prova que tenha havido um caso, mas Amalie e Philipp não teriam sido a primeira madrasta e enteado a, pelo menos, flertar.

Em Freiburg, os Freud podiam contratar uma babá, Resi Wittek, uma católica devota que levava Freud à igreja. Em *A interpretação dos sonhos* ele faz uma revelação surpreendente: "O sonho de hoje, sob um pesado disfarce, produziu o seguinte: ela era a minha professora em questões sexuais e reclamava da minha inaptidão e incapacidade de fazer qualquer coisa." Freud nunca explicou o que significava que ela fosse sua professora em questões sexuais — nem considerou se aquilo seria a realização de uma fantasia. Quando sua irmã Anna tinha cerca de 30 meses, a babá foi demitida, mas por motivos alegadamente mais prosaicos. A católica devota, afirmou a família, os roubara.

Nos arquivos locais, argumentam Krull e Vitz, não há indicações de uma ação policial ou legal contra a babá. Eles sugerem que era preciso evitar que Resi Wittek fofocasse sobre as relações entre Philipp e Amalie, e acusá-la de roubo era apenas um pretexto esperto para demiti-la. Se ela fofocasse, ninguém acreditaria nela, já que a maledicência seria vista como o plano de uma mulher desonesta para se vingar dos Freud. O que se pode dizer com alguma certeza é que a família a acusou de roubo e a demitiu. O resto é especulação.

Em 1859, Philipp e Emanuel, os meio-irmãos de Sigmund, se mudaram de Freiburg para Manchester. Num período de 18 meses, a família viveu a morte de um filho, a demissão de uma babá em circunstâncias dramáticas, e quiçá misteriosas, e a mudança para outro país dos dois filhos do primeiro casamento do pai. O bebê Freud sofreu um caso clássico de angústia de separação, provavelmente agudizado pelo fato de os pais estarem absortos na própria dor. O vínculo entre a angústia de separação e a dependência química foi examinado, entre outros, por Loas *et al.* (2000). Eles estudaram um grupo de controle de 784 pessoas sãs e outras 708 que apresentavam uma série de problemas de dependência. Encontraram um forte vínculo entre o transtorno de personalidade dependente (TPD) e a angústia de separação. Em Freud, as raízes do uso de cocaína e charutos estão na infância traumática. Contudo, a angústia de separação não era seu único problema.

Freud afirmou que a primeira satisfação dos bebês se dava por via oral. Muito antes de começar a fumar, ele foi capaz de mascar folhas e grama: mascar, como fumar, traz satisfação oral. Os fumantes conhecem bem o prazer produzido pela nicotina na boca e nos lábios. Freud tinha grandes necessidades orais e, dada a doença de Julius, a sua teoria aponta uma causa óbvia: ele não mamou ou sugou o peito da mãe por tempo suficiente. A teoria psicanalítica clássica afirma que isso torna a criança especialmente suscetível à frustração. Muitos usuários de drogas admitem dificuldades em lidar com a frustração, o que os faz ansiar pela gratificação instantânea da próxima dose.

Para os psicanalistas, charutos e cigarros são "substitutos do mamilo" e um homem que não vive sem eles está fixado na fase oral, o nível mais infantil do desenvolvimento. Uma carta de Freud sugere que ele tinha ideias estranhas sobre a fixação oral, quando escreveu que tinha saudades da filha Anna de um modo que poderia se equiparar à falta de um bom charuto.

Como o charuto é um símbolo fálico bastante óbvio, além de substituto do mamilo, trata-se de uma afirmação bastante estranha vinda de um pai, e pode ser o motivo subjacente da admissão um tanto autocontraditória de Freud de que "às vezes um charuto é só um charuto".

Hoje, os psicólogos falam de "eventos marcantes da vida". Aos 4 anos, Freud já havia passado por seis eventos dramáticos — as mortes do avô e do irmão, a perda da babá querida, que ele mais tarde identificou como "professora em questões sexuais", a mudança da família para Viena e a emigração dos dois meios-irmãos. Mais tarde, o pai perdeu todo o dinheiro que tinha e deixou a família numa situação aflitiva. Freud só escreveu a respeito de dois destes traumas, a morte de Julius e a pobreza, que o assustava. Em suas próprias palavras: "Algo que recordo da infância é que, quando os cavalos selvagens dos pampas são laçados, conservam certa ansiedade por toda a vida. Certa vez conheci a pobreza extrema e a temo constantemente."

Quando chegaram a Viena, os Freud empobrecidos só conseguiram alugar um apartamento modesto num conjunto residencial perto da famosa Igreja Carmelita da cidade. O prédio ficava em Leopoldstadt, o bairro judeu de Viena, área operária que era o gueto da maior parte dos 7 mil judeus da cidade.

Com o tempo, a família se recuperou. Após a morte de Julius, Jacob e Amalie tiveram quatro filhas; o único outro filho, Alexander, nasceu quando Freud tinha 11 anos e já era muito admirado por sua inteligência, então, inconscientemente ou não, Sigmund não precisou desejar a morte do novo irmão. Na verdade, Freud sugeriu que o irmão se chamasse Alexander por causa do grande conquistador, e os pais aquiesceram. Alexander sempre admirou Freud que, por sua vez, adorava o irmão mais novo.

Inicialmente, Freud foi educado em casa, talvez porque a família fosse pobre demais para enviá-lo à escola. A sua irmã Anna reclamou que ele recebera um quarto próprio para estudar, enquanto os irmãos se amontoavam num quarto único.

O próximo evento traumático na infância de Freud foi mais público. Em meio aos seus papéis na Biblioteca do Congresso deparei com um envelope com o aviso "Confidencial: deve ser aberto unicamente por Kurt Eissler", que fundou os Arquivos Freud em 1951. Dentro havia três folhas microfilmadas de um jornal de Viena, datado de 1865. Na verdade, o jornal podia ser lido por qualquer pessoa que se desse ao trabalho de ir à Biblioteca Nacional austríaca em Viena, mas ele continha uma história que os freudianos desejavam eliminar.

Quando emigraram para Manchester, os meios-irmãos de Freud, Philipp e Emanuel, fizeram negócios com o tio Josef, irmão de Jacob. Os três membros da família se envolveram numa grande conspiração criminosa. Em junho de 1865, o *Neue Freie Presse* de Viena informou que a polícia detivera uma quadrilha de criminosos que forjavam rublos russos. Os austríacos haviam enviado a São Petersburgo a amostra de uma cédula de 50 rublos e o embaixador russo informou que tinha "a honra" de confirmar que a cédula fora falsificada.

No dia 20 de junho, um certo Simon Weiss convidou Josef Freud ao Hotel Victoria, em Viena, e o apresentou a um "cliente". Em seguida, Josef foi até sua casa para buscar mais cédulas. Enquanto isso, Weiss e a polícia prepararam uma armadilha. Vários policiais se disfarçaram de garçons.

Quando voltou ao hotel, Josef exibiu uma série de cédulas de 50 rublos. A essa altura, os policiais deixaram de servir *strudels* e chá e o detiveram. Foram ao seu apartamento, onde encontraram outras 259 cédulas de rublos, além de duas cartas incriminatórias de Emanuel e Philipp. A primeira dizia que "há tanto dinheiro quanto areia no mar" e, "se formos espertos, a sorte não deixará de sorrir para nós". A segunda carta perguntava se Josef poderia encontrar um banco para a "mercadoria onde a movimentação seja maior, mais rápida e lucrativa".

Josef foi condenado a dez anos de prisão por estelionato. Quando o tio foi condenado, Freud acabara de entrar para o ginásio — ou escola secundária — em Sperlgasse, perto de onde vivia. Viena era um lugar profundamente antissemita e, para um menino judeu, não devia ser fácil ser sobrinho de um homem condenado por estelionato, mas Freud nunca escreveu sobre isso. Ele não foi sincero sobre a inglória carreira criminosa do tio, e limitou-se a escrever que Josef "se permitiu" participar de uma transação severamente punida pela lei e que, de fato, havia sido punido por isso. Emanuel e Philipp se tornaram homens de negócios razoavelmente bem-sucedidos em Manchester. Eles tinham o que soa hoje como um endereço telegráfico dramático: Freud Manchester.

Em *Questions for Freud*, Rand e Torok sugerem que o escândalo da condenação do tio Josef levou Freud a ser cauteloso ao apresentar detalhadamente as suas teorias, já que, ao expor suas especificidades no papel, teria sido possível testar suas ideias e portanto, potencialmente, provar que eram falsas ou "forjadas". Era mais conveniente mantê-las um pouco vagas e nebulosas. Claro que não se tratava de uma decisão consciente, afirmam os autores; seus medos inconscientes o fizeram impreciso e, portanto, irrefutável, o mesmo motivo que levou a maioria dos meus professores de psicologia em Oxford a descartar suas ideias.

Ernest Jones afirmou que Freud era um constante buscador da verdade, mas Rand e Torok afirmam que isso só ocorria "enquanto o que encontra obedece ao seu comando". Freud precisava ter certeza de que não seria exposto como um mascate de ideias falsas ou falsificações, como ocorrera com o tio. Trata-se de uma argumentação interessante, ainda que seja tão "inverificável" quanto as de Freud.

O drama do tio Josef pode ter ensinado ao jovem Freud que era perigoso correr riscos, mas a cautela era alheia à sua personalidade. Uma vez superada a falta de confiança, Freud se tornou o conquistador, desejoso de correr riscos bons ou ruins, riscos pessoais ou grandes riscos com os pacientes.

Outro grande psicólogo que parece ter tido uma infância traumática foi John B. Watson, o fundador do behaviorismo. O pai de Watson era um bêbado que sumiu de casa quando o menino tinha 10 anos. Watson bebeu e fumou em excesso a vida toda. Ele também era muito neurótico e só dormia de luz acesa. Não soube administrar a carreira, e um caso com a estudante/assistente Rosalie Rayner levou à sua demissão da Universidade Johns Hopkins quando ele tinha 39 anos. Contudo, à diferença de Freud, Watson nunca sofreu insegurança profissional, em parte porque alcançou o sucesso ainda jovem, com um estudo pioneiro sobre a aprendizagem dos ratos.

Freud nunca escreveu sobre o legado das tragédias que esbocei, mas os traumas indicam que, provavelmente, ele sofria de ansiedade, depressão e insegurança. Portanto, não surpreende que, como um jovem adulto, ele precisasse de algo que o impulsionasse — e esse "algo" era a cocaína.

Como um dos meus objetivos é colocar a história de Freud com a cocaína em contexto, o próximo capítulo analisa a história da droga e sua fonte, a folha de coca, uma história que Freud conhecia por alto quando experimentou o primeiro 1/20 de grama.

4

Mascar para alcançar a perfeição

Há pelo menos 7 mil anos os seres humanos mascam e preparam folhas de coca nas Américas Central e do Sul. Elas não eram conhecidas na Europa até Cortés chegar ao México com seu bando bravo e cobiçoso de 400 homens. O governador de Cuba o havia nomeado para estabelecer uma pequena colônia no México; nem ele nem Cortés tinham a menor ideia de que iriam enfrentar o grande império asteca com um exército de quatrocentos. Mas o conquistador tinha uma vantagem — os astecas eram odiados pelas tribos que haviam escravizado, e Cortés se aliou a diversos líderes tribais.

A crueldade ritual fazia parte da cultura e da religião astecas. Em seu dramático *History of the Aztecs* (1944), Vaillant descreve como os sacerdotes agarravam um escravo "pelos braços e forçavam-no para trás, enquanto outros dois lhe seguravam as pernas até o corpo se curvar, de barriga para cima, sobre o altar. Um quinto sacerdote cravava a faca de pederneira num longo gesto do peito ao umbigo e, enfiando a mão na abertura, com um giro habilidoso arrancava-lhe o coração. Ele o queimava enquanto ainda pulsava". As tribos tinham toda a razão em se revoltar contra os astecas.

Pouco depois de chegar, Cortés capturou uma jovem princesa asteca que se tornou sua intérprete e amante. Lola o apresentou às folhas de coca, amplamente usadas na cultura asteca como estimulante e afrodisíaco. Com a ajuda de Lola, Cortés chegou a Tenochtitlán, hoje Cidade do México, em novembro de 1519, e foi gentilmente recebido por Montezuma, o imperador asteca. O imperador teve a infelicidade de acreditar que Cortés era um deus. Este retribuiu a confiança aprisionando o imperador e assassinando-o em circunstâncias que os historiadores discutem até hoje.

Numa carta a Carlos V, o Sacro Imperador Romano, Cortés descreveu as maravilhas de Tenochtitlán, que incluíam "uma rua de ervas, onde se pode obter todo tipo de raízes e ervas medicinais que o país produz. Há boticas onde se vendem remédios preparados, líquidos, unguentos e cataplasmas". As folhas de coca eram vendidas de várias formas nessas lojas. Ao serem mascadas, as folhas eram misturadas a uma pequena quantidade de *ilucta* (uma substância feita com as cinzas da quinoa queimada), que suavizava o seu sabor e ativava os alcaloides da coca.

A princípio, a Igreja baniu o uso das folhas de coca, mas logo os espanhóis perceberam que a coca tinha muitas vantagens. Os nativos trabalhavam mais e por mais tempo, e comiam menos, quando mascavam as folhas. Sempre prática, a Igreja cedeu. Os nativos podiam mascar as folhas adoradas, sempre que a Igreja pudesse cobrar o dízimo do valor de cada colheita.

Contudo, a folha de coca não era o maior tesouro que o Novo Mundo deu ao Velho. Galeões espanhóis trouxeram ouro e prata das minas latino-americanas. A coca não rivalizava com o impacto que o chocolate, o tabaco e a batata tiveram na vida na Europa. Em 1676, um bispo espanhol observou com perspicácia que mascar a folha aliviava a dor de dente, mas o comentário — e suas implicações — foi ignorado à época.

O fim do século XVIII viu o primeiro estudo metódico de como uma droga podia afetar a percepção e as emoções. Não se tratava da coca, mas do óxido nitroso, o "gás hilariante", sintetizado e produzido pela primeira vez por Joseph Priestley, em 1772. O famoso engenheiro James Watt inventou uma máquina para produzir "ares factícios" (i.e., óxido nitroso) e um "aparelho respiratório" incipiente para inalar o gás. Watt trabalhou com um médico de renome, Thomas Beddoes, o qual sugeriu tratar a tuberculose com esses "ares factícios". Entusiasmado, em 1798 Beddoes criou o Instituto de Medicina Pneumática e contratou um jovem muito prático e inteligente para construir uma versão maior da máquina de Watt — Humphry Davy, que se tornaria um dos químicos mais importantes do século XIX. Davy completou 21 anos no dia 17 de dezembro de 1799 e, cinco dias depois, experimentou o gás, inalando-o em quantidade "suficiente para produzir uma excitação de igual duração e maior intensidade do que a ocasionada pela grande intoxicação por ópio ou álcool".

No dia do feriado bancário, ele entrou numa "caixa respiratória a vácuo, com uma capacidade de aproximadamente 270 litros cúbicos, na presença do dr. Kingslake". O médico o tiraria dali e poria fim à experiência caso ela resultasse muito perigosa. Na caixa foram injetados 23 litros de óxido nitroso.

Depois de quatro minutos, Davy "começou a sentir um ligeiro brilho nas bochechas e um calor difuso no peito, embora a temperatura na caixa não chegasse aos 10 graus". Vinte e cinco minutos depois, "o calor animal era de 38 graus, o pulso 124". Após 30 minutos, foram introduzidos outros 23 litros de gás e Davy sentiu "uma sensação de euforia similar à produzida por uma pequena dose de vinho". Uma hora mais tarde, o seu pulso havia diminuído para 99 e ele pediu que bombeassem mais 23 litros de gás na caixa.

> Eu sentia uma grande vontade de rir, pontos luminosos pareciam passar frequentemente diante dos meus olhos, certamente a minha audição estava mais aguda e havia nos músculos uma sensação de leveza agradável e capacidade de esforço físico [...] o descanso era doloroso.

Davy finalmente saiu da caixa e Kingslake colocou uma bolsa de ar no seu rosto. Ao respirar o óxido nitroso puro, os efeitos se intensificaram. Davy escreveu:

> Tive a sensação de uma expansão tangível altamente prazerosa em cada membro; as minhas impressões visíveis eram deslumbrantes e pareciam ampliadas, ouvia claramente cada som no cômodo e estava perfeitamente

> ciente da minha situação. Aos poucos, à medida que as sensações agradáveis aumentavam, perdi a conexão com coisas externas; um turbilhão de vívidas imagens cruzava rapidamente a minha mente e se ligava às palavras, produzindo percepções totalmente novas. Eu existia num mundo de ideias recém-conectadas e recém-modificadas. Eu teorizava; imaginava fazer descobertas.

Ele queria contar ao mundo o que havia descoberto e "exclamei ao dr. Kingslake: 'Não existe nada além de pensamentos! O universo é composto de impressões, ideias, prazer e dor'".

O relato que Davy fez de suas experiências criou um padrão para as pesquisas introspectivas com drogas. Ele também foi bastante inteligente ao perceber o potencial do óxido nitroso, e escreveu:

> Como a atuação extensa do óxido nitroso parece capaz de destruir a dor física, provavelmente poderá ser usado com vantagem em operações cirúrgicas em que não haja grande efusão de sangue.

Porém, Davy não levou adiante seu palpite, o que atrasou a descoberta de um anestésico útil por 44 anos. Apesar do relato de sua experiência e fama crescente, ninguém a repetiu, em parte porque outra droga tinha entrado na moda. O ópio havia se apossado da imaginação romântica, como Alethea Hayter subtitulou seu livro definitivo sobre o tema, *Opium and the Romantic Imagination.*

O ópio era muito conhecido no mundo antigo. Médicos egípcios o prescreviam para crianças doentes e é mencionado tanto na Bíblia hebraica quanto na *Eneida*, de Virgílio. Médicos árabes também empregavam a substância e os cruzados a levaram à Europa. Em 1522, o grande médico Paracelso referiu-se a um elixir baseado no ópio que denominou *laudanum* (em geral, fragmentos minúsculos de resina de ópio flutuando em álcool), da palavra latina *laudare*, que significa elogiar. Tratava-se de um potente analgésico, mas, sabiamente, Paracelso advertiu que devia ser usado com moderação. Com a popularização do láudano, muitas vezes a advertência era ignorada. Thomas de Quincey certamente não levou em conta esse chamado à temperança.

De Quincey era amigo dos poetas Wordsworth e Shelley; ele fugiu da família autoritária e sobreviveu na pobreza durante anos, antes de deparar-se com o ópio quando era estudante em Oxford. Ele clama em *Confissões de um comedor de ópio* (1821):

> Ó, justo, sutil e poderoso ópio! Aos corações de ricos e pobres, às feridas que jamais cicatrizarão, e 'aos tormentos que tentam o espírito para a rebelião', trazes um bálsamo que apazigua; eloquente ópio! Que com tua poderosa retórica desfazes o propósito da ira; e ao homem culpado por uma noite trazes de volta a sua juventude e as mãos limpas de sangue [...].

O ópio tornou-se a droga da moda. Poetas o adoravam. Shelley usava láudano para minorar suas dores de cabeça de fundo nervoso, Keats o usava como analgésico e Byron o tomava numa fórmula chamada Kendal Black Drop para se acalmar. Até a severa mãe de Jane Austen o recomendava para o enjoo nas viagens.

A visão romântica do ópio marcou uma mudança na nossa compreensão do eu, afirma Hayter. A droga era considerada a chave para uma nova liberdade, a liberdade de explorar os reinos nebulosos dos sonhos e as sombras que os habitam e de experimentar novas formas de percepção e sensação, além da liberdade de entorpecer todas as dores, físicas e emocionais. O gênio, tal como o entendemos hoje, é um conceito romântico. O gênio é retratado como um grande artista, tocado pela centelha divina da inspiração, que embarca numa viagem interior para se encontrar. O ópio foi a primeira droga popular a abrir o que Aldous Huxley viria a denominar "as portas da percepção".

No entanto, o ópio também tinha seu lado político e comercial: a própria natureza do ópio (o látex extraído das cápsulas da papoula que depois se solidifica numa resina) fez dele um produto ideal para o consumo. O alcaloide morfina foi extraído do ópio em 1804 e laboratórios farmacêuticos como a Merck rapidamente o puseram à venda na forma pura. O ópio possui dois componentes ativos — a morfina e a codeína, sendo a segunda muito mais fraca, embora 10% de qualquer codeína sejam metabolizados pelo corpo em morfina. A parte externa da cápsula da papoula contém outras substâncias químicas ativas como a tebaína, com que são feitos os opiáceos — o termo empregado para descrever as drogas com efeito semelhante ao do ópio, mas que não derivam diretamente dele — altamente lucrativos. Entre eles estão a hidrocodona e a oxicodona, muito vendidas nos EUA.

Os efeitos políticos do comércio do ópio no século XIX ainda persistem. Os chineses insistiram em recuperar a soberania sobre Hong Kong em parte por terem sido humilhados nas guerras do ópio do século XIX. O ópio era um grande negócio e, em 1840, os ingleses exigiram compensação dos chineses quando seu imperador quis suspender o comércio. Ele teve a estranha ideia de fazer seus súditos pararem de consumir o produto, o que não o deixou em bons termos com os ministros da rainha Vitória, indignados com os voluntariosos orientais, que estavam tentando roubar do Império Britânico seu direito inalienável de explorar os nativos. A Marinha foi enviada e os derrotou.

Os chineses foram obrigados a assinar o que denominaram "o primeiro Tratado Desigual", que deu aos britânicos a liberdade de fazer o que quisessem e de continuar auferindo grandes lucros com o ópio. Quando os chineses cometeram a temeridade de se opor novamente, houve uma segunda Guerra do Ópio e um segundo "Tratado Desigual" quando os chineses mais uma vez perderam para os britânicos, os quais, como os conquistadores contra os astecas, chegaram armados com tecnologia superior.

Outros experimentos introspectivos giraram em torno do haxixe, que também sempre havia sido usado na medicina e para outros fins desde tempos imemoriais. Em 1844, um psiquiatra parisiense, dr. Jacques-Joseph Moreau, fundou o Clube do Haxixe. Quando usava haxixe ele experimentava euforia, alucinações e incoerência. Pelo menos Moreau teve a perspicácia de entender que não era sensato experimentar em si mesmo uma droga que levava a alucinações. Então ele criou um clube, onde as mais refinadas mentes de Paris podiam desfrutar da "intoxicação intelectual" do haxixe.

Os membros do Clube do Haxixe incluíam Alexandre Dumas, autor de *Os três mosqueteiros*, o autor de *Os miseráveis*, Victor Hugo, o poeta Charles Baudelaire e o pintor Eugène Delacroix. O grupo se reuniu entre 1844 e 1849 e costumava usar trajes árabes. Eles bebiam café forte com haxixe, que Moreau denominava *dawamesk*, o seu nome árabe.

No ensaio "O Clube dos Haxixins", um amigo de Moreau, o escritor Théophile Gautier, descreveu a sua entrada numa sala onde Moreau, diante de um bufê, distribuía porções de haxixe. Sendo franceses, eles depois se regalaram com uma refeição de cinco pratos com ostras, haxixe, filé-mignon, camembert, mais haxixe, conhaque e mais haxixe. Ao final do repasto, escreveu Gautier, os demais pareciam "um pouco estranhos. As pupilas estavam grandes como as de uma coruja; os narizes se estendiam em probóscides alongadas; as bocas se expandiam como as dos sinos. Os rostos estavam sombreados por uma luz sobrenatural". Mas a experiência o fascinou.

O poeta Baudelaire fez o melhor relato introspectivo dos efeitos do haxixe:

> A princípio, uma certa hilaridade absurda e irresistível toma conta de você [...]. As palavras mais vulgares, as ideias mais triviais assumem um aspecto novo e bizarro. Esse júbilo lhe é intolerável; mas é inútil resistir. O demônio o invadiu [...] [As pessoas] começaram a improvisar uma fileira de trocadilhos e as relações de ideias mais improváveis se encaixam [...] mas, depois de alguns minutos, a relação entre as ideias se torna tão vaga, e o fio dos pensamentos tão tênue, que só seus cúmplices [...] podem entendê-lo.
>
> Em seguida, seus sentidos se tornam extraordinariamente perspicazes e agudos. Sua visão é infinita. Seus ouvidos podem distinguir o som

> mais imperceptível, mesmo em meio aos ruídos mais acres. Ocorrem as ambiguidades mais sutis e as transposições de ideias mais inexplicáveis. Há cor nos sons; nos sons há uma música [...]. Você está sentado fumando; crê estar sentado no seu cachimbo e que seu cachimbo fuma você; você exala a si mesmo em nuvens azuladas. Essa fantasia dura uma eternidade. Mas então você olha o relógio e descobre que a eternidade só durou um minuto.

O fumador de haxixe então entra na terceira fase de "felicidade completa. Não há nada agitado ou tumultuado nisso. É uma calma e beatitude plácida. Todos os problemas filosóficos são resolvidos [...]. Todas as contradições são reconciliadas. O homem superou os deuses".

O Clube do Haxixe suspendeu suas atividades em 1850, quando a coca finalmente começava a causar uma profunda impressão na Europa. Em 1857, o botânico alemão Johan von Tschudi foi à América Latina e observou um "*cholo* de Hurain" chamado Hatan Huamang, que ele empregara para realizar tarefas manuais, especialmente escavações. Hatan era um escavador heroico enquanto mascava, observou Tschudi: "Durante os cinco dias e noites em que esteve aos meus serviços, ele nunca comeu nada e dormia apenas duas horas por noite." As folhas de coca faziam Hatan caminhar acompanhando Von Tschudi, montado numa mula, durante uma longa jornada. "O padre da aldeia me garantiu que aquele homem tinha 62 anos e em toda a sua vida nunca adoecera."

Von Tschudi acrescentou que, em abril de 1859, um nativo foi enviado a pé pelos 400 quilômetros entre La Paz e Tacna para entregar o correio. Ele os percorreu mascando coca constantemente.

Charles Darwin ficou famoso ao velejar no *Beagle*. Foram necessários 24 anos para que o Sacro Imperador Romano enviasse uma expedição naval semelhante, mas por fim, em 1858, ele enviou mundo afora uma fragata, a *Novara*. O botânico do barco reuniu folhas de coca e as enviou para análise a Albert Niemann (1834-1861), um jovem químico da Universidade de Göttingen. Niemann elaborou um processo de purificação do componente químico ativo das folhas e batizou-o "cocaína". Em sua tese de doutorado, *On a New Organic Base in the Coca Leaves* [Sobre uma nova base orgânica nas folhas de coca], ele escreveu sobre "seus prismas transparentes e incolores [...]. As suas soluções apresentam uma reação alcalina, um sabor amargo, promovem a salivação e um torpor peculiar, seguidos de uma sensação de frio quando aplicadas à língua".

Niemann não explorou mais a fundo o "torpor peculiar", pois morreu em circunstâncias misteriosas com apenas 26 anos. O jovem químico brilhante também estava trabalhando numa nova forma de gás mostarda. Ele era fascinado pelas substâncias tóxicas — e, ao que parece, pagou o preço.

Depois disso, houve um auge de entusiasmo com a droga. Paolo Mantegazza, um neurologista italiano escritor de ficção com temas médicos, escreveu liricamente:

> Zombei dos pobres mortais condenados a viver neste vale de lágrimas enquanto eu, carregado por duas folhas de coca, planava através dos espaços de 77.438 palavras, cada uma mais esplêndida que a outra [...]. Uma hora depois, estava suficientemente calmo para escrever essas palavras com a mão firme: Deus é injusto porque fez o homem incapaz de sustentar por toda a vida os efeitos da coca. Eu preferiria viver uma vida de 10 anos com coca do que uma de 10.000.000 (e aqui inseri uma linha de zeros) séculos sem coca.

Os homens de negócios vitorianos agarraram a oportunidade. Vinhos de coca, licores, unguentos, loções e poções foram vendidos com tanta energia quanto qualquer óleo de cobra. Eram oferecidos como cura para a constipação, bolhas, insônia, impotência e, provavelmente, também para as verrugas. Os viajantes ingeriam cocaína antes de cruzar o Canal da Mancha para prevenir o enjoo. A revista *Chemist and Druggist* publicou diversos relatórios sobre suas maravilhas.

Depois de ler o trabalho de Mantegazza sobre a coca, o químico corso Angelo Mariani elaborou o primeiro vinho de coca, Vin Mariani, que se tornou muito popular. Mariani usou com eficácia os testemunhos de celebridades; Thomas Edison, Émile Zola, a rainha Vitória e três papas elogiaram o produto. O papa Leão XII chegou a presentear Mariani com uma medalha de ouro "em reconhecimento dos benefícios obtidos com o uso do tônico de Mariani". Obviamente, ele fazia Sua Santidade sentir-se mais perto de Deus.

Uma bebida rival, o Vinho de Coca de Metcalf, era dirigida aos oradores públicos e aos cantores pois "fortalecia as cordas vocais". O sexo era um bom argumento de venda até na supostamente reprimida época vitoriana, e Metcalf acrescentava que "para os mais velhos é um afrodisíaco confiável, superior a qualquer outra droga".

A cocaína era vendida não só como afrodisíaco e tônico, mas também era alardeada por alguns como sendo capaz de oferecer um caminho para a iluminação espiritual. Ao final da década de 1860, os vitorianos estavam interessados no espiritualismo e nos contatos com "o outro mundo". A escritora francesa Judith Gautier explorou o suposto "lado espiritual" com o seguinte disparate:

Provei uma única gota do seu vinho mágico
E tornei-me uma fantástica princesa inca
A recitar os versos litúrgicos
Coca yhamuspa sachamanta
Cutichin hinti hguagtaste
Yathun socoyock hui
Napipa huinnaimincama

Os vinhos e licores de coca eram vendidos aberta e legalmente, pois em 1860 uma só substância era controlada na Grã-Bretanha — o arsênico. Após uma série de assassinatos, a Lei do Arsênico obrigou os químicos a registrarem cada venda da substância e a identidade do comprador. Os assassinos domésticos britânicos não se inibiram com a burocracia e começaram a usar outras substâncias químicas para eliminar cônjuges indesejados. Em maio de 1868, quando se descobriu que o ácido prússico e a estricnina eram armas letais eficazes, a Sociedade Farmacêutica apresentou um projeto de lei à Câmara dos Lordes em que a venda dessas drogas poderosas dependia da apresentação de receita. O projeto foi derrotado, por limitar a tradicional liberdade britânica mas, numa concessão, outras vinte substâncias foram incluídas na Lei do Arsênico e passaram a ter a venda controlada. Nem a cocaína nem o ópio estavam entre estas vinte.

A cocaína também se tornou a droga mais amplamente usada para melhorar o desempenho esportivo. Os primeiros atletas mascadores de coca de que se tem notícia eram membros do Clube Lacrosse de Toronto. Um médico canadense observou que os membros do clube, todos homens, "eram de constituição robusta" e que, ao final de um dia sufocantemente quente — ele registrou temperaturas de 43 °C — eles continuavam a disparar a bola com entusiasmo pelo campo. Os seus oponentes, que não tinham mascado cocaína, estavam "absolutamente exaustos" e mal podiam ser "estimulados a participar até a conclusão do jogo", enquanto os mascadores de Toronto "estavam elásticos e, aparentemente, tão dispostos quanto no início da partida".

Houve também uma moda do que hoje denominamos "esportes radicais", como as supermaratonas. Os maratonistas tentavam correr mais de 160 quilômetros em 24 horas. Um dos "pedestres" campeões foi Edward Weston (1839-1899), que escrevia para o *New York Herald*. Numa corrida, Weston caminhou durante 22 das 24 horas e conseguiu permanecer 17 horas sem dormir. Depois, descansou por duas horas antes de voltar à pista. Para se sustentar, ele bebeu café, chá, gemas de ovos e o extrato de carne Liebig, um caldo de carne que se vende até hoje e que, à época, era temperado com uma pitada de coca. Para manter o ânimo, Weston também mascou folhas de coca.

Algumas corridas duravam uma semana inteira. Edward Palmer, um médico americano, descreveu uma corrida em que seis mulheres correram sem parar por sete dias. No sexto dia, ele notou que uma corredora de 17 anos, L. C., estava à beira do colapso. Ele deu a ela um copo do vinho de coca Fraser. A jovem esqueceu-se do tornozelo distendido e percorreu 563 quilômetros em pouco menos de sete dias.

Os primeiros estudos sistemáticos sobre os efeitos da cocaína no desempenho dos atletas foram feitos em Edimburgo. Sir Robert Christison, presidente da Associação Médica escocesa, experimentou-a em estudantes em 1875. Os seus objetos de pesquisa, que haviam feito muito poucos exercícios extenuantes durante cinco meses, caminharam 26 quilômetros e voltaram exaustos. Estavam famintos, mas Christison os persuadiu a tomar "uma infusão de dois dracmas de cuca" em vez de comer (ele chamava a coca de *cuca,* assim como alguns outros autores). A partir daí, "o cansaço logo desapareceu e eles continuaram a caminhar pela Princes Street por mais uma hora, e o fizeram com facilidade e prazer". Foram para casa, onde finalmente comeram bem, dormiram bem "e na manhã seguinte — despertaram muito descansados e alertas".

Christison então testou a coca em si mesmo. Seu relatório é um modelo de pesquisa introspectiva e de auto-observação meticulosa levado ao extremo de analisar a própria urina e as fezes a cada duas horas. Ele caminhou 24 quilômetros em quatro etapas, com intervalos de meia hora, ao passo de 6 quilômetros por hora, e terminou com uma etapa de 10 quilômetros. Ele terminou o percurso "cansado como não recordo ter jamais estado em minha vida, mesmo quando caminhei 48 quilômetros há uns 40 ou 50 anos". Quatro dias depois, ele repetiu a prova, mas com uma diferença essencial: "Nos últimos 45 minutos do segundo descanso masquei 5g do meu melhor espécime de cuca, e reservei outros 2,5g para usar na etapa final."

A coca voltou a operar magicamente. Christison ficou surpreso "ao descobrir que o cansaço desaparecera completamente e que eu podia prosseguir não só com facilidade, mas até mesmo com elasticidade". Ele caminhou quase 10 quilômetros em 90 minutos e achou "fácil desenvolver mais 7 quilômetros e subir rapidamente os degraus de dois em dois até o meu quarto, dois andares acima: em resumo, eu não senti o menor cansaço ou incômodo. Na última etapa, transpirei tão intensamente quanto nas duas caminhadas anteriores". A sua pulsação estabilizou-se em 72, o normal, duas horas depois, sendo "a excitação da circulação muito menor e sua redução mais rápida do que depois da mesma quantidade de exercícios sem cuca". Ele observou que a "urina e os sólidos" estavam normais, desfrutou de um jantar copioso e dormiu profundamente. Despertou "livre de qualquer sinal de fadiga e de quaisquer outros incômodos". Ele descobriu também que era capaz de ler com mais facilidade do que vinha fazendo havia anos e resolveu manter o que sobrara da cuca, ou coca, para uma experiência nas férias de outono.

Em 15 de setembro, Christison galgou o topo do Ben Vorlich, que se ergue a 983 metros do nível do mar. Os últimos 200 metros, escreveu, "eram muito íngremes". Ele chegou ao cume sem se sentir cansado e repetiu a subida oito dias depois. Escalar 983 metros não é uma grande façanha para um jovem montanhista, mas Christison tinha 78 anos quando atingiu o topo da montanha.

William James, o pioneiro mais celebrado da pesquisa introspectiva, não consumiu cocaína, mas óxido nitroso. James tinha maiores inclinações espirituais do que Davy, e descobriu que "a chave da experiência é a sensação tremendamente excitante de uma intensa iluminação metafísica. A verdade se abre à vista em níveis cada vez mais profundos e de uma evidência quase fulgente. A mente enxerga todas as relações lógicas do ser com uma sutileza e uma instantaneidade aparentes das quais não há paralelo na consciência normal".

Vale a pena citá-lo:

> O centro e a periferia das coisas parecem se unir. O ego e seus objetos, o *meum* e o *tuum*, são uma coisa só. Esse foi o efeito do gás em mim, ampliado apenas mil vezes.

James teve a sensação de "uma unidade mais elevada em que tudo se baseia; de que todas as chamadas contradições são do mesmo tipo; de que a continuidade ininterrupta está na essência do ser; e de que estamos literalmente no meio do infinito". Como ocorrera com Baudelaire com o haxixe, as diferenças e as distinções pareciam se desvanecer. James opinou sobre o que havia escrito:

> [...] páginas e páginas de frases [...] durante a intoxicação, que para o leitor sóbrio parecem bobagens sem sentido, mas que no momento da escritura estavam tomadas pelo fogo da racionalidade infinita. Deus e o diabo, bem e mal, vida e morte, eu e vós, sóbrio e bêbado, matéria e forma, preto e branco, quantidade e qualidade, arrepio do êxtase e tremor do horror, vomitar e engolir, inspiração e expiração, destino e razão, grande e pequeno, extensão e intenção, jocosidade e seriedade, trágico e cômico, e cinquenta outros contrastes constam dessas páginas da mesma forma monótona. A mente via como cada termo pertencia ao seu contrário através do momento crucial de transição que vivia, e que, perene e eterno, era o *nunc stans* ou o aqui e agora.

James deu exemplos de algumas frases misturadas que pareciam muito profundas sob a influência da droga. Elas eram:

> O que é o erro senão uma espécie de encerro?
> O que é a náusea senão um tipo de -usea?
> Sóbrio, bêbedo, -edo, medo.
> Tudo pode ser objeto de crítica -
> Como criticar sem algo para criticar?
> Acordo — desacordo!!
> Emoção — moção!!!!
> Por Deus, como isso dói! Por Deus, como não dói!
> Reconciliação de dois opostos.
> Por George, nulidade só idade!
> Isso soa um contrassenso, mas é tudo pró-senso!
> Pensamento mais profundo que a fala...!
> Escola de Medicina; escola de divindade, escola! ESCOLA!
> Ah, meu Deus, ó Deus; ó Deus!

A frase mais coerente era: "Não há diferenças, mas diferenças de grau entre diferentes graus de diferença e nenhuma diferença." Naquele momento, James sentiu-se tomado pelo "sentimento de um destino terrível e inelutável". Ele viu que a mudança "do enlevo ao horror é, talvez, a emoção mais forte que já vivi".

Paralelamente a esses exercícios introspectivos, houve extensos estudos "objetivos". Cinco anos depois de Christison escalar o Ben Vorlich, o fisiologista alemão Theodore Aschenbrandt candidatou-se ao posto de cirurgião do exército bávaro. A infantaria lhe serviria de cobaia. Em 1883, ele deu cocaína a soldados cansados quando faziam manobras. Napoleão teria ficado encantado com os resultados.

O soldado de infantaria movido a coca era uma máquina de guerra superior. Tinha uma energia infinita, dificilmente percebia a dor, e podia lutar por mais tempo que o normal. Aschenbrandt relatou seis casos no *Archiv für die Gesammte Therapie*, uma importante publicação médica. O caso LT, por exemplo, era o de um voluntário que teve um colapso por exaustão no segundo dia de uma marcha. O tempo estava quente, as botas eram horríveis, havia pouca motivação.

Aschenbrandt deu a LT uma colher de sopa de água com 20 gotas de uma solução de cocaína e, cinco minutos depois, o soldado "ergueu-se por conta própria e percorreu facilmente a distância até H., a vários quilômetros, bem-disposto e com a mochila nas costas". Foi um desempenho impressionante.

Esses relatos foram decisivos tanto na história da cocaína quanto na vida de Freud. O jovem médico, que sempre teve problemas por não se alistar, leu o artigo; intrigado com os resultados de Aschenbrandt, encomendou o primeiro grama de cocaína.

Quando fez a encomenda, Freud não sabia nada sobre o homem a quem devemos a Coca-Cola. John Pemberton, o pai de todas as colas, fora gravemente ferido na Guerra Civil americana e depois disso passou a sofrer de sérios problemas estomacais. Ele recorreu à morfina, mas não gostou do efeito; depois, quando os vinhos e licores de coca foram anunciados como a panaceia, ele os experimentou e gostou mais do paladar. Parece que Pemberton não gostava do efeito narcótico e sedativo dos opiáceos, mas gostava da estimulação eufórica da cocaína.

Freud esperava que a cocaína lhe trouxesse fama e fortuna. Pemberton tinha a mesma ambição. Em 1885, ele lançou o Vinho Francês de Coca Pemberton, que anunciou como uma "bebida intelectual", um "revigorante do cérebro". Porém, havia um problema: o conteúdo alcoólico da mistura. O surgimento do movimento da Temperança nos EUA dificultava a venda de bebidas com álcool, então ele criou uma cola "sóbria". O novo preparado tinha um sabor amargo demais, então ele acrescentou açúcar, o que resultou num sabor enjoativamente doce. Pemberton despejou um pouco de ácido cítrico até, por fim, obter uma bebida palatável.

Mas ele ainda não estava satisfeito, então converteu uma boa parte da sua casa num laboratório, o qual, segundo um sobrinho, continha "um filtro enorme de madeira, largo na boca e estreito na base". Ele foi construído atravessando o piso de um cômodo do segundo andar e recheado de areia lavada do rio Chattahoochee. Os ingredientes da Coca-Cola foram despejados na boca desse filtro e "se depuravam através de caminhões de areia lavada até um recipiente metálico".

Pemberton enviou amostras de cada cola nova à fonte de soda da farmácia local e pediu aos sobrinhos que o mantivessem informado sobre os comentários dos clientes. Um dia, dois homens de negócios o visitaram e tentaram persuadi-lo a investir numa nova máquina impressora colorida. Em vez disso, acabaram investindo na Pemberton Chemical Company. O seu assistente, Frank Robinson, juntou os nomes dos dois ingredientes mais importantes e criou o nome Coca-Cola (a noz de kola, ou cola, é uma fonte de cafeína).

Robinson convenceu Pemberton a pagar um anúncio, desenhou as letras clássicas da Coca-Cola e insistiu em extravagâncias como a distribuição de cupons gratuitos da bebida e anúncios nos bondes. A bebida começou a vender extraordinariamente bem. Pemberton não desfrutou do triunfo por muito tempo, pois adoeceu seriamente, mas continuou obcecado em aperfeiçoar a fórmula da Coca-Cola. A última variação foi acrescentar — soa repugnante — extrato de aipo.

Enquanto Pemberton dava os toques finais na cola, um médico americano, W. H. Bentley, fazia declarações sensacionais a respeito da cocaína. Na *Therapeutic Gazette*, ele anunciou que havia curado seis alcoólatras e viciados em ópio ministrando-lhes cocaína. Em 1880, um certo dr. Peckman informou sobre duas curas com cocaína, a primeira um caso de tuberculose e a segunda um menino de 5 anos com as articulações inflamadas.

No ano seguinte, G. H. Gray escreveu, também na *Therapeutic Gazette*, sobre dois casos em que a cocaína fora administrada a dependentes do ópio. No primeiro, um homem de 25 anos tornara-se "o homem mais feliz do estado" ao provar a cocaína. No segundo caso, uma mulher de 34 anos que sofria de magreza e depressão ingeriu entre três e seis dracmas diárias de cocaína e melhorou. Esses relatos persuadiram muitos médicos de que a cocaína podia ter sérias possibilidades terapêuticas. Freud foi um deles.

5

O estudante inteligente

Aos 10 anos, Freud já havia passado por uma série incomum de traumas familiares. É tentador argumentar que a sua inteligência formidável lhe permitiu lidar com a dor e o caos, mas há menos provas disso do que seria de esperar. Talvez os psicólogos não tenham examinado suficientemente a questão de como a inteligência afeta a personalidade. O melhor estudo recente é o de Naomi Breslau que, em 2006, estudou 718 jovens de 17 anos. Ela pesquisou suas histórias e comparou o número de fatores traumáticos que haviam enfrentado aos 6 anos, seus QIs e seu desempenho posterior segundo mensurações amplamente aceitas da síndrome de estresse pós-traumático. Os QIs de 115 (muito acima da média) ou mais altos pareciam proteger os jovens das piores consequências do trauma.

Breslau afirma que a baixa incidência do transtorno de estresse pós-traumático entre crianças inteligentes poderia ter relação com estratégias melhores para lidar com acontecimentos difíceis da vida. É "o modo como as pessoas explicam a si mesmas o que lhes aconteceu, como isso encaixa nas suas vidas, se é sua culpa ou não, se podem superá-lo e cumprir alguma tarefa", acrescentou Breslau. "Sem dúvida, há aspectos cognitivos no transtorno." Um estudo de 105 veteranos da Guerra do Vietnã também descobriu que os soldados inteligentes eram menos suscetíveis ao estresse pós-traumático. Porém, a evidência é inconclusiva e Joan Freeman, que fez inúmeras pesquisas com crianças superdotadas, sugere que a própria condição de superdotadas significa que elas exigem um manejo sutil e sensível por parte dos pais.

Em 1867, Freud passou no que pode ter sido o exame mais importante da sua vida, que lhe permitiu entrar para o Gymnasium na Sperlgasse, perto da sua casa. O Gymnasium era parte de um grupo de escolas de elite criadas pelo cáiser para preparar os rapazes mais inteligentes do império para a universidade.

Sabemos bastante sobre a época escolar de Freud graças a Hugo Knopfmacher, cujo pai era da mesma turma de Freud. O ensaio inédito de Hugo sobre Freud na escola é revelador, por mostrar que aquela época foi turbulenta para ele, outra coisa mais que Freud nunca discutiu nos seus escritos.

Na escola, Freud se envolveu num escândalo. Ele foi chamado a testemunhar quando a escola quis expulsar dois alunos por "visitarem cafés de má reputação e frequentar prostitutas". Se foi chamado a testemunhar é porque sabia o que os rapazes mais velhos estavam fazendo, o que sugere que, no mínimo, ele os acompanhava. Essa é a primeira indicação do seu gosto pelo risco.

Ao final do período escolar, Freud recebeu uma avaliação muito lisonjeira por sua habilidade em redação, quando um professor lhe disse que ele possuía um notável estilo literário. Freud escreveu ao seu amigo Emil Fluss:

> Fiquei certamente impressionado com esse fato surpreendente e não hesito em divulgar o feliz acontecimento, o primeiro do tipo, o mais amplamente que puder — para você, por exemplo, que até agora provavelmente não estava ciente de que tem trocado cartas com um estilista alemão [...] guarde-as [as cartas] — amarre-as — cuide-as bem, nunca se sabe.

Segundo um crítico, a carta demonstra a extensão da vaidade de Freud. Contudo, há outra leitura possível. Freud ficou surpreso com "este fato surpreendente [...], o primeiro do tipo" porque ninguém, fora da sua família, lhe havia dito que pudesse ter talentos excepcionais. Não surpreende que tenha elaborado uma fantasia adolescente de fama a partir desse elogio.

Àquela altura, ele precisava encontrar motivos para ter fé em si mesmo e no futuro. Em 1873, o seu pai, Jacob Freud, perdera todas as suas economias com a queda da bolsa de valores. O velho homem tinha talento para a ruína. Ernest Jones nunca examinou as consequências psicológicas daquele fracasso, a segunda vez em que a família encarou a calamidade econômica, mas não é difícil imaginá-las. Freud sabia que era possível perder tudo novamente num átimo.

Em 1873, Jacob tinha 60 anos e a sua esposa 38. O fracassado nos negócios deixou de ser a autoridade na própria família. O resultado fica claro numa história que a irmã de Freud, Anna, conta em suas memórias, que só foram publicadas na década de 1990.

Quando Anna tinha 16 anos, um "tio" de Odessa, no mar Negro, foi visitá-los. (Amalie, a mãe de Freud, vivera por alguns anos na cidade, que tinha uma grande população de judeus.) O tio se apaixonou por Anna e levou-a para assistir à ópera *Guilherme Tell*. Amalie precisou servir de acompanhante, enquanto o tio cobria Anna de doces e lisonjas. Depois ele pediu a mão dela. O quase futuro marido não podia ser realmente um tio, mas um parente distante, pois isso teria significado uma proposta de casamento incestuosa.

Anna passou a noite insone, imaginando seu futuro como uma esposa rica em Odessa. Pela manhã ela foi conversar com a mãe, que ficou animada com a ideia, mas insistiu em que ela discutisse a proposta não com o marido, mas com Sigmund, irmão de Anna, que ainda não fizera 18 anos.

"Sigmund não ficou nem um pouco satisfeito", recordou Anna, "e explicou à mamãe e a mim o que implicava um homem de 59 [a idade do tio] se casar com uma garota de 16". O "tio" papa-anjo foi enviado sozinho de volta a Odessa. Édipo matou o pai e dormiu com a mãe. Freud não fez nem uma coisa nem outra, mas assumiu, ainda jovem, uma autoridade que era prerrogativa do pai. No seio familiar, ele tinha suficiente autoconfiança para agir como um patriarca. No entanto, no mundo lá fora ele era muito diferente.

Um ano depois de despachar o "tio" de volta a Odessa, Freud foi para a Universidade de Viena. Ele agora estava num ambiente onde a inteligência era o mais importante. Primeiro, sonhou em se tornar advogado. Podemos traçar boa parte do seu desenvolvimento como estudante por meio das cartas que escreveu ao seu amigo Eduard Silberstein, o primeiro de muitos confidentes epistolares de quem Freud de certo modo parecia depender. No contexto das ânsias de Freud, uma dessas cartas é particularmente interessante. Muito antes de consumir cocaína e charutos, Freud tinha outro hábito sugestivo de fixação oral. Ele costumava fazer longas caminhadas e tinha o hábito de comer e mascar grama, e até mesmo casca de árvores. Ele escreveu ao amigo Silberstein contando que era um "inveterado comedor de folhas e galhos".

A maioria das cartas entre os dois adolescentes revela uma atração intelectual pelo absurdo e pelas brincadeiras sem sentido. Eles se correspondiam em espanhol, por acaso a língua dos Conquistadores, fingindo serem cães que, por alguma razão, estavam num hospital na Universidade de Sevilha. Freud se chamava "Cipião" e Silberstein, "Berganza". Freud assinava "p.e.e.h.d.s peerp en el hospital de Sevilla", ou "cão no hospital de Sevilha". Nessas *personas* caninas, ambos se deleitavam com o humor, quanto mais bobo e erudito melhor.

Numa carta, Freud observa que o escritor inglês Carlyle "zomba de nós, meditabundos alemães". Carlyle inventara um tal professor Diógenes Teufelsdröckh (que pode ser traduzido como "Diógenes Merda do Diabo"), que se gabava do título de "Professor de Coisas em Geral na Universidade de Weissnichtwo" (que pode ser traduzido como Universidade de Não Sei Onde). Nessa respeitada academia, escreveu Freud, Diógenes escrevia uma tese essencial sobre a importância filosófica das vestimentas (referência ao *Sartor Resartus* de Carlyle, livro satírico que comparava as modas da alfaiataria e as intelectuais, e atacava sem piedade o idealismo filosófico de Hegel).

Em outra missiva, Freud faz uma brincadeira extravagante com a ligação entre religião e comida, e diz: "consumida moderadamente, a religião estimula a digestão, mas em excesso a prejudica". Freud culpava a Páscoa "por provocar constipação, devido ao pão ázimo e aos ovos cozidos". O *Yom Kippur*, o dia do perdão judaico, era "lúgubre" não porque Deus estivesse zangado ou cansado de ouvir tantos pedidos de perdão, mas porque os judeus têm de comer geleia de ameixa, e ela ajuda, como afirmam recatadamente os anúncios hoje em dia, "no transporte digestivo". Freud comentou sobre "a evacuação que ela estimula". Os clérigos cristãos eram gordos porque não tinham a obrigação religiosa de zombar da geleia de ameixa. Freud nunca perdeu o gosto pelo humor escatológico. Vinte anos mais tarde, ele escarneceu de artigos sobre a ciência exata dos "*Drek-studien*", como a denominou, que se traduz literalmente por "merd-ologia".

As cartas entre Freud e Silberstein também estavam repletas de fofocas sobre conhecidos de ambos, o que tem interesse biográfico, já que no seu círculo havia dois homens que viriam a ter importância considerável na vida de Freud: Josef Herzig e Ignaz Rosannes. Juntos, Herzig e Freud compraram um esqueleto e rabiscaram seus nomes nele, comportamento bastante típico entre os estudantes de medicina.

Essas brincadeiras também são típicas das personalidades extrovertidas. Os extrovertidos adoram o risco e a busca de novas sensações. Hans Eysenck afirma que aqueles que correm riscos têm pontuação muito mais alta no traço de personalidade conhecido como extroversão do que a média; apesar de ser um opositor declarado da psicanálise em todas as suas formas, Eysenck sempre reconheceu que os conceitos de introversão e extroversão foram tomados de Jung, o discípulo de Freud transformado em apóstata. Há uma razão biológica para isso, argumenta Eysenck; os extrovertidos têm menos excitação cortical e, por isso, precisam de muito mais estimulação para manter o cérebro funcionando numa velocidade confortável. Isso os leva a buscar novidades e novas sensações. Para o córtex do extrovertido, a regularidade e a previsibilidade são desagradáveis e sufocantes. Novas experiências devem levar a consequências imprevisíveis e, como tais, fornecer estímulo. Muitas vezes os extrovertidos ficam tão ansiosos diante do risco quanto qualquer pessoa, mas a recompensa de experimentar algo novo vale a pena. Freud não só teve as experiências traumáticas na infância comuns a muitos dependentes químicos, como era um amante da novidade e da descoberta.

Este aspecto extrovertido, amante do risco e buscador de sensações na personalidade de Freud foi mantido sob controle em sala de aula, já que ele trabalhava sob a supervisão de Ernst Brücke, um professor severo que ele muito admirava. Brücke e outros dois jovens cientistas talentosos, Helmholtz e Du Bois Reymond, criaram a Sociedade Fisicalista de Berlim. Eles apresentaram seus objetivos numa carta:

> [...] nenhuma outra força além das forças físico-químicas comuns estão ativas no organismo. Nos casos que atualmente não podem ser explicados por essas forças, deve-se encontrar o modo específico ou a forma da sua Ação por meio do método físico-matemático ou entender que há novas forças iguais em dignidade às forças físico-químicas inerentes à matéria, redutíveis às forças de atração e repulsão.

A nova fisiologia científica não recorria a explicações místicas ou metafísicas. Em 1855, Brücke se tornou professor de fisiologia em Viena. Ele causou forte impressão em Freud, como este admitiu na curta autobiografia que escreveu em 1925. (Desta vez Freud não se opôs ao ser convidado a contribuir para uma série na qual médicos famosos falavam de suas carreiras.)

No laboratório de Brücke, disse Freud, ele "encontrava descanso e satisfação [...] Brücke apresentou-me um problema sobre a histologia do sistema nervoso; consegui resolvê-lo para seu deleite e levar o trabalho adiante por conta própria". Mas seu mentor era minucioso; certa vez, ele deveria começar a trabalhar cedo pela manhã, mas: "Chegou aos ouvidos de Brücke que às vezes eu chegava tarde ao laboratório dos estudantes. Uma manhã, ele surgiu pontualmente na hora da abertura e esperou pela minha chegada. As suas palavras foram breves e certeiras. Mas o que foi dito não tem importância; o que me surpreendeu foram os terríveis olhos azuis que me fitavam e diante dos quais desfaleci [...]." (Em *A interpretação dos sonhos*.)

Em geral, os extrovertidos são mais produtivos quando precisam trabalhar numa estrutura bem-definida. O laboratório de Brücke ofereceu a Freud algo assim, e ele publicou três artigos promissores sob a sua tutela. Após três anos com Brücke, Freud tornou-se um grande especialista em enguias.

Em seu primeiro artigo, Freud demonstrou que algumas células na medula da enguia evoluem e formam os gânglios raquidianos no cérebro. O segundo artigo descreve a estrutura de um órgão lobulado essencial para a vida sexual das enguias. O terceiro artigo trata da medula oblonga e de como seu sistema nervoso se liga ao cerebelo, uma estrutura na parte mais antiga do cérebro que ajuda os animais a manter o equilíbrio. O trabalho podia ser sério, mas Freud estava sempre gracejando e disse a William Knopfmacher, pai de Hugo, seu colega: "Nesse feriado eu mudei de laboratório, e estou me preparando para a minha verdadeira profissão." Ele a definiu como "esfolar animais ou torturar seres humanos, e cada vez mais me inclino pelo primeiro".

Talvez o maior risco que Freud correu tenha envolvido o desafio direto à autoridade — que tem sido em grande parte ignorado por seus biógrafos. Como todos os jovens austríacos da época, ele tinha de servir o exército, mas não levou a sério as obrigações militares. Por oito vezes ele não se apresentou em serviço e, mais tarde, foi detido por se ausentar sem licença. Isso poderia ter arruinado sua carreira. Freud nunca explicou por que era tão negligente neste aspecto, que representava perigos reais, especialmente para um jovem judeu. A negligência também afetou a sua relação com um professor.

Na universidade, Freud assistia às aulas de filosofia de Franz Brentano, cuja obra é lida ainda hoje, e a seminários sobre Alta Matemática para Estudantes de Medicina e Fisiologia, ministradas por Ernst Fleischl. Este último se tornaria a vítima mais trágica do episódio de Freud com a cocaína, embora seu problema com drogas fosse anterior à relação com Freud.

Fleischl, doze anos mais velho que Freud, era sobrinho de um fisiologista famoso. Depois de se formar, em 1870, ele foi trabalhar com um professor de patologia, Carl von Rokitansky, e tornou-se seu principal assistente. Fotografias da época mostram que Fleischl era um jovem intenso, de olhar penetrante, com a inevitável barba espessa; ele gostava de gravatas-borboleta.

Fleischl sofreu um acidente terrível. Durante uma autópsia teve o polegar infectado de tal maneira que foi preciso amputá-lo. Mas houve complicações após a cirurgia, que resultaram no desenvolvimento de nervos ao redor do local da amputação, provocando uma dor contínua e insuportável — e havia poucas opções para mitigá-la. O melhor, claro, era o opiáceo arquetípico, a morfina. Fleischl sabia o perigo que aquilo representava, mas estava desesperado para aliviar a dor e, inevitavelmente, tornou-se dependente de injeções regulares da droga. Apesar de todo o progresso que temos testemunhado na medicina desde o tempo de Fleischl, os opiáceos ainda são, de longe, os analgésicos mais eficazes.

Depois do acidente, Fleischl regressou a Viena e se empregou como um dos assistentes principais de Brücke. Devido à falta do polegar, ele não podia fazer autópsias e se concentrou no estudo da atividade elétrica do cérebro, um campo em que houve grandes avanços na década de 1870, quando os fisiologistas estimularam eletricamente o tecido cortical humano pela primeira vez. Ele inventou um novo equipamento que permitiu fazer mensurações mais precisas de alterações no cérebro e provou que determinados estímulos provocavam pequenas alterações elétricas no córtex. Apesar da dor, sua produtividade era impressionante. Ele descreveu as conexões do nervo óptico e trabalhou na estrutura do olho, além de desenvolver um hemocitômetro para medir a quantidade de hemoglobina no sangue. Para relaxar, passava as noites estudando sânscrito.

A sorte tem um papel importante na vida de muitos cientistas. Em 1879, quando Freud ainda era estudante de medicina, um dos mais famosos hipnotizadores do mundo se apresentou no Ringtheater em Viena. O dinamarquês Carl Hansen (1833-1897) não se considerava um mero artista, e entre os espectadores estavam o filósofo Brentano, Josef Breuer e Wilhelm Wundt, que viera da longínqua Leipzig, onde acabara de montar um laboratório de psicologia para rivalizar com o de William James. Freud foi assistir à exibição com Josef Breuer.

Para magnetizar alguém, Hansen fazia a pessoa fitar por um momento uma peça brilhante de vidro, tocava sua face e fechava seus olhos e a boca. Ele então "ordenava que fizesse as coisas mais ridículas", segundo *A History of Hypnotism*, de Gauld. Hansen fazia a pessoa hipnotizada assumir posturas catalépticas, mandando-a se deitar e se tornar uma "tábua humana". A pessoa ficava impossibilitada de se mover ou de falar até ser instruída a levantar-se e cantar ou fazer "pantomimas absurdas". A rotina costumava incluir a ingestão de uma batata crua, acreditar ser uma pera e tomar um champanhe imaginário. As bolhas eram irreais e não continham álcool, mas as pessoas hipnotizadas se comportavam como se estivessem bêbadas.

Hansen atraiu audiências enormes e impactou vivamente o público, mas a polícia vienense ficou preocupada com suas demonstrações e consultou especialistas na universidade. Em consequência, Hansen foi proibido de se apresentar na cidade. Mas Freud assistira ao poder da hipnose e da sugestão e ficou profundamente impressionado.

No dia 6 de maio de 1880, Freud comemorou seu 24º aniversário em circunstâncias nada ideais. Ele fora detido novamente por escapar às suas obrigações militares. Conseguiu se livrar das acusações formais de deserção e voltou ao trabalho na universidade. A essa altura, suas cartas a Silberstein mostram que Freud conhecia bem seu professor de fisiologia, Fleischl. E este se tornou uma espécie de herói para ele.

Fleischl foi promovido a professor titular em 1880, com apenas 34 anos. Como muitos dependentes de opiáceos, o consumo de drogas não parece ter impedido sua ascensão profissional. Numa carta a Silberstein, Freud afirmou que Fleischl era um homem admirável. Isso era verdade, mas Freud não foi nada objetivo nesse aspecto. Ele não contou que aquele homem admirável havia começado a lhe emprestar dinheiro.

Uma das frases mais citadas do querido *Hamlet* de Freud é o conselho de Polônio ao filho, Laerte:

> "Não sejas usurário nem pedinte."

Freud ignorou o conselho de Polônio por uns 20 anos e pediu dinheiro emprestado do pai, da futura cunhada, de Fleischl, de Breuer, de um certo Barão Sp e, provavelmente, de emprestadores comerciais. Ele se queixava constantemente de pobreza, mas ela não o impedia de gastar fartamente em livros, aulas de francês e restaurantes; ele raramente comia em casa. Ele não era frugal, mesmo empobrecido na idade adulta — talvez o relativo esbanjamento fosse uma forma de "rebeldia" contra o medo da pobreza ou, talvez, a simples negação do fato de que *era* pobre.

No dia 6 de junho de 1880, Fleischl foi um dos membros oficiais da banca que Freud encarou nos exames de botânica, biologia e química. O seu desempenho nos exames foi considerado excelente. Tratava-se de um passo vital para se formar em medicina. Como na infância, Freud vivenciava traumas — pobreza, problemas com a lei e, agora, um exame crucial em que precisava passar. Ele estava frustrado e ansioso. Foi nesse momento que começou a fumar.

Nas suas respostas à pesquisa sobre o fumo, que estão escondidas na Arentz Collection da Biblioteca Pública de Nova York desde 1929, Freud declarou: "Creio que devo ao charuto a intensificação da minha capacidade de trabalhar e uma facilitação do autocontrole." O tabaco era um apoio indispensável quando estava trabalhando; ele escrevia e fumava, pensava e fumava. Ficava indisposto se não consumisse a sua nicotina diária que, afinal, é um estimulante. Muitos escritores se juntaram a Freud e usaram a nicotina deste modo: Stephen King, o romancista popular e prolífico, disse que sua produção diária de palavras caiu pela metade quando deixou de fumar.

Quando Freud finalmente se diplomou em medicina, em 1881, a sua vida não mudou de imediato. No seu estudo autobiográfico ele escreveu que não sentia uma vocação especial pela profissão e queria prosseguir pesquisando a anatomia cerebral, que lhe dera "satisfação", porém ele não era o único aluno excepcional de Brücker. Só havia dois cargos assalariados no laboratório, então Brücke lhe recomendou que se dedicasse à clínica médica. A "imprevidência" do pai não lhe deixava muitas opções. Nos anos seguintes Freud teve diversos empregos, muitos deles de meio expediente. No dia 31 de julho começou a trabalhar com Theodor Billroth no Hospital Geral de Viena como cirurgião assistente, mas só ocupou o posto por dois meses. Em outubro de 1882, foi para o Departamento de Dermatologia, onde ficou até o início de 1884, quando se transferiu para o Departamento de Doenças Nervosas.

Sabemos menos do que gostaríamos sobre esse período da vida de Freud, pois as cartas para Silberstein cessaram por essa época. Entre 1879 e 1882 Freud não teve um correspondente de confiança. E muitas vezes era nas cartas que ele se revelava mais abertamente. Mas ele encontraria uma companhia mais íntima, na correspondência e em outros sentidos, em abril de 1882.

Uma noite, Freud foi ao apartamento dos pais e a sua irmã tinha uma visita, uma mulher de 22 anos, Martha Bernays. O irmão de Martha estava cortejando a sua irmã, Anna. O amigo de Freud, Ignaz Schönberg, cortejava Minna, a irmã de Martha. Era um grupo fechado de amigos. Quando viu Martha pela primeira vez, ela estava descascando uma maçã. Ela era miúda, atraente, inteligente e muito reservada.

Freud se apaixonou e a perseguiu com uma espécie de energia demoníaca. Dessa vez não lhe faltou confiança. Especialmente porque Martha correspondeu rapidamente. Alguns dias depois de se conhecerem, ela apertou a mão dele sob a mesa. Dois meses depois, contra a vontade da esnobe família dela, eles ficaram noivos.

Aparentemente, Emmeline Bernays, a mãe de Martha, tinha certa razão em esnobar os Freud. O pai de Freud era um comerciante falido. É verdade que Sigmund era médico, mas tinha poucas perspectivas e praticamente nenhum paciente. Quando trabalhou no Hospital de Viena ele descobriu que não tinha vocação para a cirurgia. A família de Martha, por outro lado, tinha um currículo respeitável. O tio Jacob Bernays fora um dos principais eruditos bíblicos do século XIX. O avô, Isaac Bernays, havia sido rabino-chefe de Hamburgo e amigo do grande escritor Heinrich Heine.

Mas as aparências enganam; também havia escândalos na família Bernays. Assim como o tio de Freud, o pai de Martha, Berman Bernays, não era confiável em questões de dinheiro. Ele era comerciante e trabalhava também com publicidade, mas, em 1866, foi condenado por um desfalque e passou pelo menos um ano na prisão. Quando Sigmund conheceu Martha, o sobrinho do falsificador se apaixonou pela filha do desfalcador. Berman Bernays morreu em 1879, antes de o jovem casal se conhecer, mas a viúva tinha memória seletiva e fingia que o marido fora um exemplo de prudência; ela ficou chocada quando Martha se apaixonou por um homem que não podia garantir sua segurança financeira.

Freud estava desesperado para impressionar a mãe de Martha e se dispôs a fazer novos amigos e relações, e mais dinheiro. Ele se aproximou de Josef Breuer, com quem fora assistir ao hipnotizador Hansen. Aos 38 anos, Breuer era um médico bem-sucedido com uma grande clientela. Era judeu, mas secular e de aparência moderna. Quando trabalhou com Breuer, Freud se envolveu pela primeira vez com o uso regular de morfina. O caso de Anna O. é o primeiro, e ainda um dos mais controversos, na história da psicanálise.

Anna O. tinha 21 anos quando Breuer a conheceu, em 1880. Seu nome verdadeiro era Bertha Pappenheim, e ela era amiga de Martha Bernays. Anna passara muito tempo cuidando do pai, que tinha uma doença grave. É óbvio que para ela foi difícil quando começou a apresentar um verdadeiro cardápio de sintomas; Anna tinha dificuldade para falar, às vezes ficava muda e outras vezes só falava em inglês, e não no alemão materno. Sofria de neuralgia facial e tinha paralisia temporária, e lhe foi receitada morfina, sobre a qual nem Breuer nem Freud foram completamente francos ao escrever sobre o caso dela. Anna O. era dependente de morfina desde o começo de seu tratamento protopsicanalítico e pode-se dizer que todos os sintomas que apresentava eram consequência da dependência e da intoxicação.

Quando o pai morreu, em 1881, os sintomas de Anna se tornaram mais agudos, ainda que ligeiramente menos peculiares, dada a moda vitoriana do comportamento histérico. Ela se recusou a comer, perdeu a sensibilidade nos pés e nas mãos, desenvolveu paralisia e tinha espasmos involuntários. Sofria de alucinações visuais e de mudanças bruscas de humor e fez várias tentativas de suicídio. Mas nem Breuer nem qualquer outro médico conseguiam encontrar causas físicas para seus sintomas.

Anna não era uma jovem aflita e possuía uma inteligência formidável. À noite ela costumava cair em um estado que Breuer denominava "hipnose espontânea"; ela se referia a ele como "nuvens". Nesse estado, semelhante ao transe, ela conseguia explicar suas fantasias diurnas, e se sentia melhor ao fazê-lo. Às vezes, ela descrevia esses episódios como "limpar a chaminé" e, segundo alguns, se referia a eles como "a cura pela fala". Na verdade, Anna poderia reivindicar a invenção de alguns aspectos da psicanálise, 15 anos antes de Freud formalizá-los por escrito e, de certo modo, ela foi pioneira dos métodos introspectivos dele, ao examinar as próprias fantasias. O analista pode ser visto como um limpador de chaminés que remove a sujeira e a fuligem que obstruem a mente ou, para usar uma palavra alemã cara a Freud, a *Drek*.

Estes episódios de narração de histórias e limpeza de chaminés lembram fortemente o comportamento da personagem da mãe dependente de morfina no romance autobiográfico de Eugene O'Neill, *Longa jornada noite adentro*, e podem ter origem na intoxicação de ópio. Parece que nem Freud nem Breuer compreenderam o papel da droga neste "primeiro estudo de caso psicanalítico": os "sintomas histéricos" de Anna podem não ter passado de fantasias.

Às vezes, durante os episódios de "limpeza de chaminé", Anna recordava um acontecimento emocional carregado de significado. Pouco depois de se recusar a beber água, por exemplo, ela recordava ter visto uma mulher beber de um copo logo após um cão tê-lo lambido. A lembrança a desagradava, mas, depois disso, ela bebia a água. O sintoma — a recusa a beber água — parecia desaparecer assim que ela se recordava do acontecimento que o havia provocado.

Desse modo, Anna disparava um sintoma atrás do outro, mas não podia fazê-lo sozinha. Quando estava num de seus estados hipnóticos, ela precisava sentir as mãos de Breuer antes de dizer algo. Só as mãos de Breuer causavam esse efeito. Freud escreveu que Breuer sabia que Anna estava apaixonada por ele. E o que é pior, o médico estava se apaixonando pela paciente. Logo Anna começou a dizer a todos que estava grávida de um filho de Breuer — uma gravidez completamente histérica. Foi o primeiro caso registrado de "transferência", o estranho processo em que o paciente se apaixona pelo analista, e de "contratransferência", o processo igualmente estranho em que o analista corresponde.

Ernest Jones entendeu que aquele fora um momento importante no desenvolvimento da psicanálise, pois a gravidez histérica de Anna chamou a atenção de Freud para o perigo da transferência. Breuer "fugiu suando frio" ao perceber que Anna se apaixonara por ele. No dia seguinte, segundo Jones, ele e a mulher partiram para Veneza e, mais uma vez, o "mago de Freud" não contou a história direito. Na verdade, eles foram para Gmunden, na Áustria.

Breuer nunca foi totalmente honesto a respeito do tratamento de Anna. Em julho de 1882, antes de fugir, ele a levou à clínica Bellevue, em Kreuzlingen. Em pânico diante do amor dela, ele esqueceu a hipnose e as sutilezas da cura pela fala. Em vez disso, ordenou que Anna fosse sedada com altas doses de morfina e fugiu. Aos 26 anos e sem pacientes próprios, Freud não tinha condições de objetar. Contudo, anos depois ele contou detalhadamente a Stefan Zweig:

> Eu só tive condições de adivinhar o que realmente ocorreu com a paciente de Br [Breuer] muito depois de nos separarmos, quando lembrei de um comunicado de Br, anterior ao nosso trabalho conjunto, relacionado a

> outro contexto, e que ele nunca repetiu. Naquela noite, depois que todos os sintomas haviam sido superados, ele foi novamente chamado para vê-la e encontrou-a confusa e retorcendo-se com cólicas abdominais. Ao lhe perguntarem o que lhe ocorria, ela respondeu: "O filho do dr. Breuer que carrego vai nascer." Naquele momento ele tinha em mãos a chave que abriria o caminho para as Mães, mas deixou-a cair.

Quando Freud escreveu a Zweig, estava determinado a assegurar que Breuer não fosse visto como o "verdadeiro criador" da psicanálise. Desde então, muitos chamaram Anna O./Bertha Pappenheim de "a mãe da psicanálise". A própria referência de Freud às "Mães" era um floreio mitológico, em que invocou as fúrias da antiga Grécia e a mãe do filho de Cupido, uma mulher humana chamada "Psique".

Freud prosseguiu criticando Breuer: "Apesar de todo o seu talento, ele era desprovido de algo faustiano. Ele fugiu com um horror convencional e passou a paciente para um colega. Durante meses, ela lutou para recuperar a saúde num sanatório. Eu estava tão seguro da minha reconstrução que a publiquei em algum lugar."

Quatro meses depois que Freud e Martha se conheceram, a mãe de Martha mudou-se para Wandsbek, perto de Hamburgo, levando Martha consigo, numa tentativa deliberada de afastar o jovem casal. No dia 16 de julho, Freud foi visitar Martha na nova casa e comemoraram juntos o 21º aniversário dela. É provável que tenham discutido o tratamento de Anna. Depois que ficaram noivos, eles passaram a se corresponder constantemente. As suas cartas dão uma impressão vívida do jovem Freud: ambicioso, apaixonado, motivado, mas também ansioso e inseguro. No dia 18 de agosto, ele escreveu: "Sem você, eu desfaleceria por pura falta de vontade de viver."

A família Bernays teve dificuldade de objetar Freud de modo muito veemente, já que no dia 14 de outubro Eli Bernays, irmão de Martha, casou-se com Anna, irmã mais velha de Freud. Como de costume, Freud não tinha dinheiro para ir ao casamento. Duas semanas depois, ele escreveu a Martha contando que sua amiga Anna passava bem na clínica. Martha foi extraordinariamente crítica na resposta e disse "sempre estive a ponto de perguntar-te por que Breuer desistiu de Bertha". Ele respondeu enigmaticamente que ele e Breuer "éramos íntimos e muito próximos, e ele (Breuer) contou-me muitas coisas", algumas das quais Freud não podia revelar antes que se casassem.

Anna O., como muitos dos primeiros pacientes analíticos, era uma pessoa de fibra e talentosa. Ela conseguiu se livrar da morfina no final de 1882 e estudou enfermagem. Como Bertha Pappenheim, foi uma das fundadoras do moderno serviço social europeu, criou uma rede de orfanatos para meninas resgatadas da prostituição e publicou livros para crianças. Ela é considerada uma feminista socialista pioneira e uma eloquente opositora do sionismo tradicional. Convém recordar que a cirurgia moderna, a psicanálise e o serviço social foram criados em parte por dependentes de morfina e cocaína.

Em dezembro, Freud deu a Martha um anel de noivado simples, com uma granada. Como mais tarde ele insistiu, não foi por acidente que algumas semanas depois ele quebrou o anel que ela lhe dera em troca.

Ele passou os três anos seguintes obcecado com a questão de quando eles conseguiriam se casar. Freud só visitou Wandsbek quatro vezes e passou no máximo 40 dias com a noiva nos quatro anos seguintes. Como muitos casais vitorianos, o amor envolvia uma intensa troca de correspondência.

É interessante comparar as cartas de Freud a Martha com as do seu herói Charles Darwin à sua Emma, no final dos anos 1830. Ambos os homens discutiram suas ideias com as prometidas, mas havia muitas diferenças entre os dois casais. Quando Emma e Darwin discutiam onde iriam viver, o dinheiro não era problema; a dúvida era se alugariam uma casa em Kensington, que estava na moda, ou em Bloomsbury, igualmente badalado. Emma também era muito mais segura do que Martha e, cristã fervorosa, questionava as implicações religiosas das ideias de Darwin. Em contraste, a única vez em que Martha parece ter feito uma pergunta crítica a Freud foi quando o questionou sobre o tratamento de Bertha/Anna O.

Freud podia não ter autoconfiança, mas não lhe faltava consciência de si em todos os aspectos; ele precisava de uma esposa que não o desafiasse e parecia estar cônscio disso.

Uma série de dramas aumentou o sentimento de insegurança em Freud naquela época. O seu pai sentia-se mal com frequência e, no dia 12 de setembro de 1883, seu amigo Nathan Weiss enforcou-se num banho público.

Em sua autobiografia, Freud ressalta que, como judeu, esperava sentir-se um "forasteiro" em Viena. Ele também trabalhava num mundo acadêmico, onde os mais jovens deviam defender os mais velhos. Mas esses fatores não explicam completamente certa tendência à submissão, evidente nas relações de Freud com seus colegas médicos. Apesar da sua inteligência, até os 45 anos ele aparentemente só ocupou o papel dominante em uma parceria profissional — com Carl Koller, um colega da universidade. Parece plausível que os diversos traumas e privações tenham levado esse jovem inteligente a ser tão respeitoso. Jones nunca discutiu isso, porque não tentou associar os problemas da infância de Freud com sua carreira posterior.

Depois da primeira onda romântica no início da correspondência, Freud escreveu a Martha sobre seu trabalho, as más condições do Hospital de Viena e até sobre um método novo para tingir fibras nervosas. Ele voltara a trabalhar como um cientista convencional. Ele usou cloreto de ouro para tingir fibras nervosas. O truque era primeiro endurecer o tecido em dicromato de potássio e o processo, escreveu Freud "termina colocando-se o espécime no álcool; cortam-se seções finas com um micrótomo e depois elas são lavadas em água destilada". (Supostamente, Martha entendia tudo isso.) De três a cinco horas depois, as fibras "exibem um tom rosado, violeta profundo, azul ou até preto, e aparecem com muita clareza". Freud tornara visível o invisível.

Fleischl conseguiu que as descobertas de Freud fossem publicadas em *Brain*, uma das mais importantes revistas neurológicas. Se Freud tivesse dado prosseguimento ao seu trabalho anatômico, afirma Jones, certamente teria sido o primeiro a descrever a teoria neuronal do sistema nervoso central.

Contudo, quando publicou sua monografia inovadora em que cunhou o termo "neurônio", Heinrich Waldeyer ignorou a pesquisa de Freud. Ernest Jones escreveu: "Não foi a primeira vez em que Freud esteve por um triz da fama mundial na juventude, por não levar seus pensamentos a uma conclusão lógica — e não muito distante."

A publicação de artigos interessantes não trouxe a segurança que Freud queria desesperadamente — um trabalho adequado na universidade e um salário decente. Parece que ele precisava que Martha o confortasse continuamente. No dia 14 de fevereiro de 1884, por exemplo, ele reclamou numa carta: "Você se dá conta de que faz dois dias que não sei de você e estou começando a ficar preocupado?!"

Ele esperava que surgisse algo — e surgiu. A cocaína seria sua salvação. Ele estava pronto a se convencer do seu potencial. Ele falou disso a Martha numa carta datada de 21 de abril de 1884, nove dias antes de prová-la pela primeira vez. Escreveu:

> Estou também às voltas com um projeto e uma esperança dos quais lhe falarei; talvez tampouco dê em nada [...]. Estive lendo sobre a cocaína, o ingrediente ativo das folhas de coca, que algumas tribos indígenas mascam para se tornarem resistentes à privação e à fadiga.

E acrescentou:

> Encomendei um pouco e, por razões óbvias, vou experimentá-la em casos de doença cardíaca, depois nos de esgotamento nervoso, particularmente na horrível condição que se segue à abstinência da morfina (como no caso do dr. Fleischl). Talvez algumas pessoas já a estejam experimentando; talvez não funcione. Mas certamente eu vou tentar e, como você sabe, quando tentamos insistentemente e seguimos tentando, um dia pode acontecer. (13, pp. 107-08)

Ele entrou em detalhes e contou a Martha:

> O meu objetivo tem um nome específico — chama-se neuralgia ou dor da face. A questão é se conseguirei curá-la [...]. Estou muito animado, porque se funcionar tenho certeza de que atrairei por um tempo uma atenção essencial para sair para o mundo. Tudo o que esperamos estaria ali e Fleischl poderia até se beneficiar disso, talvez. E mesmo que não seja completamente sensacional, algo deve vir daí.

Quando Freud encomendou o primeiro grama à Merck, a companhia tinha um lugar importante no comércio cada vez mais lucrativo da cocaína. A Merck instalara uma plantação no Peru que enviou 58 mil folhas para a Europa em 1881, e mais de dez vezes essa quantidade dois anos mais tarde. As exportações chegaram a espantosas 18.396.000 folhas em 1885. A companhia também criou plantações de coca em Java. Para garantir que os britânicos não ficassem para trás, William Gladstone, o primeiro-ministro britânico, resolveu levar folhas de coca para a Índia; em princípio, elas foram cultivadas no jardim botânico de Calcutá. Mudas foram depois enviadas ao Ceilão, para que os plantadores de chá colhessem uma segunda safra. Assim como o ópio, a cocaína era um assunto capital — e até imperial.

Desse modo, regressamos à noite de 30 de abril de 1884, a *Walpurgisnacht*, quando Freud tomou cocaína pela primeira vez. Ele engoliu o 1/20 de grama e registrou: "o longo trabalho físico ou mental é feito sem nenhuma fadiga [...]. Este resultado não traz nenhum dos efeitos posteriores que se seguem à euforia causada pelo álcool".

Freud estava encontrando um caminho próprio num estudo sumamente diferente do seu trabalho sobre as enguias e o tingimento com ouro. Ele começara a praticar a introspecção e o fez de um modo moderno, observando os próprios sentimentos e reações, mais do que o que William James denominou os "estímulos pobres" dos triângulos e sílabas desconexas. Ele descreveu com arroubo a experiência com cocaína:

> Sente-se um aumento do autocontrole, mais vigor e maior capacidade de trabalho; por outro lado, ao trabalhar não há a elevação da capacidade cerebral induzida pelo álcool, o chá e o café. Fica-se simplesmente normal, e logo é difícil acreditar que se está sob a influência de alguma droga.

De modo crucial, Freud observou que "não há absolutamente ânsia por usar mais cocaína depois da primeira vez e, mesmo após tomá-la repetidas vezes, sente-se inclusive certa aversão curiosa por ela". Anos mais tarde, ele contou a Ernest Jones que não detectara sinais de vício em si mesmo, independentemente da frequência com que a tomasse. Jones acrescentou que Freud "dizia a absoluta verdade: como agora sabemos, é preciso uma disposição especial para desenvolver dependência de drogas e, felizmente, Freud não a tinha". Jones não especificou o que seria essa disposição especial e ignorou totalmente a questão de se Freud seria dependente do charuto — e mesmo se a frequência no uso de cocaína poderia minar a "verdade absoluta" sobre a ausência de dependências em Freud.

De fato, um aspecto curioso no uso de cocaína por Freud é a insistência na ausência de dependência — já que os usuários modernos frequentemente opinam que, de todas as drogas recreativas comuns, a cocaína é a substância mais capaz de causar dependência violenta e irresistível assim que seu efeito começa a passar. O autoengano deve ter um papel nisso, mas há também uma diferença importante entre Freud e os usuários modernos de cocaína. Freud não cheirava cocaína em pó nem fumava base de cocaína (crack), mas a ingeria oralmente. Isso, na linguagem contemporânea das drogas, não dá "barato" — ingerida oralmente, ela é metabolizada muito mais devagar do que aspirada ("insuflada", no jargão da farmacologia), e os efeitos duram consideravelmente mais tempo do que por via nasal. Doses orais de hipoclorito de cocaína produzem um efeito duradouro mais semelhante à estimulação sutil, porém poderosa, da folha de coca do que à euforia comparativamente dramática resultante da insuflação ou da injeção de cocaína, cujos efeitos duram muito menos e têm mais chances de resultar em ânsia e dependência.

A preferência oral de Freud pode, portanto, tê-lo levado a subestimar os perigos da droga. No entanto, Fleischl certamente possuía a "disposição especial" para a dependência da cocaína, além da morfina. O matemático que frequentemente emprestava dinheiro a Freud viria a ser vítima do entusiasmo deste com a droga, e de um modo bastante espetacular.

6

Fracasso e negação

Entre 1882 e 1886, a vida emocional de Freud foi dramática e instável. Ele perseguiu Martha, lutou contra a pobreza, teve de lidar com o suicídio do amigo Nathan Weiss e tentou ajudar o professor que tanto admirava e dizia ser o seu ideal — Ernst Fleischl. Na primeira vez em que escreveu a Martha sobre Fleischl, Freud pintou um retrato muito lisonjeiro. "É um homem muito distinto, por quem a natureza e a educação fizeram o melhor." Fleischl era "treinado em todos os exercícios físicos, com a estampa de um gênio nos seus traços enérgicos; bem-apessoado, com bons sentimentos, dotado de todos os talentos. Ele sempre foi *o meu ideal* e não descansei enquanto não nos tornamos amigos e pude experimentar uma alegria genuína com sua capacidade e sua reputação" [grifos nossos].

Desde o princípio, Freud não foi totalmente sincero com Martha, pois já estava preocupado com a saúde debilitada de Fleischl e seu uso de morfina. No dia 5 de novembro de 1882, ele disse a Rudolf Eitelberger, o primeiro professor titular de história da arte na Universidade de Viena: "Só posso dizer que as coisas vão mal para mim, e no momento não consigo ver quando vão melhorar."

Obviamente, a morfina contribuía para a confusão de Fleischl e às vezes ele parecia paranoico. Em vez de publicar suas descobertas sobre a fisiologia dos olhos, ele colocou o manuscrito num cofre de banco e deixou instruções para que só fosse aberto em 1883. Ninguém conseguiu dar uma explicação sensata para esse comportamento, e é provável que o uso de droga tenha sido um dos motivos.

Fleischl podia ser dotado de "todos os talentos" aos olhos de Freud, mas ele tinha problemas em estabelecer relações com as mulheres ou, ao menos, em se comprometer com elas. Freud contou a Martha que Fleischl "está noivo há dez ou doze anos de alguém da sua idade que tem sido muito paciente. Ela está disposta a esperar por ele". Freud nunca chegou a sugerir que a verdadeira razão para a prolongada indecisão fossem as inclinações homossexuais de Fleischl, mas numa carta a Martha ele incluiu uma fantasia muito peculiar.

Na carta, Freud explicou a Martha, de um modo estranho, que o distinguido e rico Fleischl a faria muito feliz. Ela ocuparia o lugar da noiva paciente e Fleischl deixaria de procrastinar e se casaria com ela — Martha — de imediato. Fleischl, o ideal de Freud, o substituiria como amante de Martha. Trata-se de um jogo muito esquisito para propor à noiva, além de bastante indelicado. Um otimista diria que Freud estava testando os limites do amor de Martha, mas a provocação também podia feri-la, apesar do elogio ambíguo que implicava. Então Freud volta à realidade, afirma que seus direitos sobre Martha eram superiores e ela continuava sendo "sua".

Na verdade, Fleischl estava numa situação cada vez mais difícil. Em agosto de 1883, Brücke escreveu que "o pobre rapaz" estava num estado deplorável. Embora continuasse a trabalhar, parece que passou a usar mais morfina nesse período, o que sugere que a dor havia piorado ou, talvez, que sua tolerância à droga era tão grande que ele precisava de doses maciças ou "heroicas" — como, estranhamente, são chamadas pelos farmacologistas — para obter algum alívio.

Em outubro de 1883, Freud visitou Fleischl e passou três horas com ele. Ele contou a Martha sobre a visita: "Desconsolado, perguntei-lhe aonde aquilo levaria." Fleischl respondeu que seus pais o consideravam um "grande sábio" e que tentaria continuar trabalhando enquanto eles vivessem, mas sentia-se condenado. Assim que os pais morressem, lhe seria "impossível continuar por muito tempo". Aquela foi uma das conversas mais íntimas registradas entre Fleischl e Freud.

Ela sugere que o suicídio estava na mente de Fleischl, e Freud fez uma previsão impressionante — e bizarra. A vida de Fleischl, disse, terminaria em tragédia, a qual "me deixará abalado do mesmo modo que a destruição de um templo sagrado e famoso teria afetado os antigos gregos". Assim como na fantasiosa "história de amor entre Fleischl e Martha", a identificação de Fleischl com um "templo" indica que a percepção que Freud tinha do seu homem "ideal" era distorcida por muitos níveis de fantasia e culto ao herói. Freud o via em termos bastante irreais; não o homem doente e perturbado e com uma dependência grave, mas uma figura mitológica fadada a um final trágico. Como veremos, essa pode ter sido uma profecia que se cumpriu.

No dia 28 de outubro de 1883, antes de começar os experimentos com cocaína, Freud disse a Martha, "você tem certa razão quanto a Fleischl, porque ele não tem sido tão meu amigo quanto Breuer". Fleischl não costumava fazer confidências a Freud — a admissão dos seus pensamentos suicidas fora uma exceção — e havia sempre "uma aura de intangibilidade ao seu redor".

Jeffrey Masson encontrou três das cartas que Fleischl escreveu a Freud quando pesquisava os arquivos de Freud. Elas são polidas, mas impessoais; ele agradece o envio de umas separatas e sugere modificações num artigo que Freud submetera a uma revista de Berlim. Freud magoou-se porque Fleischl impedia que entre eles florescesse uma amizade mais íntima. Em novembro, a situação de Fleischl não havia melhorado. Quatro meses depois, em janeiro de 1884, ele voltou a falar em suicídio.

Contudo, Fleischl sentiu-se suficientemente bem-disposto para visitar o irmão em Roma. Em abril de 1844 ele regressou a Viena. No fim daquele mês, Freud provou cocaína pela primeira vez. Nove dias depois, ele convenceu Fleischl a provar a droga, na esperança de que fosse eficaz no controle da dor e o levasse a abandonar o hábito da morfina ou, ao menos, reduzir drasticamente o consumo.

Freud começou o "tratamento" de Fleischl com cocaína em 7 de maio de 1884, um dia depois de fazer 28 anos. Assim, Ernst Fleischl tornou-se um dos primeiros pacientes na Europa a quem foi prescrita cocaína para se livrar da morfina. Dois dias depois, contente, Freud escreveu a Martha: "Triunfo. Alegre-se por mim. Conseguimos algo belo por meio da cocaína." Ele também escreveu a Minna, a sua futura cunhada, contando que obtivera certo êxito com um *Mittel*, palavra alemã para método ou medicamento.

Por três dias, Fleischl ingeriu cocaína e conseguiu ficar longe da morfina. Sentiu-se "*vortrefflich*", que significa excelente em alemão. Fleischl disse a Freud que acreditava que conseguiria se abster da morfina e que, então, "ambos seríamos pessoas de sorte". Ele se curaria, e a cura faria a reputação de Freud.

Freud se gabou com Martha de que a cocaína havia sido um enorme sucesso. A abstinência dos opiáceos geralmente leva a sintomas horríveis, que incluem diarreia, suores, depressão insuportável e uma ânsia febril por morfina. Contudo, ao trocar a morfina pela cocaína Fleischl não apresentou esses sintomas, escreveu Freud.

Mas não podemos ter certeza de que ele estivesse certo: ele não monitorou Fleischl constantemente nesses três dias, e só tinha a palavra de Fleischl de que havia parado de usar morfina. É possível, ou provável, que Fleischl tenha mentido. Os dependentes costumam ser desonestos a respeito da extensão do seu consumo de drogas. E pesquisas subsequentes deixaram claro que os estimulantes não facilitam a abstenção de opiáceos. Fleischl tinha vários motivos para mentir. Se, de fato, ele continuou a usar morfina além da cocaína recém-descoberta, logo ele deve ter deparado com o que muitos usuários de drogas consideram o máximo, o *speedball*, como são conhecidas as combinações de opiáceos e estimulantes (em geral heroína ou morfina e anfetaminas ou cocaína).

Apesar de ser às vezes administrada clinicamente a pacientes terminais, como no "coquetel Brompton" britânico, essas misturas são sabidamente perigosas, pois exercem grande pressão sobre o coração e o sistema respiratório. Elas são uma das principais causas de morte por drogas e são responsáveis pelos suspiros finais dos músicos Brent Mydland, do Grateful Dead, Hillel Slovak, fundador do Red Hot Chili Peppers, Lowell George, líder do Little Feat, do artista Jean-Michel Basquiat e dos atores John Belushi e River Phoenix, entre outros. Para alguns usuários, os opiáceos e a cocaína são tão complementares que a heroína e a cocaína às vezes são chamadas de "boy" e "girl", respectivamente. Nos Estados Unidos, alguns traficantes de rua fornecem gratuitamente uma pequena quantidade de cocaína com os saquinhos de heroína que vendem. O motivo de tanta generosidade está longe de ser filantrópico: os usuários dependentes de ambas as drogas voltam a comprá-las mais rapidamente.

Os efeitos combinados da estimulação da cocaína e da analgesia narcótica dos opiáceos parecem produzir uma euforia maior do que a soma das partes: outros usuários alternam entre os estimulantes e os opiáceos, e empregam a heroína ou os analgésicos farmacêuticos para reduzirem a ansiedade dos efeitos da cocaína e do crack. O coquetel específico do opiáceo sintético Oxycontin com cocaína costuma ser tão letal que foi apelidado de "California heart-stopper". Esses coquetéis são ainda mais perigosos quando tomados com drogas de rua — em geral heroína e cocaína — de qualidade duvidosa. Claro que não era o caso de Fleischl, que teve acesso a quantidades ilimitadas de morfina e cocaína de qualidade farmacêutica.

A cocaína pode ter dado a Fleischl um breve descanso das constantes injeções de morfina, mas ele não deve ter demorado a descobrir seu efeito, e a afirmação de que a cocaína aliviara os sintomas de abstinência da heroína em alguém tão dependente e há tanto tempo simplesmente não é crível à luz do conhecimento atual. Talvez a alta estima que tinha em Fleischl tenha impedido Freud de questionar sua franqueza. A verdade morreu com Fleischl, mas parece que o grande sábio foi enganado por outro viciado e lhe disse o que esperava ouvir.

Cego a essa possibilidade, Freud se entusiasmou cada vez mais com a cocaína e a receitou a outro paciente não identificado. A cocaína imediatamente curou a dor gástrica do paciente. O sucesso levou Freud a dizer a Martha: "Se der certo, vou escrever um ensaio sobre ela e espero fazê-la ocupar um lugar na terapêutica, junto ao morfíneo, mas superior a ele. Tenho outras esperanças e intenções a esse respeito."

Depois de tomar o 1/20 de grama, Freud ainda tinha 19 doses e, apesar de insistir em que não sentia ânsias de tomá-la, começou a usar a droga com regularidade. Ele não escondeu isso de Martha: "tomo doses muito pequenas regularmente contra a depressão". Mas não se debruçou no uso "tônico" da cocaína nem nas causas da depressão, e passou a tratar do tema nada romântico da sua indigestão. A cocaína também o ajudava e a outros nesse aspecto. "Espero conseguir deter o vômito insuportável, mesmo devido a dores severas; em resumo, só agora me sinto um médico, pois ajudei um paciente e espero ajudar outros."

É a primeira vez que Freud expressa algum prazer em tratar pessoas. Ele também foi franco ao admitir a Martha que a cocaína podia mitigar a pobreza, que ele considerava humilhante. "Se tudo der certo, não precisaremos nos preocupar com o fato de sermos capazes de ficar juntos em Viena." Na verdade, ele estava receitando cocaína a Fleischl que, em troca, lhe emprestava mais dinheiro. Essa relação tem uma semelhança mais do que passageira com a do traficante e o cliente no mundo contemporâneo das drogas.

Nos meses seguintes, Freud continuou sem contar toda a verdade a Martha sobre a resposta de Fleischl ao tratamento com cocaína, e talvez tenha sido incapaz de encarar a verdade. A situação só foi esclarecida décadas mais tarde. O escritor holandês Han Israels argumentou que o sigilo nos Arquivos de Sigmund Freud impedira os pesquisadores de lerem cartas cruciais. Israels topou com transcrições de quase 300 delas e, à medida que lia a correspondência, viu o desenrolar de uma história muito pouco edificante. Não é por acaso que a tradução alemã do livro de Israels leva o título melodramático de *Freud e suas mentiras*.

A princípio o tratamento pareceu promissor. Em 12 de maio, três dias depois de Freud dizer a Martha que se alegrasse, ele foi forçado a admitir:

"Com Fleischl as coisas vão tão mal que não posso me alegrar com os sucessos da cocaína." A escolha das palavras é interessante. Se Fleischl não estava melhorando, quais eram os sucessos da cocaína? A cocaína, que Fleischl tomava "continuamente", não o impediu de sofrer dores severas e ter "crises" que o deixavam quase inconsciente. A essa altura, Freud já não sabia se podia confiar no paciente. Ele acrescentou: "Não sei se ele tomou morfina numa das crises, ele nega, mas não se pode confiar num morfinista [...]." Essa foi uma das poucas vezes naquele mês em que Freud parece ter sido razoavelmente cético.

Pouco depois de 12 de maio, Freud visitou Fleischl com dois colegas. Eles encontraram o amigo deitado no chão "quase inconsciente de dor". Em 20 de maio, era óbvio que a cocaína não curara a dor nem os sintomas de abstinência da morfina. Um dos conhecidos de Fleischl era Theodor Billroth, um dos mais famosos cirurgiões europeus, para quem Freud havia trabalhado. Billroth tentou uma nova operação no polegar de Fleischl e pôs um fim definitivo ao experimento com cocaína. Ele disse a Fleischl para "tomar quantidades consideráveis de morfina [...] e recebeu não sabe quantas injeções" (carta de 23 de maio).

Embora estivesse a par de cada detalhe, Freud afirmou triunfalmente: "depois de dez dias ele [Fleischl] pôde parar por completo o tratamento com a coca".

O calendário aclara as esperanças e decepções:

7 de maio — Freud dá cocaína a Fleischl pela primeira vez.
9 de maio — A cocaína parece funcionar. Fleischl diz que está se abstendo da morfina.
12 de maio — Freud admite a Martha ser impossível desfrutar os "sucessos" da cocaína.
20 de maio — Billroth opera o polegar de Fleischl.
23 de maio — Fleischl reage mal ao procedimento de Billroth e é aconselhado a tomar mais morfina.

Contudo, Freud continuou afirmando que o tratamento de Fleischl fora um sucesso. Ele escreveu a Martha três dias depois da operação de Billroth: "Até então, ele [Fleischl] havia lidado excelentemente com a cocaína. Então, ela passou muito bem no teste."

No mês seguinte, Freud visitou Fleischl algumas vezes e viu que seu estado era lamentável. Freud já não devia ter ilusões quanto ao fracasso do "tratamento com cocaína", mas, em vez de encarar essa realidade, escreveu o ensaio em que elogia efusivamente a droga. Os críticos receptivos argumentam que Freud estava cego; os críticos cruéis dizem que ele mentiu. Porém, há outra possibilidade — a de que, de certo modo, ele tenha feito as duas coisas. Os freudianos podem ficar contrariados ao descobrirem que o comportamento de Freud talvez se explique melhor com outra teoria.

A dissonância cognitiva, o desconforto proveniente da manutenção de crenças claramente contraditórias, é um conceito crucial na psicologia social. A teoria da dissonância cognitiva afirma que as pessoas são fortemente motivadas a resolver uma contradição quando se veem presas entre crenças apreciadas e contraditórias, e que o fazem recorrendo às justificativas, racionalizações, negações e culpabilizações que forem necessárias para contornar os fatos e apoiar a sua crença.

Leon Festinger fez um estudo famoso de dissonância cognitiva que publicou em *Teoria da dissonância cognitiva*. Festinger e seus colegas se infiltraram num pequeno culto apocalíptico que estava a ponto de ser abduzido por alienígenas e escapar do fim do mundo iminente. Quando à meia-noite do dia marcado não aconteceu a aterrissagem dos alienígenas nem a catástrofe planetária, o grupo não questionou suas crenças. A verdade era mais excitante: as preces haviam conquistado a compaixão divina e salvado o planeta da destruição. Na verdade, o culto ganhou novos adeptos depois do apocalipse que não ocorreu. Aos olhos do grupo, os fatos mudaram para se adaptar à sua realidade preferida.

Freud parece ter sofrido essa dissonância ao observar seu paciente. Quando ficou evidente que Fleischl se tornara viciado em cocaína tanto quanto em morfina, ele negou a realidade e culpou o paciente: "Desde que lhe dei cocaína, ele tem conseguido evitar os desmaios e se controlar melhor, mas ele a ingeriu em quantidades tão grandes [...] que no final teve uma intoxicação crônica" (26 de junho de 1885).

Numa campanha desesperada e quase histérica de dissonância e negação, Freud tentou encontrar provas que apoiassem sua afirmação de "triunfo" com a cocaína. Ele começou a escrever artigos elogiando a droga acriticamente e tentou persuadir os colegas da eficácia da droga.

O autor holandês Han Israels se indigna e afirma que "indiferença total à realidade é assombrosa e ela inevitavelmente nos recorda o que o próprio Freud mais tarde descreveu como a 'onipotência do pensamento'. Está claro que Freud estava tão convencido da correção da sua teoria que estava disposto a modificar os fatos quando eles não se ajustavam a ela". Israels acrescenta: "Não é de admirar que Freud tenha se tornado o teórico da fantasia, da satisfação dos desejos e do narcisismo primário: ele próprio tinha uma propensão notável a fantasiar suas teorias e inventar dados clínicos." Israels não dá trégua a Freud. A visão mais desapaixonada é de que Freud estava dominado pela dissonância cognitiva; ele era humano, demasiado humano, como teria dito Nietzsche, dada a sua história conturbada. Investira grande quantidade de tempo, esforço e esperanças no futuro dos experimentos com a cocaína, e simplesmente não podia suportar que eles fracassassem.

Em meio ao fiasco da cocaína, o incansável Freud publicou um artigo que tem sido amplamente ignorado pelos historiadores da psicanálise. Contudo, ele é muito significativo. Depois de ficar famoso, Freud disse várias vezes que os relatos dos seus casos deveriam ser lidos mais como romances do que como artigos científicos, comentário de que Eysenck lançou mão ao criticar a psicanálise, como um indicativo de que se tratava, essencialmente, de ficção. O artigo de Freud sobre o jovem aprendiz de alfaiate foi seu primeiro relato de caso, gênero em que ele viria a se destacar. O aprendiz tinha escorbuto e provavelmente sofrera uma hemorragia cerebral:

> Espero ter encontrado material para a minha primeira publicação clínica [...]. Fui vê-lo (o alfaiate) novamente depois do almoço e encontrei alguns sintomas interessantes a partir dos quais se pode deduzir o local da hemorragia (sempre a nossa preocupação principal nos distúrbios cerebrais). Sentei-me ao lado dele durante toda a tarde e observei o desenvolvimento interessante e quase notável da doença até sete horas, quando surgiu uma paralisia simétrica, com o resultado de que até a sua morte, às 8 horas, nada escapou à minha atenção.

Freud contou a Martha que desejava demonstrar a relação entre a lesão no cérebro do alfaiate e seus sintomas, mas havia um problema. O jovem não era seu paciente, então Freud precisava do consentimento do seu superior para publicar sua descoberta. Ele não estava certo de receber autorização e disse a Martha: "Espero que ele não recuse; pretendo insistir." O comentário aponta como Freud era inseguro e quão baixa era a sua posição.

Über Coca

Não houve esse tipo de problema com o artigo sobre a coca. Freud trabalhou febrilmente nele, mas teve outra dificuldade — o acesso à pesquisa já publicada. Fleischl o ajudou apresentando-o à biblioteca da Sociedade Médica de Viena, que tinha os últimos informes sobre a cocaína do Serviço de Saúde Pública dos EUA. Em 5 de junho, Freud reconheceu que precisava de mais duas semanas para terminar o artigo. Fazia apenas cinco semanas que tomara cocaína pela primeira vez.

No dia 18 de junho Freud terminou o artigo, com aproximadamente 10 mil palavras; a "Ode à coca", foi publicada na edição de julho de 1884 da revista *Centralblatt für die Gesammte Therapie*.

O ensaio tinha "um tom que nunca se repetiu nos escritos de Freud, uma notável combinação de objetividade e calidez pessoal, como se ele estivesse apaixonado pelo conteúdo", escreveu Jones. "Freud usou expressões incomuns num artigo científico, como 'a mais maravilhosa excitação' demonstrada por animais depois de uma injeção de cocaína, e administrar uma 'oferta' e não uma 'dose'; ele rejeitou acaloradamente a 'difamação' que fora publicada sobre essa droga preciosa. A apresentação artística deve ter contribuído para despertar o interesse nos círculos vienenses e em outros círculos médicos."

Alguns trechos de *Über Coca* lembram um artigo convencional — incluída uma revisão rotineira da literatura existente, relatos sobre os efeitos da cocaína em humanos e animais e uma descrição da sua propriedade de suprimir o apetite, e cita o exemplo de uma escassez na Bolívia na qual muita gente sobreviveu graças à ingestão de folhas de coca. Mas, como observou Jones, a atitude de Freud ante a cocaína era mais do que científica: ele não se limitou a descrever a "maravilhosa oferta" da cocaína numa linguagem sacra:

> Ele inclusive relatou as práticas religiosas ligadas ao seu uso e mencionou a saga mítica de Manco Capac, o filho real do Rei Sol, que a enviou como "um presente dos deuses para satisfazer os famintos, fortificar os fracos e fazer os infelizes esquecerem as suas penas".

Jones queria convencer os leitores de que, ao escrever sobre a cocaína, Freud encontrava-se numa condição estranha e desconhecida. *Über Coca* não respalda inteiramente essa interpretação. Após a revisão competente e rotineira das pesquisas anteriores, Freud repete que a cocaína induz a "um regozijo e uma euforia duradouros, que não difere em nada da euforia normal de uma pessoal saudável". O usuário de cocaína sentia-se mais forte e no controle. "Em outras palavras, você está simplesmente normal, e depois é difícil acreditar que esteja sob a influência de uma droga."

Parece que Freud não percebeu que "euforia normal" é uma expressão paradoxal: a euforia é uma experiência rara e extrema. Há gerações os usuários de drogas observam que é difícil descrever os efeitos da cocaína, além do uso de palavras vagas como "estimulação" — mas a experiência subjetiva do efeito estimulante da cocaína é muito diferente de, digamos, a cafeína e as anfetaminas. Os usuários recreativos dificilmente conseguem perceber o efeito da droga na primeira vez que a experimentam: a "euforia" normal induzida pela cocaína é sutil, comparada à anfetamina e aos efeitos dos psicodélicos. A sutileza pode cegar o usuário para a profundidade dos efeitos da droga no corpo e na mente.

Freud observou que o efeito de "uma dose moderada de coca se desvanece de modo tão gradual que, em circunstâncias normais, é difícil definir a sua duração. Quando se trabalha intensamente sob a influência da coca, depois de três a cinco horas há um declínio na sensação de bem-estar, e é necessária outra dose de coca para espantar a fadiga". Quando não havia trabalho muscular pesado, os efeitos duravam mais. Freud insistia em que a cocaína não provocava nenhum tipo de cansaço, e muito menos depressão. "Inclino-me a pensar que depois de doses moderadas (0,05-0,10 g) pelo menos uma parte do efeito da coca dura por mais de 24 horas. De qualquer modo, no meu caso observei que mesmo no dia seguinte à ingestão de coca a minha condição era favorável comparada à norma. Inclino-me a explicar a possibilidade de um ganho duradouro em força, como frequentemente tem sido afirmado sobre a coca, devido à totalidade destes efeitos."

Freud testou esta hipótese no único experimento científico adequado que fez com seres humanos. Porque agora ele notou que respirava mais lentamente, sentia-se cansado e com sono e bocejava muito quando a euforia se desvanecia.

Frequentemente, quem usa cocaína experimenta uma sensação intensa de calor na cabeça. Freud às vezes também sentia isso, embora a cocaína só produzisse tontura em dois casos que ele conhecesse. "No conjunto, os efeitos tóxicos da coca são de curta duração, e muito menos intensos que os produzidos por doses eficazes de quinina ou salicilato de soda; eles parecem ficar ainda mais fracos com o uso repetido da cocaína."

O efeito no estômago era surpreendente. A cocaína levava a "uma eructação repetida e refrescante. Isto frequentemente vem acompanhado de um ruído surdo que deve ter origem no intestino delgado; duas pessoas que observei, que se diziam capazes de reconhecer movimentos do estômago, declararam enfaticamente que o haviam detectado diversas vezes". Então Freud comentou sobre os próprios hábitos alimentares:

> Vivenciei pessoalmente que os sintomas dolorosos depois de grandes refeições — a saber, uma sensação de pressão e empanzinamento, desconforto e falta de inclinação para o trabalho — desaparecem com a eructação após pequenas doses de cocaína (0,025-0,05 grama). Mais de uma vez provoquei o alívio em meus colegas; e por duas vezes observei que a náusea resultante dos excessos gastronômicos respondia rapidamente ao efeito da cocaína e dava lugar ao desejo normal de comer e a uma sensação de bem-estar físico. Também aprendi a prevenir os problemas estomacais acrescentando uma pequena quantidade de cocaína ao salicilato de soda.

Então, a cocaína ajudava na digestão e nos transtornos estomacais de fundo nervoso. Freud teve problemas com os intestinos durante a maior parte da vida e os chamava de "Konrad". O seu Konrad tinha uma existência irritadiça e parecia se apaziguar com a cocaína, o que, obviamente, levava Freud a usá-la frequentemente.

Ele encontrou diferenças individuais surpreendentes nas respostas à cocaína. "Encontrei não poucos que não eram afetados por 5 cg, o que, para mim e outros, é uma dose eficaz", disse ele, talvez comprovando o aspecto "sutil" dos efeitos da droga. Ele deixou claro que possuía vasta experiência com a droga. "Testei uma dúzia de vezes em mim mesmo esse efeito da coca, que elimina a fome, o sono e a fadiga e nos fortalece para o esforço intelectual."

"Quando usada por tempo prolongado, mas com moderação, a coca não é prejudicial ao corpo", argumentou Freud. Os animais aos quais Von Anrep, da Universidade de Würzburg, administrou doses moderadas de cocaína durante 30 dias não sofreram nenhum dano. A droga, afirmou ele, não criava dependência. "Parece-me notável — e eu o descobri em mim mesmo e em outros observadores aptos para julgar esse tipo de coisas — que uma primeira dose, e mesmo doses repetidas de coca, não produzem o desejo compulsivo de usar mais do estimulante; pelo contrário, sente-se certa aversão imotivada pela substância [...] após a primeira dose de cocaína não há absolutamente ânsia de usá-la outra vez, ou mesmo depois de usá-la repetidamente [...]." A cocaína era mais poderosa e "um estimulante muito menos prejudicial do que o álcool, e o seu amplo uso só é impedido atualmente pelo seu alto custo".

Novamente Freud não trata do paradoxo de como esta "aversão à substância" pode coexistir com o seu uso prolongado. Aqui, "ela não leva à dependência: eu a uso sempre" parece que o seu raciocínio cognitivamente dissonante está em operação. O leitor moderno deve levar em conta que, à época, pouco se sabia sobre as drogas: a referência ao álcool como estimulante é particularmente reveladora. Na verdade, o álcool *deprime* o sistema respiratório do mesmo modo que um tranquilizante — ele não é de maneira alguma estimulante.

A recomendação mais polêmica de *Über Coca*, claro, é a afirmação de que a cocaína podia ser usada "no tratamento da dependência à morfina e ao álcool". Neste ponto, Freud cita 16 relatórios sobre dependentes de morfina curados pela cocaína. Palmer, que administrara cocaína a L. C., uma das corredoras na supermaratona, sugeriu que a morfina fosse retirada gradualmente e substituída por cocaína. Um certo dr. Pollak estava tratando uma mulher de 33 anos que se tornara adicta à morfina receitada para enxaqueca; a cocaína também a ajudara.

Freud defendeu também o uso da cocaína como anestésico local, e escreveu: "especialmente ligada às doenças da mucosa". Ele citou Fauvel, que "recomenda fortemente a cocaína para o tratamento de doenças da faringe e das cordas vocais". Freud acrescentou que "as propriedades anestesiantes da cocaína deviam fazer dela uma substância adequada a muitas outras aplicacões".

Se Freud tivesse seguido a sugestão de maneira metódica, ela teria transformado sua carreira, pois ele teria tocado a única propriedade terapêutica verdadeira da cocaína, a de anestésico local. (Hoje, ela raramente é usada com este fim, pois foram sintetizadas alternativas não eufóricas e sem risco de dependência, como a lidocaína, que ironicamente é usada frequentemente para "malhar" e engrossar a cocaína de rua, pois produz a mesma sensação de entorpecimento.) Freud concluiu que

> No total, deve-se dizer que falta demonstrar o valor da cocaína na prática psiquiátrica, e provavelmente será útil fazer um teste completo assim que o preço exorbitantemente alto da droga se torne mais razoável.

E acrescentou:

> O tratamento do vício em morfina com coca, portanto, não resulta simplesmente na troca de um tipo de dependência por outra — ele não faz do dependente da morfina um *coquero*; o uso da coca é apenas temporário. Além disso, não creio que o efeito geral fortalecedor da coca seja o que permite ao sistema enfraquecido pela morfina sustentar, ao custo de sintomas insignificantes, a retirada da morfina. Inclino-me mais a pensar que a coca exerce um efeito diretamente antagonista à morfina.

Diante da real condição de Fleischl, trata-se de um caso de dissonância cognitiva. Contudo, as maravilhas da coca não acabavam aí.

> Os nativos da América do Sul representam a deusa do amor com folhas de coca nas mãos, e não duvidam do efeito estimulante da coca na genitália. Mantegazza confirma que os *coqueros* mantêm um alto grau de potência até a idade avançada; ele inclusive informa sobre casos de restauração da potência com o uso da coca, ainda que não acredite que ela produza esse efeito em todos os indivíduos. Marvaud apoia enfaticamente a ideia de que a coca possui efeito estimulante.

Freud havia testado esse efeito:

> Dentre as pessoas às quais administrei coca, três informaram de uma violenta excitação sexual que atribuíram, sem hesitar, à coca. Um jovem escritor que, graças ao tratamento com a coca, conseguiu retomar o trabalho depois de uma longa enfermidade, desistiu de usar a droga devido ao indesejável efeito secundário que exercia nele.

Infelizmente, Freud respeitou a confidencialidade e nunca identificou o escritor nem os indesejáveis efeitos secundários.

Contudo, ele não era um cientista objetivo quando se tratava do potencial erótico da coca. Ele estava noivo de uma judia virgem respeitável e aconselhou-a a experimentar cocaína — e a advertiu:

> Ai de ti, minha princesa, quando eu chegar. Vou beijar-te intensamente e alimentar-te até ficares roliça. E, se estiveres disposta, verás quem é o mais forte, uma mocinha gentil que não come o suficiente ou um homem forte e selvagem com cocaína no corpo. Na minha última depressão grave voltei a ingerir coca e uma pequena dose me levou às alturas de um modo maravilhoso.

Ansioso e frustrado, Freud talvez esperava que a cocaína levasse Martha "às alturas" no próximo encontro de ambos. Será que ela funcionaria como um afrodisíaco para a doce donzela? Será que o homem selvagem controlaria a sua selvageria? Obviamente, Freud nunca falou disso: não está claro se ele e Martha desfrutaram juntos do estímulo libidinoso da cocaína.

Por fim, Freud ressaltou sete usos potenciais da poção-elixir. Ela pode vir a ser útil:

1. como estimulante mental
2. como um possível tratamento dos transtornos digestivos
3. como estimulador de apetite no caso de doenças debilitantes

4. como tratamento para a dependência da morfina e do álcool
5. como tratamento para a asma
6. como afrodisíaco
7. como anestésico local

Sete dias após a publicação de *Über Coca*, Freud escreveu a Martha que na verdade lhe custara dinheiro escrever e publicar o ensaio, porque a data de publicação o forçara a cancelar um compromisso com um dos seus poucos pacientes pagantes.

> Só terminei *Coca* na noite passada; a primeira metade já está corrigida [...] os parcos florins que ganhei com ele foram subtraídos do meu pupilo, que dispensei ontem e hoje.

Enviou-lhe também um pouco de coca para experimentar. Martha agradeceu e disse que, embora pensasse que não a necessitava, experimentaria um pouco como ele sugerira. Ela informou ao noivo que a achara útil em momentos de tensão emocional. Na sua biografia, Behling afirma que de vez em quando Martha "aumentava o seu bem-estar com uma pitada revigorante de cocaína".

Freud pode ter querido deixar Martha excitada com a cocaína, mas já não podia negar o fato de que Fleischl estava se deteriorando. Em 12 de julho, ele admitiu que Fleischl usava cocaína "regularmente". Durante o verão, Fleischl não melhorou nem um pouco e no outono os amigos estavam extremamente preocupados com sua saúde.

Em 1884, a Parke-Davis Company oferecia cocaína em várias formas, inclusive em cigarros. Ela também ofertava aos consumidores um estojo útil contendo uma seringa hipodérmica. As agulhas hipodérmicas se tornaram amplamente disponíveis na década de 1880, e os dependentes de morfina logo descobriram seus usos. A Parke-Davis orgulhava-se de vender o melhor método de usar uma droga que "pode substituir a comida, tornar os covardes corajosos, os calados eloquentes e [...] tornar o sofredor insensível à dor".

Para não ser superada por seus rivais americanos, a Merck escreveu a Fleischl pedindo que endossasse a sua cocaína. Freud contou a Martha em 5 de outubro: "Interessante [...] que, atraído pelo seu grande consumo de coca, o grande fabricante Merck, de Darmstadt, tenha enviado a ele [Fleischl] uma solicitação querendo saber o que ele conhecia sobre a importância e os efeitos da substância."

Nesse aspecto, não precisamos confiar só em Freud. Muitos registros da Merck sobreviveram à Segunda Guerra Mundial e a empresa os tornou disponíveis para os historiadores. Hirschmüller descobriu que o arquivo das cartas entre Freud e a Merck se perdera, mas conseguiu estabelecer alguns fatos básicos ao estudar o livro de pedidos da companhia entre 1883 e 1886. Um pedido com data de 24 de abril chegou da farmácia Haubner, em Viena, a farmácia onde Freud comprava. Em 31 de maio há um pedido de uma quantidade muito maior de cocaína do Instituto de Fisiologia, onde Fleischl continuava trabalhando. Hirschmüller afirma que o pedido — 10 gramas, ao baixo preço de 5 marcos o grama — viera diretamente de Fleischl.

Fleischl comportava-se do modo como se espera de um dependente naquelas circunstâncias, e se injetava "enormes doses" de cocaína — 1 grama ao dia. Novamente, o leitor deve recordar que era cocaína *pura* o que penetrava nas veias de Fleischl.

Em meados de outubro de 1884, Freud se correspondeu com a Merck. Ele devia saber que Fleischl levara a companhia a crer que a sua cocaína a baixo preço estava sendo usada em experiências científicas, e não para consumo pessoal. Freud não questionou esse comportamento dúbio. Ele não contou a verdade à Merck, mas dificilmente podia se afastar de Fleischl, pois o reverenciava como professor ao mesmo tempo que lhe tomava dinheiro emprestado, e principalmente porque esperava pedir-lhe ainda mais.

A Merck então pediu a Freud que pesquisasse a ecgonina, outra substância derivada da folha de coca, um metabólito e precursor da cocaína.

Freud aceitou com alegria. Para a Merck, era imensamente útil colaborar com membros do renomado Instituto de Fisiologia de Viena. Em 21 de outubro, a companhia enviou a Freud 100 gramas de ecgonina.

Embora as evidências contrárias à segurança e à utilidade terapêutica da cocaína se acumulassem rapidamente, Freud afirmou a um colega, Leopold Köningstein, que a droga apresentava um grande potencial. Ele fez Köningstein prometer fazer alguns testes com a substância enquanto visitava Martha, que ele não via havia quase dois anos. Ele a visitaria com um pouco de cocaína no bolso e esqueceria as ambições científicas. Na sua ausência, a cocaína tornaria famoso outro homem, por uma descoberta que Freud havia feito, mas à qual não dera atenção. Mais uma vez, Freud seria o "homem quase".

7

Cocaína à margem do Sena

Aos 20 e tantos anos, Freud estudara enguias, trabalhara em diferentes ramos da medicina e perdera pelo menos uma oportunidade de fazer fama como médico por meio da pesquisa com cocaína. Um amigo, Carl Koller, provou ter mais sorte e mais método no estudo da droga. O episódio Koller é notável por ser a primeira relação profissional em que Freud era o parceiro dominante. Como este livro às vezes é altamente crítico de Freud, é justo observar que a "condição alfa" na relação com Koller levou Freud a se comportar de um modo muito generoso.

Koller também era judeu, e um ano mais novo que Freud. Eles se conheciam o suficiente para que Freud lhe pedisse que revisse o primeiro rascunho de *Über Coca*. Alguns meses depois da publicação do ensaio, Koller concordou em experimentar um pouco de cocaína e descrever os seus efeitos para Freud. Ele fez um relato comedido:

> Tomamos por via oral o alcaloide e, depois do lapso de tempo adequado para que entrasse na circulação, fizemos experimentos com a força muscular, a fadiga e outros, mensurados pelo dinamômetro.

Freud nunca imaginou que, enquanto estava em Hamburgo, "alimentando sua princesa roliça", Koller começaria a estudar a cocaína sistematicamente. Primeiro, ele deu um pouco a um colega, o dr. Engel, que confirmou que ela deixava a língua entorpecida. Ao que Koller respondeu: "Sim, isso foi observado por todos os que a ingeriram." Ele escreveu: "naquele momento ocorreu-me que tinha no bolso o anestésico local que eu procurara durante alguns anos".

A "ocorrência" teve implicações revolucionárias e de longo alcance na cirurgia, especialmente nos olhos. Na maior parte delas, não importa se o paciente está inconsciente, mas muitas vezes os cirurgiões oftálmicos precisam testar a reação do paciente à luz, ou ajustar o ângulo da cabeça na mesa cirúrgica; então, anestésicos que "derrubam", como o éter, não serviam, pois o paciente precisava permanecer consciente. Isso tornava as operações nos olhos particularmente perigosas e difíceis, pois os pacientes tinham fortes dores e às vezes entravam em choque. À época, não havia outros anestésicos locais eficazes e é difícil imaginar a dor envolvida nas operações nos olhos sem anestesia. Koller encontrara o único uso médico legítimo da cocaína.

O assistente de Koller, o dr. Gärtner, recorda ter ouvido de Koller: "Espero, e na verdade conto com isso, que este pó anestesie o olho."

"Logo saberemos", respondeu Gärtner animado.

Koller dissolveu uns gramas de cocaína em água destilada, pegou uma rã grande e viva do aquário e pingou uma gota de cocaína no seu olho.

Depois de cerca de um minuto, ele disse: "o grande momento histórico chegou. Não hesito em denominá-lo assim. A rã permitiu que tocássemos a sua córnea e até que a machucássemos sem esboçar ação reflexiva nem a menor tentativa de se proteger". Esses movimentos reflexivos logicamente contribuíam para dificultar a cirurgia nos olhos, pois a cabeça do paciente podia saltar bruscamente para proteger os olhos sem a anestesia. Então, Koller e Gärtner fizeram um experimento de controle simples, tentando tocar o outro olho da rã. Ela reagiu normalmente, saltou e se virou.

Depois Koller fez a mesma experiência com um coelho, um cão e um porquinho-da-índia e confirmou os resultados. A cocaína era realmente um excelente anestésico local.

Em seguida, Koller e Gärtner testaram o efeito em si mesmos. Nenhum dos dois piscou quando seu olho foi tocado. No dia 11 de setembro de 1884, Koller fez a primeira operação usando cocaína como anestésico local num paciente que sofria de glaucoma. O procedimento foi um sucesso histórico.

Alguns meses antes, o próprio Freud havia afirmado que a cocaína poderia ser um bom anestésico local, mas não pensou em explorar esta ideia de modo sistemático. Na verdade, de férias em Wandsbek com Martha, ele não estava ciente dos progressos de Koller.

Koller imediatamente escreveu um relato curto sobre seu trabalho e queria apresentá-lo num congresso oftalmológico em Heidelberg, em meados de setembro. Mas não tinha como pagar a viagem, um pequeno fato que demonstra a importância dos empréstimos de Fleischl a Freud, que ganhava pouco mais do que Koller. Incapaz de reunir o dinheiro para participar de um importante congresso a apenas 580 quilômetros de distância, Koller teve de pedir a um estranho, o dr. Josef Brettauer, que lesse o artigo em seu lugar em Heidelberg.

Brettauer contou a Koller que o artigo criara um impacto enorme, pois a audiência compreendeu que se tratava de um avanço crucial. Um mês depois, Koller leu pessoalmente o artigo na Sociedade Médica vienense, e ele foi publicado uma semana mais tarde. As notícias do avanço cruzaram rapidamente o Atlântico. Um cirurgião oftálmico de Nova York, o dr. Henry D. Noyes, que estivera presente em Heidelberg, enviou um resumo ao *New York Medical Record*. A revista *The Lancet* informou da descoberta de Koller em 6 de dezembro.

Entre setembro de 1884 e o final de 1885, foram publicados 60 artigos sobre o uso da coca como anestésico local na Grã-Bretanha, nos Estados Unidos e no Canadá. O "pai da cirurgia" nos Estados Unidos, William Halsted, inferiu que o que funcionava nos olhos devia funcionar nos dentes e testou a ideia e, com uma pequena quantidade de cocaína, bloqueou o nervo mandibular de um estudante de medicina. Houve uma enxurrada de artigos entusiasmados nas revistas de odontologia, e os dentistas começaram a usar cocaína com frequência.

Jones pode ter idealizado a maturidade "sobre-humana" de Freud, mas, pelo menos no relacionamento com Koller, ele foi genuinamente maduro e generoso e não demonstrou inveja. Não há registro de decepção da sua parte pelo sucesso de Koller com uma pesquisa que ele próprio sugerira e não levara adiante. Contudo, o fracasso por fim impulsionou Freud a agir. Ao regressar a Viena, ele fez uma série de experimentos com o seu velho amigo, Josef Herzig (com quem havia comprado o esqueleto oito anos antes). Em 9 de novembro, eles usaram um dinamômetro para mensurar quanta força muscular empregavam com ou sem cocaína. O dinamômetro é um aparelho para medir a força, em geral a energia produzida por uma máquina. Nos dias 26, 27 e 28 de novembro, Freud fez três experimentos similares.

Como este é o único estudo experimental feito por Freud num ser humano, ele deve ser descrito em detalhes. O experimento começou às 8 da manhã do dia 9 de novembro. Usando o dinamômetro, Freud observou que a pressão exercida por Herzig era suficiente para erguer 63,6 quilos. Às 10h22, Herzig fez o desjejum e tomou uma xícara de café. Onze minutos depois, ele não estava mais forte do que antes, e então ingeriu 0,10 grama de cocaína. Doze minutos depois, o braço de Herzig estava 20% mais forte do que antes da administração da droga, pois a pressão média que podia exercer era agora suficiente para erguer 75,3 quilos. Em uma ocasião, ele chegou a 82 quilos.

O braço de Herzig só ficou mais fraco duas horas depois, mas após o almoço ele novamente conseguiu exercer pressão para erguer 75,3 quilos, e continuava a se sentir eufórico. A euforia durou até as 15h35, quando a força do braço voltou ao normal.

No dia seguinte, o experimento produziu resultados semelhantes, apesar de ter começado à noite; Herzig tomou a cocaína às 8h30, estando cansado depois do dia de trabalho, e informou sentir-se animado, mais do que eufórico. Freud fez o experimento de modo objetivo e introspectivo. Mensurou o desempenho de Herzig e também lhe pediu que descrevesse o que sentia. Herzig sentia-se diferente e seu desempenho também foi distinto a cada um dos três dias. O experimento convenceu Freud de que a cocaína possuía muitos usos além daquele descoberto por Koller. Um mês depois, usou-a para aliviar a dor facial de um paciente cujo nome nunca revelou, mas que podia ser Anna O./Bertha Pappenheim.

Em vez de ficar ressentido com Koller, Freud sugeriu que se tratassem com mais intimidade, trocando o *sie* formal do alemão pelo *du*. Em pouco tempo a amizade seria testada de modo dramático.

No dia 4 de janeiro de 1885, Koller e outro médico, Freidrich Zinner, se enfrentaram numa briga violenta na clínica de emergência do hospital universitário. Koller era o profissional sênior responsável e tratou um paciente com o dedo ferido. Uma bandagem de borracha fora colocada na ferida, mas estava tão apertada que o paciente podia sofrer gangrena. Koller começou a cortar a bandagem; Zinner se opôs. Koller o ignorou e removeu-a completamente. Apesar de ser subordinado de Koller, Zinner gritou-lhe "*Saujud*" — um insulto antissemita que se pode traduzir como judeu "insolente" ou "arrogante". Literalmente, significa "porco judeu".

Jacob Freud pode ter permitido que um gentio derrubasse no chão o seu chapéu, mas Koller era agora internacionalmente conhecido e, além disso, feito de matéria mais dura. Testemunhas viram-no "dar um murro em Zinner [...] em resposta ao insulto". Zinner recuou. Fora golpeado por um judeu. No clima profundamente antissemita de Viena, um cristão não podia ser agredido por um judeu, e Zinner exigiu um duelo.

À época, os duelos estavam na moda, especialmente entre grupos de direita antissemitas, como o Burschenschaft Germania, do qual talvez Zinner participasse. Só homens podiam fazer parte deles e essas fraternidades desembocaram, de modo um tanto romântico, num culto ao duelo. Eles eram um rito de passagem, uma marca de honra e não era preciso muito para provocar o desafio. O famoso economista Joseph Schumpeter, por exemplo, teve de se bater em duelo porque não devolveu a tempo alguns livros da biblioteca.

Os padrinhos de Zinner procuraram Koller. A etiqueta ditava que Koller, que fora desafiado, escolhesse as armas. Koller preferiu lutar com punhais. O duelo duraria até que um deles não pudesse mais se defender. Ele ocorreu no dia seguinte, no acampamento da cavalaria, em Josefstadt. Os duelistas tiraram os casacos e lutaram em manga de camisa.

Koller era melhor esgrimista. Ele deu um golpe na cabeça de Zinner, outro no braço direito, e forçou-o a admitir a derrota. No dia seguinte, o promotor público interrogou a ambos: embora estivessem muito na moda, as autoridades torciam o nariz para os duelos. Koller recusou-se a depor, e Zinner explicou que tivera de desafiar o judeu, pois, se não lutasse pela sua honra, teria de renunciar ao posto de médico na reserva do exército.

Freud ficou do lado de Koller, não por aprovar o comportamento do amigo, mas por solidariedade judaica. No dia seguinte ao duelo, ele disse a Martha: "Você deve saber em que condições somos obrigados a viver aqui." Freud disse a Koller que havia discutido o drama com Breuer e sua esposa, que também ficaram indignados, e acrescentou que Koller devia recordar que, como médico, havia ajudado muitas pessoas.

As autoridades universitárias encararam a situação de uma forma completamente distinta. O antissemitismo estava incrustado no regulamento, e os judeus ainda não tinham autorização para ocupar cargos de chefia. Jacob Bernays, tio de Martha, era um dos grandes eruditos bíblicos de meados do século XIX, mas nunca se tornou professor por se recusar a se converter ao cristianismo. Zinner, cristão, nunca seria expulso da universidade por ter duelado — contudo, a vitória de Koller com a arma arruinou a sua perspectiva de um cargo permanente, apesar do êxito do seu trabalho sobre a cocaína.

Em 7 de julho, Freud disse a Koller que a atitude do hospital era claramente antissemita. "Nenhum judeu pode ser assistente, nenhum judeu pode se tornar médico-chefe, os judeus não podem fazer nada nem compreender nada", escreveu a Martha.

Uma semana depois, numa carta a Koller, Freud foi mais crítico e disse ao amigo que ele se metia "muito facilmente em situações difíceis". Koller não refutou a opinião de Freud — afinal, ele esmurrara Zinner primeiro — e os dois se corresponderam amigavelmente durante anos.

Assinalei antes que, pela primeira vez, Freud era mais velho, mais estável e dominante numa relação profissional, mas não posso afirmar ter descoberto por que isto ocorreu com Koller. Em 28 de setembro de 1886, por exemplo, ele disse a Koller: "Ainda tenho certeza de que você vai ter sucesso na luta pela vida", mas advertiu-o para não cogitar em ir para os Estados Unidos. Koller o ignorou e partiu para Nova York, onde se tornou um oftalmologista muito famoso. Essas emigrações eram bastante comuns entre profissionais judeus europeus.

Dezessete anos depois do duelo, Ernst Freud, filho de Sigmund, e Hortense Becker, filha de Koller, se escreveram. Ernst admitiu que a atitude do pai com relação a Koller havia mudado consideravelmente, e Hortense respondeu que isso não tinha nada a ver com a cocaína. Em 1895, houve um problema entre Koller e um dos parentes de Freud em Nova York, muito provavelmente a sua irmã Anna Bernays e, embora os detalhes desse "problema" não tenham sobrevivido, parece que fizeram Freud se voltar contra Koller.

Frequentemente Freud discutia com seus parceiros e era-lhe muito difícil fazer as pazes com um colega ou um amigo depois da discussão. Trinta e um anos mais tarde, em 1926, Koller foi a Viena e quis encontrar-se com Freud, mas este disse que não seria possível, pois estava fora da cidade. Os dois nunca se reconciliaram.

No esboço da sua autobiografia, publicada em 1925, Freud não culpou Koller pelo seu próprio fracasso em estudar a cocaína como anestésico local. Em vez disso, com uma patente falta de cavalheirismo, culpou a rechonchuda princesa pelo descuido. Ele escreveu:

> Nesse ponto, posso retroceder um pouco e explicar por que a minha noiva foi culpada por eu não ter ficado famoso ainda jovem. Um interesse lateral, embora profundo, levou-me a obter da Merck, em 1884, um pouco do que então era o pouco conhecido alcaloide cocaína, e a estudar a sua ação fisiológica. Enquanto estava dedicado a este trabalho, surgiu a oportunidade de visitar a minha noiva, de quem estava separado havia

> dois anos. Rapidamente fechei as minhas pesquisas sobre a cocaína e contentei-me com o meu livro sobre o tema, sem prever que logo seriam encontradas outras aplicações para ela [...]. Ao voltar das férias, soube que não ele [Königstein], mas outro amigo, Carl Koller, com quem eu havia conversado sobre a cocaína, havia feito o experimento decisivo em olhos de animais.

Freud acrescentou: "Com razão, Koller é considerado o descobridor da anestesia local com cocaína, que se tornou tão importante nas pequenas cirurgias, mas não estou ressentido com a minha noiva por ter interrompido o meu trabalho." Na verdade, o desprendimento é tanto que "minha noiva foi culpada por eu não ter ficado famoso ainda jovem", e quarenta anos depois ele recorda os detalhes da "interrupção" da pesquisa que ela provocara, esquecendo-se que estava ansioso por vê-la. Ele pusera o amor na frente do trabalho e, mais tarde, não teve a elegância de admitir isso nem seu fracasso em levar adiante as próprias ideias.

Em sua relação com Fleischl, Freud tampouco foi muito maduro. Depois de seis meses usando cocaína, Fleischl estava incapacitado para o trabalho e sofria bruscas mudanças de humor. Ele desenvolveu o que hoje reconhecemos como psicose tóxica, resultado da intoxicação crônica por estimulantes. (É mais comum associar esse efeito colateral às anfetaminas do que à cocaína, mas, com o tempo, o uso prolongado de qualquer estimulante poderoso provoca psicose em muitos usuários.) Parece que os sintomas psicóticos de Fleischl eram terríveis: certa vez, ele teve alucinações de víboras brancas subindo pelo seu corpo. Freud ficou pessimista e disse a Martha que Fleischl não viveria muito mais de seis meses.

Contudo, ele não deixou de lhe prescrever cocaína, sugerindo que não fizera a associação entre a droga e os sintomas de Fleischl. Na verdade, em janeiro de 1885 ele concordou em dar injeções de cocaína em Fleischl. Não havia uma lógica médica por trás da decisão, mas havia duas razões óbvias para isso. Caso Freud se recusasse a dar-lhe cocaína, Fleischl poderia, por sua vez, recusar-se a emprestar-lhe dinheiro. Além disso, Freud pode perfeitamente ter-se convencido, contra todas as evidências, de que a injeção poderia ajudar Fleischl — outra vez a negação. O seguinte artigo que Freud escreveu foi certamente desafiador.

Em *Nachtrage Über Coca* (publicado pela Verlag Von Moritz Perles), Freud queixou-se de que muitos médicos bem estabelecidos tinham "um medo injustificado com relação à ingestão de cocaína". Ele argumentou que havia usado injeções subcutâneas com sucesso em casos de ciática prolongada e acrescentou que, "nos seres humanos, a dose tóxica é muito alta, e parece não haver dose letal".

Olhando em retrospectiva, sabemos que isso era falso, pois trabalhos experimentais revelaram que, nos ratos, a DL50 de cocaína — a dose fatal em 50% dos usuários — é de 95,1 mg de cocaína por quilo de peso corporal. Por razões éticas óbvias, é impossível estabelecer a dose letal exata em humanos na pesquisa médica, mas a toxicidade da cocaína é suficiente para resultar em muitos ataques cardíacos e acidentes vasculares cerebrais.

Em fevereiro, Freud admitiu a Martha que o uso de cocaína havia deixado Fleischl num estado psicológico pior do que a morfina provocara. Mas ele não estava disposto a abandonar a crença na droga e, a julgar pela sua inconsistência, podia estar lutando para encarar — ou não — os fatos. Quando deu palestras em 3 e 5 de março de 1885, intituladas "Sobre o efeito geral da cocaína", no Clube de Fisiologia e na Sociedade Psiquiátrica de Viena, Freud não estava pessimista a respeito de Fleischl, pois disse que o paciente

> Havia sofrido graves sintomas como resultado da abstinência durante uma cura anterior. Dessa vez, a sua condição era tolerável; em particular, não havia sintomas de depressão ou náusea enquanto persistia o efeito da coca; os calafrios e a diarreia eram agora os únicos sintomas permanentes da abstinência. O paciente não estava acamado e conseguia desempenhar suas funções normalmente. Nos primeiros dias da cura ele consumiu 3 dg de *cocaïnum muriaticum* diariamente e, depois de dez dias, pôde deixar completamente o tratamento com a coca.

Mas Freud não dizia a verdade; Fleischl estava consumindo doses de cocaína muito maiores do que ele admitira e não ficara claro se ainda usava morfina. No dia 10 de março, Freud escreveu para Martha dizendo que não se sentira muito bem "durante esses dias ruins" e que estava envergonhado com a falta de dinheiro. Ele teve de visitar Fleischl e pedir outro empréstimo. Era urgente. Ao final da semana ele não teria mais nada. "Prometo solenemente que casarei contigo mesmo que não consiga os 1.500 marcos", disse ele a Martha, de um modo desesperado.

Fleischl estava tão debilitado que tinha dificuldade de escrever, mas aparentemente se comprometeu com outro empréstimo. Dois dias depois, Freud escreveu a Martha "Nunca me senti tão animado".

Em 16 de março, Freud disse a Martha que Fleischl dormira por 52 horas — parece que se tratava de uma recuperação após um período prolongado de insônia sob a influência da cocaína — mas, pelo menos, ele estava fazendo coisas belas. Fleischl podia estar alucinando, mas ainda conseguia desenhar. Freud estava em crise. Não conseguira ajudar Fleischl, achava humilhante pedir dinheiro emprestado constantemente e estava começando a sentir mudanças de humor, que podem ter sido *causadas pelo* consumo de cocaína. A relação se transformara em depressão novamente em 21 de março quando, depois de visitar Fleischl, Freud disse a Martha: "Não vou aguentar muito mais."

Freud enfrentava outras pressões que aumentavam seu desespero. Ele passara a proteger o pai, que corria o risco de perder a visão. No dia de Páscoa, Freud levou Jacob para ver Koller e, no dia seguinte, em 6 de abril, Koller operou o velho Freud usando cocaína como anestésico. Freud assistiu e ficou aliviado ao ver que a operação fora bem-sucedida. Duas semanas depois, o filho contraiu uma espécie moderada de varíola.

No dia 7 de maio de 1885, o tratamento de Fleischl completou um ano — e, obviamente, era um fracasso catastrófico. Contudo, Freud continuava a negar profundamente esse fato. Não era de surpreender que o aumento no uso da cocaína e, provavelmente, de morfina, só piorasse o estado de Fleischl. Ele não conseguia dormir, delirava e sofria tremores violentos.

Ele dizia a quem quisesse ouvir que as suas dores eram insuportáveis. Em 12 de maio, Freud disse a Martha que fora visitar Fleischl três vezes "mas ele estava sempre dormindo".

Dias depois, Freud almoçou no quarto de Fleischl e comeu um molho tártaro que lhe provocou dor de cabeça, mas o remédio estava à mão. "Tomei um pouco de cocaína e a enxaqueca desapareceu imediatamente." Não está claro se ele tomou a cocaína junto com Fleischl ou se o fez depois, ao voltar aos seus aposentos.

Dois anos antes, Freud dissera a Martha que temia que Fleischl tivesse um colapso, como um templo grego antigo. Ele agora estava sentado em meio às ruínas enquanto o teto desmoronava. Ao menos, as notícias financeiras eram melhores: Freud tinha um paciente americano, mas ele "só servia para quarenta florins ao mês".

No dia 4 de junho, Freud e Breuer ficaram tão alarmados com o estado de Fleischl que passaram a noite com ele. Agora, Fleischl sofria de *delirium tremens* — a síndrome de tremores, alucinações e convulsões associada à abstinência do alcoolismo crônico e do abuso de estimulantes. Essa noite marcou uma espécie de momento crítico, já que, após a vigília, Freud por fim admitiu a Martha o dano que a cocaína causara a Fleischl e advertiu-a para que ela própria não a consumisse em demasia.

Freud almoçou com Fleischl novamente no final de junho e ficou aborrecido por ter de ficar lá até 4 da tarde. Em 26 de junho, os dois foram para Sankt Gilgen, um recanto à beira de um lago. A ideia era que o ar fresco ajudaria Fleischl, mas esse tratamento esquisito não se adequava à gravidade do seu estado, e parece que não funcionou. Freud contou a Martha que Fleischl havia gasto 1.800 marcos, ou 428 libras, em três meses de cocaína, tendo usado 1 grama por dia — um consumo voraz. Hoje em dia, 1 grama de cocaína pura seria "malhado" várias vezes: como observado antes, o conteúdo de cocaína no pó confiscado e analisado pela polícia britânica diminuiu consideravelmente nos últimos anos. Nas ruas de Londres, provavelmente 1 grama de cocaína pura é bastante diluído e vendido como 10 gramas, ao preço de 40 libras o grama. E poucos usuários hoje consomem 10 gramas ao dia, muito menos por via intravenosa.

De volta a Viena, Freud visitou Fleischl novamente em 5 de julho e voltou a ficar preocupado demais com seu estado para deixá-lo só. Mais uma vez, Fleischl estava dormindo e Freud permaneceu no seu quarto, escrevendo uma carta para Martha. Ele prometeu que logo a visitaria, mas, como sempre, não tinha dinheiro. Desta vez, pediu emprestado a Breuer para pagar a viagem e as dívidas.

Freud precisou afastar esses problemas da mente e se preparar para o que denominou "um Exame Oral com 7 ou 8 Grandes". Desta vez, Fleischl não estava em condições de ser um dos examinadores. Freud passou com notas excelentes, em 13 de junho. O sucesso levou a um desenvolvimento crucial na sua carreira.

Uma semana depois do exame, a Faculdade de Viena votou, por 19 a 3, a concessão de uma bolsa para Freud ir a Paris, após um elogioso discurso a seu favor feito por Brücke. O dinheiro era suficiente para passar quatro meses estudando com o grande neurologista da época, o "Napoleão da neurose", como era conhecido Jean-Martin Charcot. Apesar das evidências alarmantes do declínio de Fleischl, nos três meses anteriores à sua partida, Freud continuou a escrever elogiando a cocaína.

Freud, no entanto, não era o único médico da época a agir assim. William A. Hammond, um dos mais proeminentes neurologistas americanos, afirmou publicamente que a cocaína não criava mais hábito que o chá ou o café. Ele também alardeou o "vinho de cocaína", que aperfeiçoou com a ajuda de um boticário nova-iorquino: eles usavam 2 gramas de cocaína para cada quartilho de vinho.

Todavia, as evidências dos riscos da cocaína começavam a se acumular nas publicações científicas. Em julho, Erlenmeyer lançou a primeira série de ataques. Ele tratara oito pacientes com cocaína e advertiu, profeticamente, que a droga era "o terceiro flagelo da humanidade", depois do álcool e do ópio. Obersteiner disse à Conferência Médica de Copenhague que havia sérios riscos no uso da cocaína para o tratamento de pacientes neuróticos e psicóticos, pois ela produzia perturbações mentais similares às observadas no *delirium tremens.*

Embora tivesse deixado de negar a realidade a Martha, em público Freud ignorou as críticas e, um mês depois, voltou a publicar um relato otimista, *Uber die Allgemeinwirkung des Cocaïnes* [Sobre os efeitos gerais da cocaína], no *Medicinisch-chirurgisches Centralblatt* de agosto de 1885. No artigo, ele explicou o que Han Israels teve razão em condenar por ser mentira:

> Eu mesmo tive ocasião de observar aqui um caso de rápido abandono da morfina com o tratamento com cocaína, e uma pessoa que apresentara as manifestações mais graves de colapso durante uma abstinência anterior desta vez foi capaz, com a ajuda da cocaína, de trabalhar e sair da cama, e só se lembrava da abstinência devido aos tremores, à diarreia e às ânsias ocasionais e recorrentes por morfina. Ele tomou cerca de 0,40 grama de cocaína por dia e, ao final de 20 dias, superou a abstinência de morfina.

Freud tampouco apresentou provas da afirmação seguinte: "Não se criou o hábito da cocaína; pelo contrário, era evidente uma crescente aversão pelo uso dela. Com base na minha experiência com os efeitos da cocaína, não hesito em recomendar a sua administração para estas curas, com injeções subcutâneas de 0,003-0,005 grama por dose, sem qualquer temor de aumentá-la."

Ernest Jones tentou amenizar certos aspectos caóticos do comportamento de Freud, atribuindo-os ao tipo de credulidade que era "parte da receptividade e da abertura mental que acompanha o gênio". Na verdade, Jones refutou a negação do próprio Freud.

O terrível estado de Fleischl não era o único problema que Freud teve de enfrentar nos meses anteriores à viagem para estudar com Charcot. No dia 18 de agosto ele foi intimado a ir à polícia por não ter se apresentado para o serviço militar. Mais uma vez ele se safou.

Então, ele fez algo assombroso. Em 28 de agosto, admitiu a Martha:

> Acabo de tomar uma decisão que um grupo de pessoas, ainda não nascidas e condenadas ao infortúnio, sentirão fortemente. Como não podes adivinhar a quem me refiro, eu te direi: são os meus biógrafos. Destruí todos os meus diários dos últimos catorze anos, com cartas, anotações científicas e os manuscritos das minhas publicações. Só as cartas familiares foram poupadas. As tuas, minha querida, nunca correram perigo. Todas as minhas antigas amizades e sociedades passaram novamente diante dos meus olhos e encontraram o seu destino caladas; decidi que todos os meus pensamentos e sentimentos sobre o mundo em geral, e particularmente como ele me afetava, não mereciam sobreviver. Devem ser todos repensados. E eu anotara um bocado. Mas a coisa simplesmente me envolveu, como a areia faz com a esfinge, e de repente só se viam as minhas narinas por trás da massa de papéis. Não posso deixá-los aqui e não posso morrer antes de me livrar do pensamento perturbador sobre quem pode vir a encontrar esses velhos papéis. Além disso, há tudo o que desmoronou antes do corte decisivo na minha vida, antes da nossa união e da minha escolha de vocação.

Aos 17 anos, Freud dissera ao seu amigo Emil Fluss que guardasse as suas cartas, depois que um professor elogiou seu estilo literário. Doze anos depois, Freud não prosperara o suficiente para achar que alguém se daria ao trabalho de escrever sua biografia. Parece tolo destruir evidências que escritores podem vir a necessitar no futuro, caso ele, mais tarde, chegasse a merecer uma biografia. A verdadeira razão para a destruição dos documentos, creio, tinha mais a ver com o fracasso e, claro, com a negação, do que com o "envolvimento pela esfinge". Freud estava falido; seu pai estava doente e Fleischl mal sobrevivia. Ele certamente estava emocional e sexualmente frustrado, pois só vira Martha durante um par de semanas ao longo de dois anos. A cocaína tornara Koller famoso, e não ele, enquanto os colegas criticavam sua defesa do uso mais geral da cocaína.

Freud destruiu suas cartas e manuscritos por um motivo muito humano: ele não podia encarar os fracassos ali documentados tão detalhadamente.

Destruímos o que não conseguimos recordar. É a última manifestação da negação.

Em 1900, Freud registrou um sonho com um banheiro externo em que ele urinava numa fossa, levando as fezes morro abaixo. Ele recordou a passagem em que, do alto de Notre Dame, Gargântua urina no povo de Paris. Ao destruir seus papéis, Freud estava purificando seu próprio passado — e não era a primeira vez. Mas a destruição foi um gesto decisivo que pareceu infundir-lhe energia e esperança. Em 29 de agosto, ele pediu a Martha que se casassem dentro de um mês. No dia 3 de setembro, usou o dinheiro que tomara emprestado de Breuer e foi visitá-la em Wandsbek, onde permaneceu até 11 de outubro.

Como grande parte da informação que temos sobre Freud provém das suas cartas, não temos a menor ideia do que ocorreu enquanto ele e Martha estavam juntos. Contudo, sabemos que sua perspectiva melhorou. De algum modo, ele escapou da punição por não cumprir o serviço militar e o Ministério de Educação Pública ratificou sua indicação para o cargo honorífico de *Privatdocent* ou "professor conferencista". Freud estava a caminho de uma bem-sucedida carreira acadêmica.

Em 11 de outubro, Freud deixou Martha e tomou o trem para Paris. Levou dois dias para chegar à cidade, onde mais uma vez recorreu à cocaína. Parece que ele não encontrava outro modo de lidar com a pressão de trabalhar com Charcot no Salpêtrière, um posto privilegiado, mas estressante.

O hospital Pitié-Salpêtrière foi fundado na década de 1660 por Luís XIV para receber os pobres e enfermos mentais, além de muitas prostitutas. Ele ocupava um espaço enorme à margem esquerda do Sena, a menos de 1 quilômetro da Bastilha. Nos anos 1880, o hospital era famoso por exibir os pacientes mais dramáticos, como uma certa Blanche, chamada a "Rainha das Histéricas". Frequentemente ela era exibida aos estudantes de um modo que lembra um desfile carnavalesco de esquisitices. Na década de 1960, R. D. Laing criticou essas exibições de pacientes pelo psiquiatra Emile Kraeplin, o primeiro a descrever os sintomas da esquizofrenia. Essas exibições deixam claro que os psiquiatras da época pretendiam "objetificar" os pacientes.

Em 24 de novembro de 1885, um mês depois de chegar a Paris, Freud escreveu a Martha: "Charcot, que é um dos maiores médicos e um homem cujo bom senso beira a genialidade, está simplesmente destruindo todos os meus objetivos e opiniões. Às vezes saio das suas palestras como se saísse de Notre Dame, com uma ideia totalmente nova sobre a perfeição [...] se alguma vez as sementes darão frutos, eu não sei; o que sei é que nenhum outro ser humano me afetou dessa maneira."

Charcot tinha 62 anos e era talvez o maior *showman*/xamã da medicina do século XIX. Ele dirigia o Salpêtrière desde 1872 e era mundialmente famoso como um pioneiro na neurologia e na psiquiatria. Charcot era contrário à ideia de que os histéricos, cuja maioria era de mulheres, fingiam estar enfermos e inventavam sintomas para chamar a atenção. A histeria não era absolutamente "histérica", dizia ele, mas uma doença real com sintomas consistentes.

Não só as ideias de Charcot deixaram Freud impressionado. A sua casa era um palácio; ele descreveu liricamente a sala de visitas contando a Martha:

> É grande como o nosso futuro apartamento, um salão à altura do castelo mágico em que ele vive [...]. A outra parte tem estojos com antiguidades indianas e chinesas. As paredes estão cobertas de tapeçarias e pinturas; as próprias paredes estão pintadas em terracota. O pouco que vi dos outros cômodos no domingo mostrava a mesma riqueza de pinturas, tapeçarias, tapetes — e curiosidades —, em outras palavras, um museu.

Conscientemente ou não, mais tarde Freud imitou seu professor quando teve a oportunidade, e o apartamento na Bergasse 19 impressionava os visitantes com sua coleção de estatuetas e antiguidades. Havia uma pintura de Charcot "demonstrando" pacientes no estúdio de Freud — a qual hoje está no Museu Freud em Londres.

Em Paris, Freud estudou num grupo renomado. Os alunos e assistentes de Charcot incluíam Gilles de la Tourette, que mais tarde viria a descobrir a síndrome de Tourette e, num caso notável de transferência negativa, foi ferido pelo tiro de um paciente, e Alfred Binet, que criou os primeiros testes de inteligência em parceria com Theodore Simon. William Osler, um dos mais influentes médicos americanos de princípios do século XX, fez uma visita em 1889 e ficou profundamente impressionado com o Salpêtrière. Entre os amigos de Charcot estavam Émile Zola e Alphonse Daudet. Daudet ficou famoso ao publicar cartas da Provença que forjaram sua imagem como um idílico refugiado do estresse da vida urbana. Ele morava num moinho e descrevia sua vida e os personagens pitorescos com os quais se deparava em *Lettres de Mon Moulin* [Cartas do meu moinho], livro que Van Gogh adorava. A paisagem provençal podia ser magnífica, mas não curou as ansiedades mórbidas de Daudet nem as de Van Gogh. Daudet frequentemente ficava muito deprimido no moinho e tinha alucinações. Charcot o tratava com morfina.

O estilo didático de Charcot era exuberante, num grau que hoje parece profundamente ambíguo. As aulas às terças-feiras eram exercícios de representação, os tratamentos tão teatrais quanto os sintomas dos pacientes. Com frequência ele pressionava o que denominava as "zonas histerogênicas" e o paciente, complacente, respondia de forma dramática. Os histéricos tinham convulsões, faziam poses estranhas e até se masturbavam. Nas mulheres, uma dessas zonas ficava no baixo-ventre, perto do útero.

Depois de quase quatro meses, Freud por fim foi convidado para uma festa na casa de Charcot. A companhia seria deslumbrante e ele não queria ser intimidado: como se pode imaginar, preparou-se para a noite com uma dose de cocaína. Os convidados incluíam Léon Daudet, filho do escritor, Isador Straus, que trabalhava para Louis Pasteur, e Gilles de la Tourette.

No dia 20 de fevereiro, Freud foi convidado para uma segunda reunião, e novamente se fortaleceu com cocaína. Naquela noite, ele discutiu com Gilles de la Tourette, afirmando que, como um austríaco leal, opunha-se à política francesa para sua terra natal. Freud terminou a noite num estado de ânimo confiante e escreveu a Martha: "Sinto no meu âmago que possuo talento para figurar entre os 10 mil mais", com o qual queria dizer que chegaria aos patamares mais elevados de sua profissão.

Uma semana mais tarde, ele foi convidado para mais uma noite no palácio de Charcot. Desta vez ele estava mais à vontade e parece que não ingeriu cocaína para se preparar. A influência de Charcot em Freud era enorme e ele anotou algumas máximas do seu herói, inclusive a estranha afirmação:

> *"Mais, dans de cas pareils, c'est toujours la chose génitale [...] toujours"* (Mas, em casos assim, é sempre a coisa genital [...] sempre.)

Freud nunca esqueceu a frase de Charcot. A "coisa genital" ou "fixação genital" tornou-se — mesclo deliberadamente as metáforas — o coração da psicanálise. Charcot não tinha interesse na introspecção e, àquela altura, Freud não sonhava que os métodos introspectivos pudessem levar os pacientes a descobrirem a origem da sua "coisa genital".

Charcot tinha um bom olho para os detalhes e observava cuidadosamente os pacientes. Segundo Freud, ele "costumava olhar uma e outra vez as coisas que não compreendia, para aprofundar a impressão que tinha delas, até que subitamente era tomado pela compreensão. Nos olhos da sua mente, o caos aparente [...] dava lugar à ordem, e surgia o novo quadro diagnóstico. Ele não era um homem reflexivo, não era um pensador: ele tinha a natureza de um artista — era, como ele mesmo disse, um *visuel* — um homem que vê", disse Freud.

De fato, na infância Charcot desenhava e tornou-se um talentoso artista amador. Foi sugerido que aprendera a observar os pacientes tão bem devido à paixão pelo desenho — e, casualmente, ele gostava de desenhar sob a influência do haxixe. Uma história dramática contemporânea sobre Charcot afirma:

> Assim que estava sob a influência do narcótico, um tumulto de visões fantasmagóricas cruzava sua mente. Toda a página ficava coberta de

desenhos: dragões prodigiosos, monstros ameaçadores, personagens incoerentes sobrepostos uns aos outros, trançados e torcidos num turbilhão fabuloso que evocava visões apocalípticas.

A visita de Freud a Paris terminou com um pequeno triunfo. Charcot concordou em deixá-lo traduzir para o alemão alguns artigos, mas, ao regressar a Viena, Freud teve de enfrentar o problema familiar da pobreza. No dia 19 de março ele escreveu a Martha que precisava de mil a 2 mil florins para continuar vivendo em Viena — quantia que não ganhava. Ele não queria tomar emprestado de usurários "mas onde encontrar capitalistas semigenerosos dispostos a emprestar dinheiro a uma taxa de juros normal, sem mais garantias do que uma cabeça e duas mãos humanas?", perguntou-se.

No entanto, de algum modo ele conseguiu juntar dinheiro para a passagem para visitar Martha. Pareceu-lhe difícil deixá-la e ambos choraram na estação de trem ao se despedirem. Logo depois do seu 30º aniversário, em 6 de maio, Freud se inquietou pensando que teria de se mudar de Viena, pois a cidade era muito cara e ele só tinha dois pacientes que pagavam honorários.

Em agosto, pela primeira vez Freud se apresentou para exercer suas obrigações militares e foi fazer manobras em Olmutz, na Morávia. Foi promovido de Oberartz para Regimentsartz e passou a supervisionar os serviços médicos de um regimento. O antigo desertor agora se divertia com a vida militar; ele escreveu a Martha que os generais eram empertigados como pavões, o que levou a um incidente num café. Freud gritou que ele também podia ser general um dia, então, por favor, será que os garçons podiam lhe trazer um copo d'água?

Ao menos, o exército pagava. Quando suas obrigações militares terminaram, em 11 de setembro de 1886, ele havia conseguido economizar dinheiro deixando de ir a restaurantes e com a atitude radical de, às vezes, preparar a própria refeição. Isso fez diferença, e ele agora tinha dinheiro suficiente para alugar um apartamento respeitável para ele e Martha. A despesa não podia ser coberta com o soldo de um mês do exército, nem com a economia feita ao comer em casa, então é provável que Freud tenha ignorado a sabedoria de Polônio e, mais uma vez, tenha pedido emprestado.

Por fim, após um noivado de quatro anos, Martha e Freud se casaram. O matrimônio não foi na sinagoga. Freud até teve dinheiro para uma lua de mel em Holstein, no Báltico. Quando o primeiro filho nasceu, em outubro de 1887, Freud deu-lhe o nome de Jean-Martin em homenagem a Charcot. O filho mais novo se chamou Ernst, em homenagem a Ernst Fleischl. Nenhum filho levou o nome do avô Jacob, como era de se esperar.

Os críticos da cocaína estavam ganhando o debate. Em 1887, a *British Medical Journal* comentou que "criou-se uma reação inegável contra as pretensões extravagantes apresentadas em favor dessa droga". Nos Estados Unidos, depois de estudar 17 casos, J. B. Mattison alertou que havia um perigo real em substituir o hábito do ópio ou da morfina pelo hábito da cocaína, quando era usada para tentar combater a dependência dos opiáceos.

Agora, Freud se via "sujeito a graves reprovações" por defender a droga. A sua resposta, novamente, foi de negação obstinada. O artigo *Beiträge über die Anwendung des Cocaïnes* (*Wiener Medizinische Wochenschrift*, 28, pp. 929-32, julho de 1887) era uma defesa apaixonada da cocaína. Ele escreveu:

> Todos os informes de dependência da cocaína e da deterioração resultante dela referem-se aos dependentes da morfina, pessoas que, já nas garras do demônio, estão tão desprovidas de força de vontade, tão suscetíveis, que usariam mal, e de fato o têm feito, quaisquer estimulantes que lhes administrássemos. A cocaína não fez nenhuma vítima. Tive uma ampla experiência com o uso regular de cocaína por longos períodos de tempo por pessoas que não eram dependentes da morfina e eu mesmo venho tomando a droga há alguns meses, sem perceber ou experimentar nenhuma condição semelhante ao morfinismo nem qualquer desejo de uso contínuo de cocaína. Pelo contrário, com mais frequência do que eu gostaria sinto certa aversão à droga.

Freud nunca explicou essa afirmação contraditória e insistiu que a acusação de que os usuários se tornam adictos estava simplesmente equivocada, embora a "aversão" não tenha evitado que seu próprio uso se tornasse regular. Novamente, sua atitude diante do uso da droga sugere dissonância cognitiva: não causa dependência, eu a uso o tempo todo!

O artigo de 1887 foi o último que ele escreveu sobre cocaína. Ele não estava conseguindo convencer ninguém, e começou a perceber que seria mais inteligente dissociar-se da droga. Ele nunca mencionou *Über Coca* nem os demais artigos sobre cocaína na lista das suas publicações. Freud finalmente admitiu que usar cocaína para curar a dependência de morfina era como "tentar expulsar o Diabo com Belzebu".

Ernest Jones afirmou que Freud deixou de usar cocaína em 1887 e que não lhe foi difícil fazê-lo porque ele não tinha uma "personalidade adictiva". Ou Jones não sabia ou resolveu não revelar que, na verdade, nos 15 anos seguintes, ou mais, Freud continuou a usar o que considerava doses "modestas" de cocaína, de 30 a 50 mg, quando estava estressado. Às vezes parece que ele se divertia enganando seu biógrafo.

Entre 1887 e 1891, Freud por fim começou a estabelecer uma reputação como médico, independentemente da pesquisa com cocaína. Ele publicou materiais interessantes sobre paralisia cerebral e afasia e visitou o célebre Bernheim, que usava a hipnose como técnica terapêutica. Ele levou uma paciente aristocrata para ver o grande hipnotizador porque, como objeto de hipnose, ela lhe resultara muito difícil de manejar. Dada a sua falta crônica de dinheiro, era útil que a reputação crescente atraísse mais pacientes, porém, mais uma vez, ele teve de enfrentar alguns problemas familiares e outras dificuldades.

Em 1891, o cunhado de Freud, Eli Bernays, teve de fugir de Viena pois devia demasiado dinheiro e os credores o pressionavam; Freud escreveu cartas suplicantes a todos os seus amigos, pedindo-lhes que dessem algum dinheiro a ele e a Anna e, de algum modo, conseguiu dar-lhes ele próprio 500 florins. Assim que Eli e Anna fugiram para a América, Pauline, a jovem esposa de Edmund Silberstein, cometeu suicídio jogando-se do último andar do edifício de Freud, no número 8 da Maria Theresien Strasse.

Quando comemorou o seu 35º aniversário, Freud sabia que ainda não havia alcançado a fama pela qual ansiava. Tradicionalmente, os judeus acreditavam que quando um homem atingia essa idade, a metade dos 70 anos bíblicos, tornava-se um adulto pleno. O seu pai debilitado o presenteou com uma bela Bíblia para marcar a ocasião. Ele a dedicou em hebraico e rogou ao filho que nunca esquecesse que era um judeu. Obviamente, Jacob sabia que o filho não acreditava em Deus, mas Freud fez o que o pai pediu. De fato, ele se tornou o intelectual judeu secular arquetípico, divorciado da prática do judaísmo religioso, mas, ainda assim, orgulhoso das tradições de educação, exegese e investigação. Freud não era crente, mas certamente adotou a postura judaica tradicional, exemplificada no Livro de Jó, de fazer as perguntas primordiais.

No verão de 1891, Freud escalou o Dachstein, um pico de quase 3 mil metros de altitude, não muito distante de Salzburgo. Não era pouca coisa, e é tentador especular se ele não teria usado a droga para acelerar e facilitar a subida, por saber que Christison havia escalado o Ben Vorlich após tomar a droga. Se assim foi, ele não deixou registro do fato.

Freud regressou a Viena e encontrou Fleischl ainda mais deteriorado. O templo grego ruía rapidamente e não havia nada a fazer para impedir o colapso final. Após anos de sofrimento, Fleischl morreu no dia 22 de outubro de 1891. Tinha apenas 45 anos. Seu amigo Exner descreveu ternamente seu fim:

> Ao ser chamado no dia 22 de outubro ao (seu) leito e ver um cadáver diante de mim, o meu primeiro pensamento confortador foi "finalmente ele encontrou a paz". Tantas vezes nos últimos anos deixei esse quarto sob a sombra da tragédia que se avizinhava. A paz chegou aqui agora. Nós, os seus amigos, já havíamos perdido Ernst há muito tempo. Não de súbito, mas gradualmente, ano a ano, a relação vívida de amizade mútua foi se transformando em uma profunda piedade unilateral.

Exner falou dos brilhantes dons de Fleischl, que deixavam homens e mulheres profundamente impressionados, e atribuiu à "doença", como a denominava, o fato de Fleischl não ter "criado um laço duradouro com uma mulher".

Como ele previra, Freud viu seu "templo" Fleischl destruído. Claro que é possível que ele tivesse morrido pelas drogas — a morfina — independentemente da "intervenção da cocaína", mas o estresse crescente provocado no seu corpo pela cocaína provavelmente acelerou o declínio terminal. Se Freud tratasse a cocaína com maior objetividade e não tivesse sido tão afoito em aceitar a afirmativa de que ela poderia curar a dependência, talvez Fleischl tivesse vivido mais tempo.

Freud parece ter sido presa de um erro comum entre clínicos que experimentam novos fármacos: quando surgem os efeitos colaterais há uma forte tendência a "culpar a doença e não o remédio". Ele estava tão convencido das virtudes da cocaína devido à experiência própria, que não podia, ou talvez simplesmente não quisesse, reconhecer que a "fraqueza moral" fatal que matou Fleischl talvez não fosse a sua "personalidade adictiva", mas o fracasso do próprio Freud em reconhecer os perigos da droga em que havia investido tanto tempo e esforço. Seria equivocado afirmar que "Freud matou Fleischl" — mas certamente ele não o curou. E violou o princípio central do juramento hipocrático pois, com as altas doses de cocaína que prescrevia ao seu professor, era impossível "não causar dano". Talvez uma parte de Freud tenha reconhecido isso; tempos depois ele colocaria uma foto de Fleischl na sua escrivaninha.

Fleischl morreu e foi esquecido pelo mundo — por um tempo. Ele não é mencionado nas cartas escritas por Freud entre 1888 e 1897. Contudo, quando começou a analisar os próprios sonhos, o homem que perdera o polegar, o autocontrole e depois a vida voltou para atormentá-lo e inspirá-lo.

8

Fliess e a obsessão com o nariz

O relacionamento de Freud com Wilhelm Fliess foi "o único episódio verdadeiramente extraordinário na vida de Freud", declarou Ernest Jones, acrescentando que se assombrava com a "extrema dependência" de Freud com relação a Fliess. Ainda assim, não tentou explicá-la. As cartas entre ambos permitiriam acompanhar a amizade em detalhes, mas as cartas de Fliess a Freud não sobreviveram. Freud as destruiu, mas nunca explicou o motivo, então os pesquisadores são obrigados a entender aquela amizade unicamente com base nas cartas de Freud. É razoável supor que Freud pensasse que as cartas revelavam seu lado mais neurótico e que fossem francas quanto ao seu consumo de cocaína. Depois de ficar famoso ele não quis que este aspecto da sua personalidade fosse conhecido.

Os dois se conheceram em 1887, quando Breuer sugeriu que Fliess assistisse às palestras de Freud sobre anatomia e o sistema nervoso. Alguns dias depois, Freud escreveu a Fliess "o senhor me deixou muito impressionado" e expressou o desejo de que se fossem mais do que colegas de profissão. Embora vivessem em cidades diferentes — Fliess morava em Berlim —, eles se escreviam com frequência. Organizavam os feriados de modo a se encontrarem, e Freud chamava esses encontros de "congressos". Ele gostava de jogos de trocadilhos, então devia estar ciente do duplo sentido; "congressos" podem ser diplomáticos, científicos... ou sexuais.

Fliess provinha de uma família sefardi, judeus de ascendência espanhola. Como Freud, tinha uma vida laica, mas com um forte sentido de identidade judaica e, como Freud, havia passado por muitas tragédias. Os pais tiveram um filho natimorto. A irmã mais nova, Clara, morreu de pneumonia quando Wilhelm tinha 20 anos. Ele contou a Freud essas mortes, mas nunca mencionou a mais devastadora de todas: o pai cometera suicídio quando ele tinha 19 anos. Seus filhos só souberam do suicídio do avô após a morte de Fliess.

Em 1883, Fliess começou a trabalhar como clínico geral. Casou-se com Ida Bondy, que fora criada em Viena — seus pais eram pacientes de Breuer. A irmã de Ida casou-se com Oscar Rie, outro médico do círculo, que atendia os filhos de Freud.

Toda a correspondência de Rie com Freud está lacrada à perpetuidade na Biblioteca do Congresso, em Washington; parece que ela contém detalhes não só das doenças de Jean-Martin e dos outros cinco filhos de Freud como também da sua amizade com Fliess, que, mais tarde, Freud consideraria muito embaraçosa.

As cartas de Freud a Fliess são um apanhado estranho. Nelas há muitos assuntos domésticos; Freud fala dos triunfos e doenças dos filhos, por exemplo. A certa altura escreveu: "Poderia haver muita alegria com os pequenos, se não houvesse também tanto medo."

Ele descreveu suas ansiedades e sintomas a Fliess, que se tornou o seu médico à distância. As cartas também contêm muitos esboços de ideias que Freud estava desenvolvendo e alguns comentários reveladores. Ele confessou que se tornara terapeuta "contra a minha vontade" e que "gostaria de voltar à anatomia por um tempo, que é, afinal, a única coisa gratificante".

As cartas muitas vezes são íntimas. Em 1897, por exemplo, Freud confessou o sonho que teve com a filha Mathilde, no qual estava "exageradamente afetuoso". Elas deixam bem claro que ele usou cocaína ao longo de toda a década de 1890.

Freud tinha alguma noção de por que sempre precisou de uma amizade íntima. O seu meio-irmão Emanuel tinha dois filhos, Sam e John. Este último era um ano mais velho que Freud e foi seu primeiro companheiro de brincadeiras. Freud escreveu sobre ele a Fliess:

> Conheci muito bem meu companheiro de transgressões entre a idade de 1 e 2 anos; é o meu sobrinho, um ano mais velho que eu [...]. Parece que às vezes nós agíamos de modo cruel com a minha sobrinha, que era um ano mais nova. Até o final dos 3 anos, éramos inseparáveis; nos amávamos e brigávamos (Freud a Fliess, 1985c, p. 268).

Essa amizade íntima influenciaria todas as relações posteriores com os seus colegas e, na sua vida emocional, ele sempre precisaria de "um amigo íntimo e um inimigo odiado".

O que Freud não contou a Fliess, contudo, foi que o "companheiro" de infância John desapareceu em Manchester aos 30 e poucos anos. Não há menção a John em nenhuma carta escrita por Freud depois de 1890. Não parece despropositado afirmar que a "perda" de John tenha levado Freud a ansiar por outra amizade intensa. Porém, no relacionamento com Fliess ele nunca se sentiu como um igual; embora fosse dois anos mais velho, ele sempre transigiu.

Fliess tornou-se um otorrinolaringologista de renome — mas parece ter tido comparativamente pouco interesse pelos ouvidos e a garganta. Nunca na história da medicina alguém fez afirmações tão grandiosas sobre o nariz quanto ele. O nariz, dizia, estava ligado aos genitais em vários níveis e só era possível compreender os seres humanos por meio do nariz. Na gravidez e na menstruação, as mulheres muitas vezes sofriam de congestão nasal. Havia vários relatos de interrupção do coito porque um dos amantes tinha sangramento nasal. Um nariz doente podia levar a problemas cardíacos, dificuldades respiratórias, menstruações dolorosas, enxaquecas e, claro, à histeria nas mulheres, argumentava Fliess. O nariz, asseverava, tinha importância primordial em quase todas as questões corporais. Em retrospectiva, a teoria era um exemplo clássico das falácias pseudocientíficas da era vitoriana.

Desde o começo da amizade, Freud enviava pacientes com problemas nasais para se tratarem com Fliess. Ignorando as evidências crescentes dos perigos da cocaína, Fliess acreditava que ela era capaz de curar disfunções nasais e, como o nariz era da maior importância, curaria também quaisquer outras enfermidades humanas no processo. O reflexo nasal, como ele o denominava, podia ser curado pela cauterização ou a anestesia com cocaína dos "pontos genitais" no nariz. As cartas de Freud também trazem descrições detalhadas, às vezes até poéticas, de como seu nariz purgava muito pus. Não sabemos se havia reciprocidade de Fliess. Mais tarde, analistas consideraram essas descrições das questões proboscídeas de Freud a "evidência" de um elemento homoerótico na amizade, e o entusiasmo efusivo de Freud por Fliess quando se conheceram soa de fato como as palavras de certo tipo de homem apaixonado.

A "síndrome de Fliess", como ficou conhecida, criou uma lufada de interesse pela "medicina nasossexual". Mais de 220 artigos e livros foram publicados sobre o tema nos vinte anos seguintes. Comparado com Freud à época, Fliess tinha grande êxito e desenvolveu outras ideias, muitas delas fantasiosas, das quais a mais estranha era a afirmação de que somos regulados pela "periodicidade". Ele argumentava que éramos regidos pelos ciclos lunares. Não apresentou provas significativas dessa convicção literalmente lunática, mas Freud acreditou tão completamente nas "leis da periodicidade" que se preocupava de modo doentio com a data provável da própria morte, a qual era possível prever estudando os "períodos críticos" da sua vida. Ele podia calculá-los graças aos números mágicos de Fliess, 23 e 28, que refletiam os ciclos de 23 e 28 dias no corpo e na lua. As cartas entre ambos trazem cálculos e, às vezes, Freud chamava o amigo de "grande astrólogo". Essa "astrologia" também tem certa semelhança com a numerologia hebraica tradicional, a "gematria", um sistema amplamente usado no misticismo cabalístico que em geral não é encarado como uma disciplina científica.

No contexto da época, Fliess talvez não fosse tão peculiar como parece para a sensibilidade moderna. Revistas como *Chemist and Druggist*, dos anos 1880, anunciam uma surpreendente variedade de poções e elixires que hoje soam como óleo de cobra. A medicina vitoriana certamente não era científica pelos padrões contemporâneos, e a teoria do "reflexo nasal" de Fliess não era mais arbitrária ou absurda que os muitos outros conceitos médicos da época — por exemplo, a visão, então ortodoxa, de que a masturbação podia causar danos fisiológicos permanentes. Só no começo da década de 1970 a homossexualidade deixou de ser classificada como uma doença mental, e a epidemia de "transtornos de personalidade múltipla" das décadas de 1980 e 1990 revela que a psiquiatria continua a ser perfeitamente capaz de alucinar e trazer à vida certos "transtornos".

Por exemplo, certa vez, um psiquiatra canadense que entrevistei afirmou que um de seus pacientes tinha 300 eus diferentes. Desde então, o transtorno de personalidade múltipla (ou transtorno de personalidade dissociativa) foi objeto de exames mais rigorosos, que levaram à conclusão de que ele, na verdade, nunca existiu. Como ciência aplicada, a medicina é uma atividade social e sempre refletirá os preconceitos da sua época. A medicina continua a ser, de certa forma, uma arte — e Fliess um artista surpreendentemente original. Pode-se inclusive descrevê-lo, burlescamente, como um surrealista médico.

Em *Freud: The biologist of the Mind*, Frank Sulloway afirma que os freudianos exageraram a estranheza das ideias de Fliess e se equivocaram ao insistir que a amizade entre Freud e Fliess era um caso homoerótico platônico ou fruto da transferência. Seria igualmente errôneo da parte de Ernest Jones afirmar que a fé absoluta de Freud em Fliess se devia a poderosas forças inconscientes. Paul Roazen, o respeitado historiador da psicanálise, argumenta em *Freud e seus discípulos* que "havia amplos motivos para a imensa admiração que Freud tinha por Fliess".

Fliess certamente não era o único a defender a supremacia do nariz. Um respeitável laringologista de Baltimore, John Noland Mackenzie, por exemplo, propusera a conexão nariz-sexo na década de 1880. Quando as ideias de Fliess foram divulgadas, Mackenzie ficou encantado, pois pareciam confirmar as suas. Ao final do século, escreveu Sulloway, "a teoria nasogenital de Mackenzie-Fliess era tema comum nas discussões entre rinologistas". Dois sexólogos famosos, Richard von Krafft-Ebbing e Havelock Ellis, acreditavam haver fundamento para a teoria nasal, já que algumas mulheres sangravam pelo nariz quando menstruavam. Baseado na teoria da evolução de Darwin, que sugeria um vínculo entre a sexualidade e o olfato nos invertebrados, Sulloway afirmou que havia uma "significativa dose de verdade científica nas hoje extintas teorias nasais de Fliess".

Roazen e Sulloway também apontam um pouco de verdade nas ideias de Fliess sobre a "periodicidade vital e sexual, (que) estavam ficando na moda em meados dos anos 1890". Darwin havia reconhecido a importância das periodicidades na natureza e se fascinara com os ciclos semanais, que encontrou "em praticamente todos os aspectos temporais do crescimento, da reprodução e das doenças conhecidas pela ciência". Eles estavam ligados, afirmou, ao ritmo das marés. Os nossos ancestrais viviam no mar e dependiam do seu fluxo e refluxo. Os estágios da evolução deixavam isso claro. Muito antes de os nossos ancestrais serem macacos, fomos criaturas marinhas e a nossa vida no útero recorda isto, pois os fetos desenvolvem brânquias cerca de três meses após a concepção.

Até o ciclo de 23 dias de Fliess não era inteiramente absurdo, pois Sulloway "descobriu" o trabalho de John Beard, professor de embriologia comparada e zoologia dos vertebrados na Universidade de Edimburgo, que afirmava existir esse ciclo menos óbvio. Em uma monografia de 1897, *The Span of Gestation and the Cause of Birth* [O tempo da gestação e a causa do nascimento], Beard dizia haver um ciclo de 23 dias entre o fim da menstruação e o início da nova ovulação, o que tornava crítico esse número. Ele também afirmou que 46 dias após a concepção — i.e., o dobro do número mágico — "o embrião é reconhecível em todas as suas partes essenciais".

O número 23 também capturou a imaginação de uma figura familiar aos leitores deste livro: William S. Burroughs Senior, para quem havia um significado universal no número 23 e, portanto, no número 5 (2 + 3), o qual podia ser observado na suposta regularidade com que esses números ocorriam em todo tipo de coincidências aparentes. Este ramo da numerologia provocada pelas drogas tem se mostrado persistente, e o lendário coletivo *underground* "Spiral Tribe" organizou algumas das mais famosas *raves* britânicas no início da década de 1990 apresentando-se como parte da "Network 23" [Rede 23]. Nunca ficou claro o que exatamente significava a "conspiração 23", mas ela provou ser um tropo extraordinariamente duradouro da cultura *underground*.

Não havia nada de novo na terceira preocupação de Fliess — a universalidade da bissexualidade —, pois Platão já a discutira na Grécia Antiga. Sulloway concluiu que havia

> [...] suficiente método e consistência na loucura de Fliess para convencer muita gente — inclusive Sigmund Freud — e toda uma geração de cientistas contemporâneos de que fizera uma série de descobertas científicas profundas. Sobretudo para os contemporâneos que compartilhavam das conjeturas biológicas de Fliess, as suas ideias pareciam ocupar a linha de frente visionária, e não a margem lunática, da ciência.

Não sei se Sulloway fez um trocadilho com lunático, mas a questão permanece: por mais que hoje pareçam absurdas, as "conjeturas biológicas" de Fliess não eram absurdas à época.

Em 1892, Freud recebeu um paciente cujo tratamento o levaria a uma importante descoberta, a qual devia algo às ideias e ao apoio de Fliess. Há três motivos para descrever o caso com algum detalhe. Ele gira em torno do nariz, o sintoma principal de uma alucinação olfativa, um "odor fantasma"; o relato de Freud dos seus métodos mostra como ele encontrava o próprio caminho para um sistema terapêutico, tentando uma técnica e outra num processo de ensaio e erro.

Por fim, o que me atrevo a chamar *O curioso caso do pudim queimado* soa como uma lenda vitoriana de amor frustrado, e Freud o relata com a maestria de um contador de histórias. O estudo de caso tem ecos da *Jane Eyre* de Charlotte Brontë e é uma demonstração precisa da afirmação tão repetida de que os estudos de caso de Freud podem ser lidos mais como ficção do que como relatos médicos convencionais.

Lucy era uma inglesa de 30 anos que trabalhava como governanta na casa de um homem de negócios vienense que enviuvara recentemente, e a quem ela se referia como o Diretor. Ela vivia assolada por um odor ilusório de pudim queimado que a transtornava e intrigava. Lucy estava deprimida, cansada e "atormentada por sensações subjetivas de odores". Freud imediatamente examinou seu nariz, que não possuía "a percepção própria de um órgão sensorial".

Quando Freud lhe perguntou qual odor mais a perturbava, ela respondeu que era o cheiro de pudim queimado. Ele nunca deparara com um caso em que uma sobremesa desencadeasse uma neurose.

Freud tentou induzir Lucy a um estado hipnótico profundo, mas ela não era uma pessoa hipnotizável, e ele não conseguiu induzi-la ao transe. Então perguntou quando ela sentira pela primeira vez o cheiro de pudim queimado. Lucy estivera brincando de cozinhar com as duas filhas pequenas do Diretor quando o carteiro lhe trouxe uma carta. As crianças a roubaram e rasgaram, brincando que devia ser um presente pelo seu aniversário, que estava próximo. Na verdade, a carta era da sua mãe. Lucy disse a Freud que andava pensando em voltar à Inglaterra, pois a mãe estava muito só.

"Quando as crianças estavam fazendo aquela brincadeira, subitamente senti um cheiro forte", disse ela. Enquanto implorava às crianças que lhe devolvessem a carta, o pudim, esquecido, cozinhou e começou a queimar. Lucy explicou: "Desde então sou perseguida pelo odor. Ele está lá o tempo todo e fica mais forte quando estou nervosa."

Lucy também estava desgostosa por ser muito impopular entre os demais criados da casa e discutia com eles frequentemente. Freud facilmente conseguiu chegar ao fundo daquilo dando um belo salto intuitivo. "Acredito que você ame o seu patrão, embora talvez não o saiba, e que, na verdade, tenha a esperança secreta de ocupar o lugar da mãe das crianças", disse ele. Os demais criados estavam aborrecidos porque percebiam sua paixão pelo dono da casa e tinham ciúmes dela.

Lucy respondeu "do seu modo lacônico de sempre".

"Sim, acho que é verdade", disse ela.

"Mas se você sabia que amava o seu patrão, por que não me disse?"

"Eu não sabia, ou talvez não quisesse saber. Queria tirar isso da minha cabeça e não pensar nisso de novo e acho que ultimamente tenho conseguido."

Freud perguntou por que Lucy não lhe contara isso; ela respondeu muito sensatamente que o Diretor era seu patrão, um homem distinto e muito mais rico do que ela. Um dia ele conversou com ela sobre como as filhas deviam ser educadas e agiu de modo muito "cordial". Disse-lhe que dependia muito dela para cuidar dos filhos e "ao dizer isso a olhou de um modo significativo". As esperanças de Lucy foram alimentadas, mas nada parecido voltara a ocorrer. Freud, bom conselheiro, sugeriu a Lucy que a "troca íntima" e o olhar significativo provavelmente se deviam a que "o Diretor se lembrara da esposa". Ele conversava sobre os filhos com ela; agora se via falando com Lucy, que adotara o papel materno, então ele também a olhava de um modo "significativo".

Freud esperava que o seu *insight* curasse Lucy das alucinações olfativas, mas isso não funcionou muito bem. Ela continuava sofrendo de depressão e, às vezes, sentia o cheiro de pudim queimado, embora com menos frequência que antes — agora isso só acontecia quando estava agitada. A persistência da alucinação olfativa sugeriu a Freud que ela estaria ligada a outros traumas.

Depois do Natal, quando retomaram o tratamento, Lucy informou que sentia um "aroma parecido com fumaça de charuto", mas que era encoberto pelo odor do pudim. Freud pousou a mão na mão de Lucy, como Breuer fizera com Anna O., e pouco a pouco ela revelou a verdade.

Ela estava na sala de jantar. Estava com as crianças esperando que o Diretor chegasse da fábrica para almoçar com outro homem.

"Continue olhando o quadro; ele vai se desenvolver e ficar mais detalhado", sugeriu Freud.

"Sim, há um convidado. É o contador-chefe. Ele gosta das crianças como se fossem seus netos", diz Lucy. Mas ele almoçava lá com frequência, então não havia nada especial naquilo.

"Seja paciente e continue fitando o quadro. Algo certamente vai acontecer", disse Freud. Ele estava claramente provocando a paciente.

"Deixamos a mesa. As crianças dão boa-noite e sobem as escadas como sempre, para o segundo andar."

"E então?"

"Então", diz Lucy, "o contador-chefe tenta beijá-las. O patrão se irrita e grita 'Não beije as crianças'. Sinto uma facada no coração e, como os cavalheiros já estão fumando, a fumaça do charuto ficou na memória."

Freud não precisou de muita técnica para sondar mais fundo, e dessa vez encontrou "ouro". O incidente ocorrera dois meses antes de o pudim queimar, e Lucy percebeu que o Diretor que ela adorava era capaz de ser terrivelmente rude com um velho adorável.

Outra vez Freud usou a técnica de tocar sua mão e logo Lucy descreveu uma terceira cena aflitiva. Uma amiga do Diretor o visitara. A mulher beijou as crianças não só na face, mas também na boca. O Diretor "conseguiu se conter" e não gritou com a mulher mas, assim que ela se foi, "a sua fúria explodiu na cabeça da pobre governanta". Injustamente, ele culpou Lucy por ter permitido que ocorresse aquele ato indigno e "se voltar a acontecer ele porá o cuidado das crianças em outras mãos". Lucy disse a si mesma que era insano alimentar sonhos de terminar casada e feliz com um homem capaz de irromper em fúria contra contadores amáveis e conhecidas gentis.

Dois dias depois, ela voltou para ver Freud. Estava contente. Havia aceitado que não tinha perspectiva de ser amada pelo patrão. "E não vou ficar infeliz por causa disso", disse.

"Você ainda ama o seu patrão?", perguntou Freud.

"Sim, certamente, mas isso não faz diferença." Estoicamente, ela disse: "Posso guardar meus pensamentos e sentimentos para mim mesma."

Quando Freud o examinou, o nariz de Lucy já não estava dormente e voltara a ficar sensível à dor. Ela conseguia identificar os odores, sempre que fossem fortes. Freud anotou que o tratamento durara nove semanas. Mais tarde ele encontrou Lucy e ela continuava recuperada. O êxito com Lucy aumentou a fé de Freud em Fliess, fé que logo seria testada.

Em 1893, Freud passou por um período de indisposição; parecia não haver nada errado com seu coração. Sentindo palpitações e falta de ar, pediu ajuda a Fliess. De Berlim, Fliess enviou um conselho convencional — parar de fumar. Em 17 de novembro de 1983, Freud respondeu: "Não vou acatar sua proibição do charuto." E justificou acrescentando: "Você realmente pensa que é uma dádiva viver muitos anos sofrendo?"

O último médico de Freud, Max Schur, analisou o conselho de Fliess sobre sua condição cardíaca. Observou que havia vários erros incomuns nas cartas de Freud quando Fliess o instava a deixar de fumar. Schur cita exemplos de palavras inventadas por Freud, como *Pressung*, que não existe em alemão. Algo estava acontecendo, mas Schur não sabia se era o coração de Freud, seu inconsciente ou ambos.

Em março de 1894, Freud tinha certeza de que algo ia muito mal. E escreveu a Fliess que, quando subia as escadas, sentia-se "incapaz de falar por cinco minutos e tive de admitir que estava doente". Ele recebeu uma massagem, mas isso não ajudou, e escreveu desesperado: "esta manhã, mais uma vez desejei morrer relativamente cedo". No dia 19 de abril, ele acusou Fliess de ocultar a gravidade do seu estado de saúde.

Ao menos um consolo dava a Freud "certo prazer, porque ressalta mais uma vez que o estado do coração depende do estado do nariz". Fliess havia diagnosticado o estado de Freud, e dissera não se tratar de um problema novo. "É apenas o acúmulo do antigo pus localizado que, desta vez, resolveu produzir erupções, como o monte Etna." Em outras palavras, quando espirrava como um vulcão, Freud confirmava a perspicácia do amigo. Fliess instou-o a não exagerar e novamente disse-lhe para largar o charuto. Freud respondeu:

> Da última vez você explicou que era nasal e disse que os sinais percussivos de um coração de nicotina estavam ausentes. Desta vez mostra-se muito preocupado comigo e me proíbe de fumar.

Freud chegou a uma conclusão dramática: "Só posso pensar que você tenta me ocultar o verdadeiro estado de coisas e rogo-lhe que não o faça." Freud imaginava estar às portas da morte quando, provavelmente, tinha um problema cardíaco pequeno, talvez um ritmo irregular, argumentou Schur. Este não considerou uma segunda possibilidade: a de que as palpitações fossem causadas, ou exacerbadas, pelo consumo de cocaína.

Freud continuou a escrever em termos melodramáticos e hipocondríacos, dizendo a Fliess que não acreditava ser indispensável e prometendo aguentar "com grande dignidade" o fato de que morreria jovem. O que mais o aborrecia era estar incapacitado para o trabalho. Então, subitamente ele mudava de assunto e dizia: "Os moleques e a esposa vão bem; esta última não crê nos meus delírios de morte." Obviamente, ele sabia que exagerava as dimensões da sua enfermidade, o que não o impedia de persistir na fantasia macabra de que estava a ponto de morrer. Ele estava num estado volátil e escreveu a Fliess, em 24 de janeiro de 1895:

> Caríssimo Wilhelm,
> Escrevo rapidamente sobre uma coisa que me espanta muitíssimo; de outro modo, eu seria verdadeiramente ingrato. Nos últimos dias tenho me sentido incrivelmente bem, como se tudo tivesse se apagado — um sentimento que, apesar de tempos melhores, não tenho há dez meses. Da última vez, após um bom período imediatamente posterior à reação, escrevi-lhe que havia tido uns dias terrivelmente ruins, nos quais a cocainização da narina esquerda me ajudou de um modo extraordinário.

Ele continuava usando a droga. E acrescentou:

> No dia seguinte, mantive o nariz com cocaína, o que não se deve fazer realmente; isto é, passei-a diversas vezes para evitar nova ocorrência do

inchaço; neste tempo, expeli o que, na minha experiência, é uma enorme quantidade de pus espesso; desde então sinto-me maravilhosamente, como se nunca tivesse sentido algo ruim. A arritmia continua presente, mas raramente, e não está forte; a sensibilidade à pressão externa é ligeira, e as sensações oscilam entre 0 e -0,1. Estou adiando a completa expressão da minha gratidão e a discussão sobre que parte a operação teve nessa melhoria sem precedentes para vermos o que mais vai suceder.

O episódio que revela os aspectos mais danosos da dependência de Freud com relação a Fliess foi o modo como trataram Emma Eckstein. Ecsktein conheceu Freud em 1892, aos 27 anos. Ela vinha de uma proeminente família de socialistas de Viena e procurou Freud com queixas de dores estomacais e depressão, que acreditava estarem relacionadas ao padrão da sua menstruação. Freud diagnosticou que sofria de histeria, além de "excesso de masturbação", como explicou. Inevitavelmente, ele suspeitou que a doença favorita de Fliess, a "neurose de reflexo nasal", seria a responsável.

A pedido de Freud, Fliess foi a Viena examinar Emma Eckstein. Ele diagnosticou o reflexo nasal e recomendou a cauterização do nariz. A operação foi feita em 22 de fevereiro. Fliess regressou a Berlim. A sua partida teve impacto no nariz de Freud, como prova uma carta de 4 de março de 1895:

No último dia da sua estada aqui, subitamente expeli diversas crostas da narina direita, a que não foi operada. Já no dia seguinte apareceu o antigo pus espesso em grandes coágulos, a princípio do lado direito, e pouco depois também da narina esquerda. Desde então, o nariz voltou a ficar congestionado; só hoje a secreção purulenta ficou um pouco menos densa. Sintomas leves, mas não regulares: pela manhã, nariz congestionado; no intervalo, às vezes enxaqueca; tudo, no entanto, pouco grave. No primeiro dia, notei orgulhoso que conseguia subir a escada sem dispneia; nos últimos três dias, dor na região do coração, pulso atáctico, e uma bela insuficiência.

Para Freud, os resultados demonstravam que Fliess era um gênio:

> Ainda que não tenha a intenção de fazer-nos sentir à vontade, esta informação traz algum prazer, pois ressalta mais uma vez que o estado do coração depende do estado do nariz. Não consigo enxergar o último episódio como uma infecção; tenho a impressão de que, na verdade, ainda tenho, como você conjeturou, um acúmulo local de pus (no osso esfenoide direito), que agora resolveu produzir erupções.

Freud repetiu a imagem vulcânica, e descreveu o próprio nariz "como um Etna particular".

Enquanto Freud continuava obcecado com o próprio nariz, duas semanas após a operação Emma Ecsktein sangrava profusamente e produzia um odor fétido "muito desagradável". Obviamente, Freud sentiu que não daria conta sozinho. No dia 8 de março, pediu ajuda a um conhecido médico local, Robert Gersuny, mas este só podia vê-la à noite; então Freud chamou o seu antigo colega de escola, Rosannes, que veio ao meio-dia. Rosannes limpou uma área interna do nariz de Emma e removeu alguns coágulos de sangue. Subitamente, puxou uma linha. "Antes que tivéssemos tempo de pensar, pelo menos meio metro de gaze foi retirado da cavidade. Em seguida houve um fluxo de sangue", escreveu Freud. Emma ficou branca, "os seus olhos saltaram e ela ficou sem pulso. Tudo durou cerca de meio minuto, o suficiente para tornar a pobre criatura irreconhecível".

Rosannes encheu a cavidade com gaze limpa e Emma parou de sangrar. Freud ficou assustado e compreendeu o horror que havia ocorrido; Fliess se esquecera de remover 50 centímetros de gaze cirúrgica do canal nasal de Eckstein. O material estava havia 15 dias no seu nariz e provocara o sangramento.

"Cheguei a passar mal", disse Freud. Assim que o nariz de Emma foi "emplastrado", "fugi para o cômodo ao lado, tomei uma garrafa de água e me senti infeliz". Deram-lhe uma pequena taça de conhaque e "me senti eu mesmo novamente".

Rosannes conseguiu que Emma fosse levada a um hospital para remover o segundo curativo de gaze. Quando foi visitá-la, Freud estava compreensivelmente constrangido e arrependido: o erro de Fliess quase a matara. Emma notou sua ansiedade e não tentou confortá-lo. Freud escreveu a Fliess: "Ela me cumprimentou com a observação condescendente: 'Então, trata-se do sexo equivocado.'"

Esquecer gaze dentro de um paciente após uma operação é um erro muito básico, mas Freud não conseguia culpar Fliess. Em vez disso, confortou-o, preocupado com que "esse infortúnio tenha ocorrido com você, como vai reagir ao saber disso, o que os outros vão pensar, como errei ao pedir-lhe que operasse numa cidade estranha onde você não poderia acompanhar o caso [...] tudo isso me veio à mente simultaneamente". Freud queria tanto proteger Fliess que culpou Rosannes, dizendo que ele devia ter percebido que havia uma obstrução no nariz de Emma e, portanto, cancelado a operação.

Cinco dias mais tarde, Freud estava de bom humor, mas a pobre Emma sentia-se muito pior. Tinha muita dor e o seu rosto estava terrivelmente inchado. "Ao meio-dia, quando retiraram o curativo para examiná-la", teve uma hemorragia tão severa que "quase morreu". Gersuny, que então estava disponível, fez uma nova incisão no dia seguinte para encontrar a fonte do sangramento, mas não teve êxito. Surpreendentemente, Freud parecia mais preocupado com Fliess do que com Emma quando escreveu:

> No meu pensamento, desisti de ter esperanças pela pobre moça e estou inconsolável de tê-lo envolvido nisso e criado uma situação tão embaraçosa para você. Também tenho muita pena dela, pois passei a estimá-la muito.

Na semana seguinte, Emma se recuperou um pouco e estava "razoavelmente bem", embora estivesse "histérica", mas Freud, o bravo, sentiu que podia lidar com isso. Ao remover a gaze "esperamos ficar livres de novas surpresas". No dia 11 de abril, contudo, o forte sangramento recomeçou e Rosannes voltou a examinar a cavidade. "Assim que a atadura foi parcialmente removida houve outra hemorragia perigosa [...]. Ela não jorrou, foi uma erupção." Freud e Rosannes pensaram que haviam perfurado uma veia grande e se esforçaram por atar o nariz de Emma com gaze outra vez. "Acrescentem-se à dor a morfina, a desmoralização provocada pela inépcia médica evidente e a sombra do perigo", escreveu Freud. Mais uma vez Emma poderia ter morrido, mas Freud disse a Fliess que ele estava "muito abalado por este infortúnio ter resultado de uma cirurgia que devia ser tão inofensiva".

Essa catástrofe afetou o humor, a libido e o coração de Freud, como confessou a Fliess. "Há muito tempo a minha libido está amortecida", escreveu. Ele tomou 1 grama de digitalis, um medicamento feito com uma erva, usado para tratar a irregularidade no batimento cardíaco, mas a arritmia persistiu e Freud ficou deprimido; ele não conseguia dormir nem trabalhar.

Se a incompetência de Fliess fosse revelada, a sua carreira provavelmente seria arruinada. Contudo, Freud escreveu-lhe:

"O autor desta carta está muito infeliz, mas também ofendido de que você considere necessário obter o testemunho formal de Gersuny para a sua reabilitação." Ele enfatizou que "não o recrimino de forma alguma". Ele queria ir a Berlim visitar o amigo, mas não tinha os mil ou 1.500 florins necessários para a viagem. Chama a atenção que Fliess não tenha ido a Viena ajudar no tratamento de Eckstein — ou, em poucas palavras, para limpar a sujeira que fizera. Como sempre acontecia quando estava aborrecido, confuso ou inseguro, Freud procurou o seu remédio favorito: "Hoje consigo escrever porque me sinto mais esperançoso. Saí de uma crise terrível com uma aplicação de cocaína." A droga exerceu a sua mágica. "Não posso dizer que não vá por um ou dois dias para uma cauterização ou galvanização, mas no momento isso tampouco é possível." A cauterização inevitavelmente teria exigido ainda mais cocaína.

No dia 26 de abril, a cocaína dera "fim à última crise horrível". Desde então, Freud estivera bem "e expulsando muito pus". Freud não costumava ser insensível, mas dessa vez acrescentou que Emma, "o meu tormento e o seu, parece estar indo bem". Essa descrição de Eckstein, que quase morrera nas mãos de ambos, como uma fonte de "tormento" sugere uma área interessante de pesquisa, a hostilidade dos médicos com relação aos pacientes que eles não conseguem curar. Os pacientes deviam considerar mais atentamente as necessidades dos médicos.

No dia seguinte, Freud afirmou que a experiência lhe demonstrara mais uma vez o valor da cocaína. "Desde a última cocainização, três circunstâncias persistiram [...]. 1. Sinto-me muito bem. 2. Estou expelindo grande quantidade de pus. 3. Sinto-me muito bem. Então, já não quero ter nada a ver com problemas cardíacos, só a facilitação da nicotina." Com isso indicava que pretendia continuar fumando.

A intensidade da correspondência e as referências constantes à cocaína são surpreendentes, mas a crise de Emma Ecsktein não impediu Freud de trabalhar. Ele estava mais motivado do que nunca, concentrado no esboço de *The Project for a Scientific Psychology* [Projeto para uma psicologia científica], uma complicada teoria sobre o funcionamento do cérebro que é considerada a sua primeira tentativa de mapear o fluxo das forças conscientes e inconscientes da mente. O *Projeto* foi concebido no final de março de 1895. Fliess comentou rascunho após rascunho e seus comentários influenciaram Freud enquanto ele escrevia durante o verão. Ele usou cocaína para manter o nariz limpo (!) e o nível de energia alto. Escreveu a Fliess, em 25 de maio, que havia "expelido quantidade excessivamente grande de pus mas, ao mesmo tempo, sentia-se esplêndido; agora a secreção está quase seca e ainda me sinto muito bem. Proponho a você o seguinte: não é a congestão nem o fluxo de pus que determinam os sintomas distantes".

Em 12 de junho, Freud continuou com a auto-observação sobre a cocaína, e escreveu a Fliess sobre o caso "nasal" de uma certa sra. R.:

> Você tem razão em dizer que estou transbordando com novas ideias, inclusive teóricas. Minhas teorias sobre a defesa avançaram de maneira significativa, e você receberá um relato da próxima vez. Até a construção psicológica comporta-se indicando a formação de um todo, o que me dá

imenso prazer [...]. Sinto-me de I para IIa. Preciso de muita cocaína. Também voltei a fumar, moderadamente, nas últimas duas ou três semanas, desde que a certeza nasal [*isto é, que os seus problemas cardíacos tinham uma causa nasal — observação minha*] se tornou evidente. Não observei nenhuma desvantagem subsequente. Se você me proibir novamente, devo parar outra vez. Mas considere se pode fazê-lo, se é só intolerância, e não etiologia.

É assombroso que Fliess, extremamente sensível aos danos do tabaco, nunca tenha alertado Freud para, ao menos, diminuir a quantidade de cocaína que consumia.

Comecei de novo (tabaco) porque sentia muita falta (depois de catorze meses de abstinência) e porque devo tratar bem esse sujeito psíquico [*Psychischenkerl*] ou ele não trabalhará para mim. Exijo-lhe demasiado. A maioria das vezes o tormento é sobre-humano.

Embora Fliess quase tenha matado Emma com sua incompetência, Freud não deixou de ser complacente com ele. Na verdade, afirmou que lhe era muito grato e quase prestou-lhe homenagem.

"Hoje estou reunindo todo tipo de coisas para você — muitas dívidas, o que me faz lembrar que lhe devo um agradecimento, seu estudo de caso das dores no parto e duas cadernetas minhas. As suas anotações reforçaram minha primeira impressão de que seria recomendável transformá-los num volume completo sobre o nariz e a sexualidade feminina", escreveu Freud. Na verdade, Fliess devia ter sido aconselhado a se calar a respeito do nariz.

Contudo, nos sonhos Freud estava mais perturbado. Em agosto teve o famoso sonho com a injeção de Irma, que o levou a algumas de suas mais importantes descobertas. Um crítico sugeriu que não é difícil entendê-lo, pois seria o exemplo perfeito da realização cínica de um sonho; um médico que cometeu um erro trágico quer ser eximido de culpa.

Logo depois do sonho, Freud o descreveu a Fliess e sugeriu um arranjo doméstico acolhedor. "Podemos compartilhar um espaço, viver e caminhar juntos, à medida que os nossos narizes permitirem", escreveu em 16 de agosto de 1895, antes de partir para férias curtas em Veneza. Depois conseguiu ir a Berlim, onde ele e Fliess discutiram o *Projeto*. No trem de volta a Viena, Freud começou a organizar suas anotações. Em 8 de outubro, enviou dois cadernos a Fliess com seu trabalho até aquele momento e, em 1º de janeiro de 1896, enviou a Fliess o que ficou conhecido como "o Rascunho". Isso é especialmente interessante, porque trata de dois temas que estariam no cerne da psicanálise — a angústia e o prazer.

Em primeiro lugar, Freud afirmou que precisamos de estratégias psicológicas para nos protegermos e apresentou o "princípio da inércia". A mente usa "telas quantitativas", compostas de "aparelhos com terminações nervosas" como primeira linha de defesa contra os poderosos estímulos do mundo externo. Quando a tela falha, sentimos dor e altos níveis de excitação ao mesmo tempo, o que muitas vezes leva à ansiedade, ou à angústia.

Como um romancista que apresenta novas personagens, Freud introduz então os neurônios X, Y e Z, cada qual com um papel diferente, e passa a explicar o "princípio do prazer/desprazer". Os seres humanos não aguentam demasiado estímulo. Quando fazemos amor, especialmente no momento do orgasmo, sentimos ao mesmo tempo prazer e dor. Freud sugeriu que a "experiência de satisfação" era uma reação ao "preenchimento" do neurônio pela pressão, que resultava numa descarga motora.

Seria de esperar que ele desenvolvesse estas ideias com relação ao sexo, mas, em vez disso, falava de como os bebês gritavam. O bebê grita primeiro quando tem fome e, então, a mãe ou a babá o alimentam. Assim, ele aprende a dizer que tem fome. O grito se torna linguagem. Mas a antiga memória de gritar por comida continua a espreitar nas camadas de neuronais do cérebro, agitando-se implacável e pronta para voltar à ação.

Freud foi profético nesse aspecto, pois muitos trabalhos recentes sobre o desenvolvimento da linguagem demonstram que as primeiras palavras infantis expressam desejos, mas os bebês aprendem rapidamente. A velocidade do processo de aprendizagem deixou Freud assombrado ao constatar como o "pequeno primitivo" se desenvolvia tão rapidamente.

A melhor evidência do fato de que as crianças falam de desejos provém do trabalho de psicólogos infantis contemporâneos, como Henry Wellman e John Flavell. Wellman e Karen Bartsch, por exemplo, registraram mais de 20 mil conversas de crianças com menos de 5 anos. Muitas falavam de desejos a partir de apenas 18 meses de idade. Por exemplo, Eve e Mark, aos 18 meses, foram os primeiros a usar a expressão "Eu quero". Logo crianças muito pequenas começam a oferecer os motivos dos seus desejos. Abe (2 anos e meio) ouviu a mãe perguntar ao pai se ele tinha gostado dos bolinhos de cranberry. O menino disse "Eu quero um bolinho de cranberry. Eu gosto dele". "Eu gosto", claro, é uma explicação psicológica do seu desejo. Aos 36 meses, a maior parte dos bebês podia falar sobre seus desejos e vontades de modo apropriado.

Wellman e a sua colega Karen Bartsch descobriram que uma em cada 40 expressões estavam relacionadas a desejos, ao passo que só uma entre 120 se referiam a pensamentos ou crenças. Ainda mais surpreendente, eles observaram que algumas crianças começavam a falar sobre o pensamento quando eram muito pequenas. Um diálogo demonstra isso:

Adam (2.11): Eu [...] estou só pensando.
Adulto: Você está só pensando?
Adam: É.
Adulto: No que você está pensando?
Adam: Pensando na folha.

À medida que aprendem uma linguagem mais complexa sobre sentimentos, crenças e pensamentos, as crianças começam a compreender que as outras pessoas são, bem... os outros. Eu sou eu e você é você. Freud tinha razão em se maravilhar com os pequenos primitivos. Ainda que contivesse ideias interessantes que antecipavam a sua obra posterior, ele não permitiu a publicação do *Projeto* em vida — as razões da proibição são desconhecidas.

Em março de 1896, Freud escreveu a Fliess que levaria diversos lenços ao próximo "congresso" entre ambos, saudações cordiais de todos os Freud, a análise do sonho, a etiologia das neuroses de defesa e uma conjetura psicológica. Ele estava ansioso para que se encontrassem e esperava que "você dê ouvidos a algumas questões metapsicológicas".

Ao regressar a Viena, Freud escreveu, em 26 de abril, que Fliess o havia ajudado muito "na moderação do tabaco, pois sinto-me mais decidido e em melhor forma desde nossa entrevista". Então ele voltou ao tema de Emma Eckstein e disse algo esquisito e indelicado "só sei que ela sangrou de ânsia". Na infância, Emma havia sido "uma cortadeira" — Freud não explica o termo, que hoje sugere alguém que se fere intencionalmente como um "grito de socorro" — e sofreu graves sangramentos nasais. Antes da menarca, tinha dores de cabeça e lhe diziam que estava fingindo. Mais uma vez Freud mostrou ser um mestre da negação. A quase morte de Emma Ecsktein, afirmou, não fora fruto do erro de Fliess ao não esquecer a gaze, mas da histeria dela, que a fez "sangrar de ânsia". Mais uma vez, a culpa não era do médico nem do tratamento malfeito, mas do paciente.

Quando visitou Emma novamente, Freud achou que ela não demonstrava nenhuma hostilidade e escreveu que ela se comovera ao vê-lo triste com seu sangramento. Era bom que Emma não pudesse ler sua mente, pois mais tarde ele escreveu que ela encarara sua preocupação "como a realização do antigo desejo de ser amada na doença e, apesar do perigo que corria, nunca ficou tão contente. Quando foi para o sanatório devido a um desejo inconsciente de fazer-me ir até lá, ela começou a sangrar novamente como uma maneira ineficaz de reavivar o meu afeto".

Aqui, não se pode dizer nada em defesa de Freud. A *realidade física* da gaze cirúrgica que Fliess esquecera na cabeça de Eckstein não havia provocado o sangramento, insiste ele: o verdadeiro motivo era psicológico, o seu desejo de "reavivar o meu afeto". O "tratamento" de Eckstein não foi apenas bem pior do que as dores estomacais e a depressão que a fizeram procurar Freud: ele quase a matou. Mas sua resposta à inépcia de Fliess foi condenar a paciente como uma manipuladora histérica e uma atormentadora.

Emma Eckstein não foi apenas difamada por um Freud culpado: teve o rosto levemente desfigurado para o resto da vida devido às repetidas cirurgias, nenhuma das quais teve resultados terapêuticos. A mulher comeu o pão que o diabo amassou por causa da teoria do "reflexo nasal". Nem Fliess nem Freud se dignaram a pedir-lhe desculpas.

Mais uma vez, Freud enfrentava muito estresse. Sabe-se que ele escreveu que a morte do pai o havia libertado para desenvolver a psicanálise. Jacob morreu em novembro de 1896 — e a reação de Freud mostra que ele viveu um profundo conflito com a morte do pai. Ele certamente não se comportou como um bom filho. Chegou atrasado ao funeral. Um biógrafo judeu teria se perguntado se Freud queria evitar liderar os pranteadores, um costume judaico que lhe era exigido na reza do *kaddish*, a oração dos mortos. Um filho judeu que não o faça expressa o desprezo não só por Deus, mas pelo próprio pai. Ernest Jones, não judeu, nunca questionou isso. A desculpa para o atraso foi esfarrapada; tivera de esperar por muito tempo no barbeiro e não se atreveu a pedir que o passassem à frente.

Freud contou a Fliess que conseguira respeitar o pai, mas contou muito pouco sobre a dor que teria sentido. Logo mudou para um tema antigo, dizendo que "estou novamente satisfeito com o coração e o nariz". Contudo, a morte de Jacob pode não ter sido a razão da "libertação" de Freud. A realidade podia ser mais prosaica. Após anos de tentativas, finalmente a sua prática médica começava a se firmar. Isso fica evidente na caderneta de 1896, 1897 e 1898, em que registrou todos os pacientes, seus problemas básicos e os honorários que cobrava. Encontrei a caderneta na Caixa 50 dos Arquivos Freud, na Biblioteca do Congresso; não parece haver outra lá, o que sugere que alguns documentos estão faltando ou foram enterrados nos arquivos lacrados.

Em 1896, Freud registrou 388 consultas a pacientes e 63 visitas domiciliares. Em 1987, deu 864 consultas e fez 192 visitas — a sua clientela quase triplicara. Desafortunadamente, as cadernetas não especificam os sintomas dos pacientes. A sua situação financeira melhorou e ele conseguiu comprar algumas estatuetas de terracota, dando início à coleção que viria a significar tanto para ele.

No final de 1897, ele havia avançado na sua autoanálise, cuja jornada de descobertas foi elogiada por Jones pela honestidade destemida, e que fora proposta por Freud, ao lado do caso de Anna O., como a origem da psicanálise. Embora não se considerasse dependente, ele refletiu sobre as causas do vício e chegou à simples conclusão de que se devia à "coisa genital". Em carta a Fliess de 22 de dezembro de 1897, Freud escreveu:

> [...] ocorreu-me que a masturbação é o hábito principal, a adição primária, e que as demais adições — ao álcool, à morfina, ao tabaco — só existem como seu substituto e sucedâneo.

Freud se indagou se "uma adição deste tipo é curável ou a análise e a terapia têm um final e devem se contentar com transformar um caso de histeria em neurastenia?"

Os principais sintomas da neurastenia eram cansaço, ansiedade, dores de cabeça e depressão. Os americanos eram particularmente suscetíveis a esse estado; William James apelidou-a "americanitis", causada pelo estresse de viver em cidades superpovoadas, com ferrovias congestionadas — os psiquiatras logo descobriram que as pessoas feridas em acidentes ferroviários sofriam de estresse traumático. Os neurastênicos eram inclinados a sofrer — ou, talvez, a desfrutar — de emissões noturnas frequentes, asseverou Freud. Vista desse prisma, é especialmente interessante a sua afirmação de que os charutos lhe proporcionavam autocontrole. Isso parece implicar que, em sua opinião, fumar cachimbo o impedia de masturbar-se demasiado.

No entanto, Freud não revela se a cocaína e a autoanálise afetaram seu impulso sexual. Ele contou a Jones que ao completar 40 anos perdera qualquer interesse em dormir com Martha. Claro, aquele foi também o ano da morte do seu pai. O pai morre e o grande cientista deixa de fazer sexo — qualquer terapeuta ficaria intrigado com o curso dos acontecimentos, mas caracteristicamente, os discípulos de Freud não parecem ter analisado a associação, se ela existir, entre a morte de Jacob e o celibato de Freud em tão tenra idade. A explicação comum para a abstinência é que para Martha a gravidez estava cada vez mais difícil, e Freud detestava usar preservativos. Ele não concordava em usar o que, mais tarde, denominou "capote turco" e, por isso, desistiu de fazer sexo. Ele havia gerado seis filhos em nove anos de matrimônio, o que não sugere um impulso sexual baixo. Quero sugerir que, assim como Fausto, Freud fez um trato, mas não com um demônio. Ele sabia que vários santos e místicos acreditavam que a castidade lhes permitia se concentrar no desenvolvimento do aspecto espiritual. Freud, o grande ateu, comportou-se como um monge, pois acreditava — inconscientemente, presumimos — que "os deuses velhos e sujos" recompensariam seu sacrifício.

Em 1897, Freud havia começado a autoanálise, que serviu de base para *A interpretação dos sonhos*, o livro que mudou sua vida. Apesar de ter sido publicado no final do século XIX, há muito tempo o livro foi reconhecido como um dos textos mais influentes e definidores do século XX, uma obra que mudou fundamentalmente nossa maneira de encarar a mente e a motivação. É um livro amplamente lido e estudado, objeto de quase tantas análises críticas quanto as maiores tragédias shakespearianas.

No entanto, mais de um século depois da primeira edição, continua a ser um livro de sombras, e ele nem sempre é claro sobre as influências nos sonhos de Freud e as suas origens. Com o tempo, o trabalho da interpretação dos sonhos fez o nome de Freud. Mais uma vez, a cocaína teve um papel crucial, há muito tempo omitido pelos discípulos de Freud.

9

A interpretação dos sonhos (com cocaína)

A afirmação central de *A interpretação dos sonhos* é de que *todos* os sonhos são a realização de desejos, mas estes são disfarçados e censurados pelo superego puritano. Só uma vez na vida alguém pode esperar ter os *insights* de *A interpretação dos sonhos*, escreveu Freud. Os críticos da psicanálise veem isso como uma bravata grandiosa, enquanto os fiéis elogiam mais um exemplo da sua modéstia; ele não esperava ter uma segunda revelação desse significado.

Erik Erikson, um dos analistas pós-freudianos mais influentes, foi surpreendentemente cínico sobre o livro e disse que só um sonho-chave "pode, na verdade, portar a carga histórica de ser sonhado para ser analisado, e analisado de modo a cumprir um destino muito especial" (p. 239). Esse destino especial deu a Freud o material de que precisava para confirmar sua teoria dos sonhos, a qual cumpre o desejo do autor de provar que os sonhos são a realização de desejos. Freud nunca discutiu esses paradoxos, embora lapsos e apartes sugiram que ele não estava totalmente cego a essas ironias.

No prefácio, Freud admitiu que não podia ser completamente franco com os leitores, o que o levaria a "expor diante do olhar público mais das intimidades da minha vida mental do que gostaria, ou do que normalmente é necessário para qualquer escritor que seja um homem de ciência, e não um poeta". Contudo, não era possível evitar as intimidades, por uma "necessidade dolorosa, porém inevitável"; então, Freud aquiesceu. Manteve alguns segredos que considerava íntimos demais para serem publicados, mas sabia que essa aquiescência era falha quando escreveu:

> Naturalmente, contudo, fui incapaz de resistir à tentação de amainar algumas indiscrições mediante omissões e substituições. Porém, quando isso ocorre, o valor dos meus exemplos é definitivamente diminuído. Só me cabe expressar a esperança de que os leitores [...] se coloquem em meu lugar e sejam indulgentes.

Deve-se levar isso em conta ao considerar os sonhos com cocaína do livro. A informação que temos dos hábitos de sono de Freud não provém dos seus escritos, mas das memórias da empregada da família, Paula Fichtl. Antes de dormir, Freud lia um livro, em geral um romance policial, e acordava por volta das sete horas. Ele nunca disse quanto tempo depois de acordar registrava suas visões noturnas, mas pesquisas atuais sobre os sonhos e a memória sugerem que o tempo é uma variável importante na rememoração dos sonhos. Na maioria dos estudos atuais, os psicólogos despertam quem sonha logo que este sai da fase de sono em que ocorrem os sonhos, chamada Movimento Rápido dos Olhos (REM). O sono REM só foi descoberto na década de 1950; em 1896, os estudos mais importantes sobre a memória giravam em torno de como as pessoas recordavam sílabas sem sentido. Contudo, a natureza dos sonhos é tal que, mesmo que Freud tivesse empregado a metodologia mais precisa, não saberíamos se ele recordava seus sonhos de modo exato.

No sonho mais angustiante registrado por Freud, vozes lhe ordenavam que dissecasse as próprias pernas e a pélvis. Ele as via diante dele como se estivesse numa sala de dissecção, mas não percebera que havia perdido os membros e ficou assombrado com a ausência de dor. Como médico, ele sabia que algo mais estava errado: a sua pélvis fora eviscerada e ele podia ver grossas protuberâncias que pareciam hemorroidas. Dissecar o próprio corpo simbolizava a dissecção dos mais profundos segredos do ser, disse Freud, mas ele não tornou público tudo o que foi desvelado nesse processo de dissecção.

A questão de o quanto expor o aborrecia e às vezes ele citava a máxima de Goethe: "O melhor do que você sabe não pode revelar aos seus alunos." Afinal, isto veio da mesma pena de "Se eu me conhecesse, sairia correndo". O escritor favorito de Freud era surpreendentemente ambivalente quanto ao valor da transparência. Certamente os antifreudianos diriam que Freud e Goethe tinham algo em comum neste sentido. Uma grosseria, talvez, mas Freud admitiu que era forçado a omitir alguns sonhos e significados.

Após o prefácio, ele revisou a literatura existente sobre os sonhos. Começou pelos grandes intérpretes de sonhos da Bíblia, José e Daniel, cujo ambiente antigo tratava de sonhos muito mais simples do que o inconsciente da era industrial na Viena de Freud. Deus não participava com conteúdos latentes profundamente disfarçados. A sua mensagem era sutil e repetitiva como uma buzina no nevoeiro. Ele queria que os israelitas empertigados se comportassem, orassem mais, pecassem menos, o adorassem com mais fervor e rejeitassem todos os demais deuses. Então Freud cobriu a extensa literatura vitoriana sobre os sonhos.

No seu pequeno livro, *Freud und Das Kokain* [Freud e a cocaína], Von Scheidt sugeriu que a cocaína influenciou a análise de Freud dos próprios sonhos. A ideia precisa ser desenvolvida mais amplamente, em especial porque Freud não comentou a possibilidade de que a cocaína tivesse influenciado seus sonhos. Isso faz com que seja ainda mais assombroso que Freud tenha escolhido para apresentar e explicar a técnica da psicanálise justamente um sonho em que a cocaína tem papel crucial.

Surpreendentemente, parece que até hoje ninguém fez uma simples análise de conteúdo do número de sonhos descritos por Freud nos quais a cocaína tem algum papel.

O livro inclui relatos de 144 sonhos, dos quais só 39 eram do próprio Freud, 27% do total. Além disso, vários desses sonhos de Freud foram brevemente descritos no texto. Alguns não passam de fragmentos, imagens pouco desenvolvidas pelas quais ele passa rapidamente. Cinco foram relatados em apenas duas frases cada um. Em um deles, Freud deixa uma mulher esperando, em outro vê uma mulher e a filha dela — a mãe, suspeitou ele, punha empecilhos ao prosseguimento do tratamento da filha. Há também um sonho em que Freud recebe um panfleto político de um socialdemocrata; na verdade, um dos colegas de escola se tornara um importante político local.

Freud adorava os trocadilhos e seu inconsciente satisfazia este gosto, o que sugere, segundo sua teoria, que ele se comprazia. Alguns sonhos referiam-se a palavras; uma delas era *norekdal*, que Freud entendia como Nora e Ekdal, a mistura dos nomes de duas personagens de *A casa de bonecas*, de Ibsen. Às vezes ele registrava as palavras e até as equações que surgiam nos seus sonhos.

Alguns sonhos curtos podiam ser significativos. Freud escreveu sobre um que recordava desde a infância, no qual a mãe era levada a um quarto por pessoas com máscaras de aves bicudas. A sua interpretação difere muito da interpretação de Marianne Krull, para quem isso demonstrava que a mãe de Freud estava tendo um caso com seu meio-irmão. Para ele, o sonho expressava o terror pela morte da mãe.

Quando excluímos esses fragmentos e os sonhos curtos, fica claro que só 17 dos 39 sonhos de Freud são desenvolvidos e narrativos, com mais de uma cena. Destes 17 sonhos longos, oito envolvem a cocaína. Vimos que Freud estava usando cocaína com muita frequência, então isso não surpreende: os dependentes muitas vezes sonham com sua droga favorita.

O segundo capítulo trata de um sonho exemplar, o "Sonho da injeção de Irma", um sonho saturado de cocaína que Freud descreveu a Fliess em agosto de 1895. Ele cria a cena com maestria, e começa: "Durante o verão de 1895 estive dando tratamento psicanalítico a uma jovem que tinha relações muito amistosas comigo e a minha família." Isso não era fácil para o analista, pois ele precisava lidar com várias pressões que "podem ser fonte de muitos sentimentos problemáticos para o psicoterapeuta". Há uma troca. Quando ele conhece o paciente, o seu "interesse pessoal é maior, (mas) a sua autoridade é menor; um fracasso poria em risco a velha amizade com a família do paciente". Falta escrever um livro sobre a atitude e a obsessão de Freud com a autoridade.

O tratamento de Freud teve certo sucesso, pois "a paciente livrou-se da ansiedade histérica, mas não de todos os sintomas somáticos. Naquele então ainda não estavam muito claros na minha mente os critérios que indicavam que um caso histérico estava finalmente encerrado, e propus uma solução à paciente que ela não pareceu disposta a aceitar".

Com o médico e a paciente em desacordo, o tratamento teve de ser interrompido nas férias de verão. Freud saiu para caminhar na montanha, colher cogumelos e, certamente, mascar casca de árvores. Alguns dias mais tarde, o seu colega Otto foi visitá-lo e disse que havia visto Irma. Ela estava melhor, mas não totalmente recuperada. Freud ficou aborrecido com o que ouviu de Otto, na verdade Oscar Rie, pois isso implicava uma crítica ao seu fracasso em resolver o caso. Quando Otto partiu, Freud escreveu a história clínica de Irma com a intenção de enviá-la a Breuer para justificar-se. Isso demonstra que, antes do sucesso de *A interpretação dos sonhos*, Freud ainda precisava do aval dos seus seniores.

É preciso explicar o elenco do sonho.

Irma, uma viúva "histérica" era, na verdade, Anna Hammerschlag, filha do professor primário de Freud. Freud havia lido o elogio fúnebre no enterro do pai dela.

Otto era Oscar Rie, médico dos filhos de Freud e cunhado de Fliess.

Königstein era um amigo e colega de Freud na pesquisa sobre a cocaína no início da década de 1880.

M. é o dr. Breuer, coautor de *Estudos sobre a histeria*. Breuer usava uma barba magnífica que teria deixado Marx orgulhoso. No sonho de Freud, contudo, Breuer ia ao barbeiro e era escanhoado. Freud não comenta o significado da "exposição" de Breuer.

O sonho começava num amplo salão, onde Freud recepcionava convidados de uma festa. Assim que Irma chegava, Freud a levava a um canto, "como para responder à carta em que Irma expressara reservas" quanto à abordagem de Freud. Mas ele também queria "repreendê-la por não ter acatado" sua solução — e foi muito contundente. Disse-lhe: "Se você tiver dores, a culpa será sua." Não culpe o médico, ele é apenas humano. Freud acrescentou que, de fato, deve ter dito algo parecido a Irma. Mas ela era uma judia determinada, e retrucou: "Se o senhor soubesse as dores que sinto agora na garganta, no estômago e no abdômen — elas estão me asfixiando."

Freud ficou alarmado. Irma parecia pálida e inchada, e ele observou: "Pensei comigo mesmo que, afinal, eu podia ter negligenciado algum problema físico." Aqueles não eram os sintomas pelos quais ela o consultara e ele se perguntou por que seriam tão "evidentes no sonho". Ele ficou preocupado de estar perdendo algumas habilidades médicas básicas, pois a essa altura só atendia pacientes neuróticos. Se Irma tivesse um problema físico, seria insensato esperar que um especialista em distúrbios nervosos o detectasse.

Então Freud levou Irma até a janela e examinou sua garganta. Ela não ficou contente — afinal, o exame ocorreu no meio de uma festa — e mostrou sinais de "recalcitrância [...] como as mulheres que usam dentaduras". A comparação é inesperada. Freud então se perguntou se o problema de Irma não seria que ela possuía dentes ruins.

Freud não foi compreensivo ante a recalcitrância de Irma e reclamou do comportamento dela. "Então ela abriu bem a boca e vi uma grande mancha branca à direita"; o adjetivo "branca" foi descartado em uma versão, observou James Strachey, tradutor de Freud. Em outro ponto Freud viu feridas cinzentas que eram estruturas curvas como os ossos nasais.

Freud imediatamente chamou o recém-barbeado "dr. M.", ou Breuer, que examinou a boca de Irma e concordou com Freud. Mas o "dr. M." não parecia normal, e não era apenas porque estivera no barbeiro. Breuer, que antes vimos fugir para escapar da paixão de Anna O., agora mancava. Mais uma vez Freud não explica o detalhe, mas rapidamente surge uma explicação. A condição poderia perfeitamente ser uma metáfora velada da disfunção erétil: o subconsciente de Freud chamava Breuer de impotente. Quando teve esse sonho, a atitude de Freud com relação a Breuer começava a se tornar hostil, como às vezes ocorria com pessoas que ele antes havia respeitado. A filha de Breuer queixou-se de que quando os dois homens se encontraram num parque, o pai caminhou em direção a Freud para abraçá-lo, mas ele simplesmente se afastou.

O outro médico no sonho agora ocupava o centro do palco. Leopold Königstein estava "percutindo Irma através do corpete", então ela estava parcialmente desnuda. Ele e Freud notaram que seu ombro estava parcialmente "infiltrado".

Agora, o "dr. M." ou Breuer, declarava: "Não há dúvida, é uma infecção mas [...] a disenteria vai intervir e a toxina será eliminada." Isso devia ter sido o fim da questão, mas as manchas brancas fizeram Freud recordar uma doença séria que a sua filha Sophie havia tido dois anos antes "e o medo que senti naqueles dias de ansiedade". Porém, havia mais — e aqui Freud foi franco sobre o uso da cocaína.

As feridas nos ossos turbinais do nariz, disse ele, "faziam lembrar uma preocupação que tive com o meu próprio estado de saúde. Eu estava usando cocaína frequentemente àquela época para diminuir um inchaço nasal complicado, e alguns dias antes soubera que uma das minhas pacientes havia desenvolvido uma extensa necrose da membrana mucosa nasal".

Os quatro médicos então concordaram quanto à origem da infecção de Irma. Otto/Oscar deu-lhe uma injeção com um preparado de propilo.

Agora Freud produzia travessões e hiatos.

"Propilo [...] ácido propiônico. trimetilamina (e vi diante de mim a fórmula impressa tipograficamente.

4. propilo -> trimetilamina [$(CH_3)^3 CNH_2$])."

Freud sorriu com a ideia sem sentido de uma injeção de ácido propiônico, já que era inerte. Em inglês, "*propionic*" sugere, claro, "*priapic*", priápico — o oposto de "impotente". O inglês de Freud era suficientemente bom para fazer a associação, e ele deve ter suspeitado que os médicos pretendiam dar um tipo de injeção bem diferente em Irma. Porém, o sonho não avança no tema erótico, e os médicos apenas dizem: "As injeções não devem ser dadas de modo tão impensado, e provavelmente a seringa não estava limpa." Nesse ponto, o pobre Fleischl, que recebeu tantas injeções, inclusive as de cocaína administradas por Freud, parece muito conspícuo pela ausência.

As menções à cocaína são recorrentes no sonho. As feridas e os ossos nasais lembram a Freud o consumo de cocaína para diminuir o inchaço nasal, e também uma paciente que havia desenvolvido uma "extensa necrose da membrana mucosa nasal". Ao conversar com um dos médicos, Freud recorda que o tratamento de uma paciente provocou um "estado tóxico grave" que, por sua vez, levou à sua morte. A paciente se chamava Mathilde, como a filha mais velha de Freud, com a qual ele tivera um sonho "exageradamente afetuoso".

Embora o sonho tenha uma história, ela se desmantela, o que Freud nunca comenta. Na verdade, tem havido muito menos comentários sobre o sonho mais famoso da psicanálise do que seria de se esperar. Como foi apontado anteriormente, Erik Erikson sugeriu que o sonho era um material de que Freud necessitava para seguir com o próprio trabalho sobre os sonhos.

Talvez o comentário mais interessante sobre o sonho de Irma seja o do crítico cultural Slavo Zizek. Em 2005, ele analisou o sonho de Irma e levantou algumas questões interessantes sobre a "lógica" que ele expõe, no cerne da interpretação psicanalítica dos sonhos, e que o fez se lembrar de uma velha piada soviética:

> — Rabinovitch ganhou um carro novo na loteria federal?
> — Em princípio, sim. Só que não era um carro, mas uma bicicleta, e não era nova, mas velha, e ele não ganhou, ela foi roubada!

Será o sonho da injeção de Irma sobre o desejo sexual inconsciente? Em princípio, sim. Mas nele o desejo de Freud não é sexual nem inconsciente, nem ao menos lhe pertence. O desejo superficial ou de superfície é bastante claro e convincente, dadas as questões levantadas nos casos de Anna O. e Emma Eckstein. Por favor, não me culpem pelo que deu errado quando ele tratou Irma. E não culpem o meu amigo Fliess, que não conseguia fazer uma rinoplastia para salvar a própria vida.

E eu não matei Fleischl — ele se matou sozinho com suas seringas "sujas".

Zizek afirma que o verdadeiro significado do sonho é outro. As associações de Freud, assevera, sugerem que ele tinha fantasias com várias mulheres. Com as fantasias realizadas, ele se pavoneia no sonho como o grande patriarca, o Casanova potente, o falo dotado de um cérebro de primeira classe.

Quando Freud examina a garganta de Irma, recorda-se de uma governanta, o "retrato da beleza juvenil", até ver sua garganta. Então, a desilusão se instala. O modo como Irma estava postada junto à janela faz Freud rememorar um encontro com uma "amiga íntima" de Irma, pela qual "tinha o mais alto apreço". Como apontei, há também a questão dos médicos aplicando injeções. Estas associações, afirma Zizek, tornam simplista pensar no sonho como um mero desejo de se safar da culpa por negligência médica. O sonho exibe e encobre uma mescla profunda e obscura de culpa, desejos sexuais e ânsia de dominação. Quando ele se desvanece de maneira inconclusiva, perguntamo-nos se Freud transcreveu todas as suas recordações do sonho.

A monografia de botânica

O segundo sonho com cocaína é o Sonho da Monografia de Botânica, que Freud interpretou como uma justificativa do seu hábito extravagante de comprar livros em excesso pelos quais não podia pagar. Mas Freud sabia que esse não era o conteúdo latente, e sim o superficial. No sonho, ele havia escrito uma monografia de botânica sobre ciclamens, um gênero perene conhecido por suas flores de cores vibrantes que emergem dos tubérculos. Na verdade, a "monografia de botânica" de Freud não era assim tão floral. O seu verdadeiro artigo de "botânica" era *Über Coca*.

No sonho, contudo, a monografia tinha lâminas coloridas atraentes. Freud escreveu sobre ele:

> Eu havia escrito uma monografia sobre determinada planta. O livro estava aberto diante de mim e eu estava virando uma lâmina colorida dobrada.
>
> Colado em cada cópia havia um espécime seco da planta, como se tivesse sido retirado de um herbário.
>
> Naquela manhã eu vira um livro na vitrine de uma livraria intitulado "O gênero ciclâmen" — evidentemente, uma monografia sobre essa planta.
>
> Pensei que os ciclamens eram as flores favoritas da minha esposa e me repreendi por lembrar tão raramente de trazer-lhe flores, de que ela gostava [...].
>
> Uma vez, lembrei, eu realmente havia escrito algo semelhante a uma monografia de uma planta, isto é, uma dissertação sobre a planta de coca [...].
>
> Vi a monografia que havia escrito diante de mim. Isto novamente me levou a outra coisa. No dia anterior havia recebido uma carta do meu amigo de Berlim [Fliess] em que ele demonstrara seu poder premonitório: "Estou muito ocupado com seu livro dos sonhos. Vejo-o terminado diante de mim e vejo-me folheando as páginas." Como invejava seu dom de prever! Se ao menos eu pudesse vê-lo terminado diante de mim!

Uma análise interessante do sonho da monografia é a de Immanuel Velikovsky, mais conhecido pelo livro *Mundos em colisão*, em que sugere que Vênus se havia desprendido da Terra. Muito antes de criar essas teorias esquisitas sobre o sistema solar, Velikovsky fora um respeitado psicanalista. Ele estudou com Wilhelm Stekel, um dos primeiros "discípulos" de Freud, e depois foi para a Palestina, onde encontrou suficientes europeus neuróticos para garantir a sua sobrevivência. Os árabes nativos não pareciam muito interessados em ser analisados.

Velikovsky publicou alguns artigos interessantes, inclusive uma análise dos sonhos de Freud, e assinalou que no sonho da monografia de botânica Freud mencionava três vezes plantas chamadas "crucíferas". Ele argumentou que "crucíferas" sugeria a Crucificação e também ressaltou que a palavra alemã para "folhear" — *unschlagen* — não significa virar preguiçosamente as páginas de um livro, mas é um termo que designa a conversão religiosa. Paul Vitz também comentou que a incapacidade de Freud de associar o significado cristão de "cruz" e "portador de cruz" com as "crucíferas" era numa omissão reveladora.

Vale notar outra observação de Velikovsky, acrescenta Vitz: "A trimelamina continua sendo um enigma para Freud em outro sonho. Tri — três; amin — Amém; daí a crença na Trindade, e o batismo."

Velikovsky sugeriu que Freud estava deprimido com o fracasso em alcançar proeminência acadêmica com o título de professor e culpava o antissemitismo. O sonho aludia à Crucificação e à tentação de Cristo. O diabo levava Cristo até o topo da montanha e lhe oferecia o mundo. Se Freud se convertesse, também seria professor e teria o mundo aos seus pés. Diante da promessa feita ao pai de que continuaria sendo judeu, ele certamente gostaria de manter inconsciente o desejo culpado de conversão religiosa. Claro, a minha interpretação é só uma hipótese que, na melhor tradição freudiana, é impossível refutar.

Freud foi franco a respeito da relação entre a cocaína e a monografia, mas não das complexas associações que ela evocava. Estas emergem mais plenamente no terceiro, e mais obscuro, sonho com cocaína.

O sonho de *non vixit*

Freud começa descrevendo uma conversa com Fliess sobre Joseph Paneth, colega da universidade que ocupara o lugar de Freud como assistente de Brücke. "Tentei explicar a Fliess que Paneth não entendia nada porque não estava vivo. Mas o que eu realmente disse, e eu mesmo reparei no erro — foi *non vixit*, em vez de *non vivit*. Então fitei Paneth de um modo duro. Sob a minha mirada, ele empalideceu — e finalmente se desvaneceu." Freud devia ter ficado aborrecido mas, em vez disso, "Fiquei contentíssimo".

No pedestal do monumento ao imperador José, no Palácio Imperial de Viena, estão inscritas estas palavras impressionantes:

Saluti patriae vixit
Non diu sed totus
("Pelo bem-estar do país, ele não viveu muito, mas plenamente.")

Paneth morreu cedo e era obscuro demais para merecer um monumento em pedra, mas a universidade homenageou Brücke e Fleischl encomendando estátuas após suas mortes, as quais se erguiam orgulhosas no campus. O sonho deixou Freud zangado. Paneth era brilhante, mas "era culpado de um desejo ruim [de autopromoção] [...]. Eu o aniquilei". A pessoa que Freud ajudara a aniquilar na vida real era, claro, Fleischl, mas ele não fez a associação e tampouco disse nada sobre suas próprias ambições poderosas. Então Freud recordou que havia representado o papel de Brutus numa peça escolar. Ele citou Shakespeare:

Como César me amava, choro por ele; como era afortunado,
me regozijo; como era valente, honro-o;
mas como era ambicioso, eu o matei.

Quando Paneth foi enterrado, no seu elogio fúnebre foi dito que era insubstituível. "Esta observação foi o ponto de partida dos seguintes pensamentos-sonhos: 'É bem verdade que ninguém é insubstituível. Quantas pessoas já acompanhei ao túmulo! Mas continuo vivo. Sobrevivi a todos eles: fiquei de posse do campo' [...]. Esta satisfação, de origem infantil, constituiu a principal parte do afeto [sentimento] que apareceu no sonho. Fiquei encantado", admitiu Freud.

O que ele sentiu não foi "culpa por sobreviver", mas "alegria por sobreviver". Ele já sobrevivera ao bebê Julius e a Fleischl, além de Paneth. As aventuras com cocaína não haviam provocado sua morte — nem a morte da sua carreira, apenas a de um paciente. O fato de se deleitar com isso não o torna amável, porém, embora não tenha sondado o significado mais obscuro do sonho, ele foi corajoso ao publicar suas interpretações.

Cinco outros sonhos longos têm relação com a cocaína ou com Fleischl. O mais surreal é o Sonho das Três Parcas, ou do *Knödel*. Freud sonha que entra na cozinha para fazer um lanche — o *Knödel* é um bolinho de massa, parte da dieta básica austríaca. Na cozinha há três mulheres, e uma delas é a senhoria de Freud. Ela lhe pede para esperar que ela termine de preparar a massa dos bolinhos que tem nas mãos. Freud tem fome e não quer esperar. O seu gesto seguinte não parece ilógico no sonho. Ele veste um sobretudo. O primeiro é longo demais e tem um debrum de pele. O segundo é estampado com desenhos turcos. Freud nos diz que o sobretudo obviamente significa "uma peça do aparelho sexual", o preservativo que ele se recusava a usar e que chamava de "capote turco".

A primeira associação de Freud é que as três mulheres na cozinha são as Três Parcas da mitologia grega, as Fúrias, que decidem o destino dos homens. A senhoria é também sua mãe, que lhe deu "meu primeiro alimento. No seio da mulher se encontram o amor e a fome". Quando tinha 6 anos, ele viu a mãe esfregar as palmas das mãos, como se preparasse massa para bolinhos, até elas ficarem pretas. Amalie demonstrava que somos feitos de barro e ao barro estamos fadados a retornar.

Então, o sonho se volta, mais uma vez, para as associações de palavras. *Knödel* o faz lembrar do nome de um amigo processado por plágio. Isso evoca os dias escolares de Freud, quando lhe ensinaram a sugar "no seio da sabedoria, que a cada dia dava mais prazer". Por meio das associações mais simples, o sonho então evocou memórias de Fleischl. Como disse Freud: "Por fim, surgiu a recordação de outro caro professor, cujo nome, Fleischl ("carne" em alemão), soa como algo comestível, e de uma cena angustiante em que as escamas epidérmicas (a minha mãe e a senhoria tinham as mãos empretecidas) tinham um papel, além da loucura e uma substância que acaba com a fome, a cocaína." Freud acrescentou que desistiria de continuar procurando as associações, pois eram demasiado pessoais. Então, um sonho que começa com Freud assistindo à confecção de bolinhos de massa termina com lembranças da cocaína e Fleischl. Freud deixou escapar uma interpretação óbvia: a de que seu superego o estava repreendendo por "consumir" a carne de Fleischl com cocaína, a qual, pode-se dizer, o comeu vivo.

Velikovsky via isso de outra maneira, e escreveu: "É um sonho sobre a morte da mãe e do pai. Freud corretamente reconheceu a mãe na senhoria. É a mãe de um lar judeu. Os bolinhos de massa são um prato especificamente judaico. Ela responde que devo esperar que ela termine" — não os bolinhos, mas a sua vida. (A implicação é que ele não devia ter revelado essas intimidades antes da morte de Amelie.) Velikovsky também liga o sonho ao fato de o pai de Freud ter sido insultado quando um cristão jogou seu chapéu na sarjeta, mas não discute os pontos que Freud levanta sobre Fleischl e a cocaína.

A cocaína também figura no sonho do filho míope. O filho de um professor precisa ser operado dos olhos. Na vida real, Freud levou o pai para ser operado por Koller, que usou cocaína para anestesiar os olhos do velho homem. No sonho, os papéis são invertidos. O pai leva o filho ao oftalmologista.

O sonho do ataque a Goethe também tem elementos da cocaína. Freud interpreta o sonho como uma resposta aos que criticavam Fliess pela teoria nasal, em que a cocaína tem um papel importante.

Outros dois sonhos também sugerem cocaína. O sonho dos navios de guerra põe Freud no meio de uma batalha naval. Ele se vê em um "café da manhã naval", em que se empanturra com um dos desjejuns mais deliciosos que já havia provado. Há um sonho dentro do sonho, e Freud menciona a "monografia de botânica", *Über Coca*.

Por fim, há o sonho com o seu pai morto. Freud revela que o pai estava embriagado no sonho e que um dos seus professores, o fisiologista Meynert, costumava usar clorofórmio para se intoxicar e teve de ser internado num manicômio. A justaposição neste sonho do uso de droga, ruína e morte não requer muita interpretação.

Freud se envolveu tanto com sua nova teoria dos sonhos como a realização de desejos como se envolvera com a cocaína, porém, mais velho e, talvez, um pouco mais sábio, entendeu que esse zelo trazia perigos e que às vezes ele tentava impor suas interpretações aos pacientes. Uma mulher, "a mais inteligente de todos os meus sonhadores", o contrariou ao desafiar abertamente a teoria da realização de desejos.

"No dia seguinte, ela contou um sonho em que viajava com a sogra para um lugar onde iriam passar o verão." Aquilo era a última coisa que a mulher desejava, pois ela odiava a sogra e, na verdade, havia conseguido "alugar uma casa num local muito distante daquele para onde a sogra iria. E agora o sonho invertia a solução desejada. Não seria isso uma contradição flagrante da minha teoria da realização de desejos?"

Freud não só era mestre na negação, mas também era um hábil sofista. Nenhum paciente podia ser mais inteligente do que ele no seu próprio território:

> Segundo o sonho, eu estava errado; mas ela queria que eu me equivocasse, e o desejo no sonho demonstra que seu desejo se cumpriu. Mas o desejo de que eu estivesse errado, realizado no assunto da casa de campo, se referia na verdade a outra questão, mais séria. Naquela época, a partir do material fornecido por sua análise, eu havia inferido que algo significativo relacionado à sua doença devia ter ocorrido em determinado momento da sua vida. Ela refutou, pois isso não estava presente na sua memória. Logo vimos que eu tinha razão. Daí seu desejo de que eu me equivocasse, transformado no sonho de que ela ia para o campo com a sogra, o que correspondia ao desejo justificável de que aquelas coisas que então eram só suspeitas nunca haviam ocorrido.

Esse tipo de lógica circular e irrefutável — ah, *mein liebchen*, seu desejo era provar que eu estava errado! — foi o que levou tantos cientistas e filósofos da ciência a desdenhar da psicanálise. Pode-se ficar ao mesmo tempo exasperado com os jogos lógicos, ou ilógicos, de Freud, determinados a provar que suas interpretações estavam corretas — e fascinado com sua engenhosidade e a profunda humanidade que os motiva. Acima de tudo, Freud necessitava estar certo — e, às vezes, acreditava no que fosse preciso para realizar seu desejo.

O sonho da sogra irritante o fez pensar numa troca com um antigo amigo de escola que se tornara advogado. Na escola, Freud estava sempre à frente da turma, ao passo que o amigo sempre estava na média. Anos mais tarde, esse amigo foi ouvir uma palestra em que Freud explicou a nova teoria dos sonhos (realizada em 1897 na B'Nai B'rith, uma organização judaica). Mais tarde, o amigo lhe disse que, depois de ouvi-lo, "sonhou que havia perdido todos os seus casos — ele era advogado e queixou-se comigo a respeito. Refugiei-me na evasão: 'Não se pode ganhar todos os casos'; mas pensei comigo mesmo: 'Se, por oito anos, fui o primeiro na primeira fila, enquanto ele foi para trás e para baixo em algum ponto no meio do curso, será que ele não desejou naturalmente, desde a infância, que eu também passasse vexame?"

No primeiro ano de publicação, *A interpretação dos sonhos* vendeu apenas uma centena de exemplares. Freud ficou amargamente desapontado, porém, misteriosamente, com o tempo o livro começou a ganhar vida própria e tornou-se leitura obrigatória entre os intelectuais. Logo começou a se infiltrar na cultura popular. Em *The Antarctic* (1904), Otto Nordenskjold anotou os sonhos da sua tripulação enquanto exploravam o continente glacial, e encontrou uma confirmação anedótica da tese de Freud. A vida na Antártica era dura e cansativa, e os sonhos da tripulação muitas vezes expressavam a saudade dos confortos de uma vida normal.

> Comer e beber eram o ponto em torno do qual se agrupava a maioria dos sonhos. Um de nós, que gostava de frequentar grandes jantares à noite, ficava extremamente contente quando podia contar pela manhã "que tivera uma refeição composta de três pratos". Outro sonhava com tabaco — montanhas de tabaco; outro ainda sonhava com um barco aproximando-se pelo mar aberto com as velas enfunadas.

Os marinheiros sonhavam que recebiam cartas animadoras de casa. Nordenskjold acrescentou: "Certamente teria sido de grande interesse psicológico se todos os sonhos tivessem sido anotados."

Houve algumas resenhas elogiosas e a *Interpretação* causou impacto entre jovens psiquiatras, como Carl Jung. A psicanálise fizera seu *début* e Freud estava a caminho da fama; e mais, ele havia iniciado a longa mutação para se tornar o Freud icônico da lenda, o ousado explorador do espaço interior, que preferiria não recordar nem se embrenhar em certos erros da juventude.

A interpretação dos sonhos foi considerado um livro corajoso pela franqueza de Freud em abordar algumas experiências profundamente pessoais, inclusive o relato do que a psicanálise denomina "cena primária" — testemunhar os próprios pais fazendo amor. Isso é parcialmente verdadeiro — porém essa franqueza pela metade é o paradoxo freudiano, pois ele ocultou tanto quanto revelou. Vimos que Freud era ambivalente quanto à total transparência e não mencionou um acontecimento com os quais às vezes sonhava — a carreira criminosa do tio Josef.

Ele admite apenas um sonho que menciona diretamente o tio, um longo sonho em que montava a cavalo quando tinha problemas no escroto. Teria sido muito doloroso cavalgar, então ele afirmou que o sonho expressava o desejo de poder cavalgar. Contudo, Velikovsky argumentou que o sonho era sobre o desejo desesperado de sucesso de Freud. Rand e Torok apontam que o sonho tem uma associação muito estranha; em alemão, a palavra normal para carbúnculo é "furúnculo", mas Freud não conseguia usar a palavra, pois estava tentando reprimir lembranças do tio Josef. Uma interpretação grosseira seria de que o tio Josef era um pé no saco. Parece que para Freud era mais fácil falar do sonho com cocaína, mesmo após a morte de Fleischl, do que do tio.

Inevitavelmente, em alguns trechos *A interpretação dos sonhos* revelava mais do que Freud pretendera. A cocaína e suas amplas associações "vazavam" repetidamente em seus sonhos, indicando seu significado profundo para Freud, talvez durante o período mais frutífero e formativo de seu pensamento — significado que ele não conseguia admitir conscientemente. A análise de conteúdo acima demonstra que a influência da cocaína no livro mais famoso de Freud tivera amplas consequências. À diferença de Thornton, não penso que isso invalide seus *insights*, mas os críticos que ignoram esse vínculo omitem algo importante. A cocaína foi o cenário imediato e dramático no desenvolvimento da psicanálise. À diferença das escolas de psicoterapia posteriores, especialmente as americanas, a análise freudiana tradicional não usava medicamentos: ao inventar a psicanálise, Freud afastou-se do uso de drogas. Mais uma vez, é frustrante que não tenha escrito nada a esse respeito.

Uma compilação útil de resenhas dos seus livros foi publicada em vida de Freud, com a reimpressão de cerca de 25 resenhas de *A interpretação dos sonhos* — e só uma fazia menção a drogas. Pelo menos um crítico percebeu que o método de autoanálise de Freud podia remontar às *Confissões de um comedor de ópio*, de De Quincey. Uma crítica, escrita pelo irmão de Emma Eckstein, é especialmente generosa. A família dela, surpreendentemente, não guardou rancor por causa da tragédia com seu nariz, e a própria Emma se tornou psicanalista, o que sugere que não culpou Freud por Fliess ter estragado sua operação.

O estudo de Freud sobre os próprios sonhos inspirou diversos imitadores, dos quais o mais curioso talvez seja o neurofisiologista francês Michel Jouvet, cerca de 70 anos depois. Jouvet demonstrou que o escopo da atividade cerebral nos gatos durante o sonho era idêntico ao dos seres humanos. Ele então supôs que, durante o sonho paradoxal, os gatos não se moviam porque as mensagens cerebrais paralisavam seu sistema motor. Ele então descobriu que podia fazer isso secionando o *pons varolii*, uma estrutura profunda no cérebro. Uma vez lesionada, os gatos "sonhadores" faziam exatamente os mesmos movimentos que fariam se estivessem caçando uma presa. Os gatos sonhavam que comiam camundongos e pássaros — de fato, a realização de desejos.

Apesar disso, Jouvet disse-me que achava difícil aceitar a teoria de Freud, pois acreditava que não só o gato sonhava, mas também o passarinho recém-nascido. "Eu diria que, no final, vamos descobrir a função da atividade do sonho no ovo do pássaro."

O próprio Jouvet construiu uma teoria dos sonhos de amplo alcance. Ele acredita que o sonho permite ao código do DNA se refazer e se restaurar. Quando são privadas do sono por qualquer período de tempo, as pessoas começam a experimentar não só exaustão, mas agitação e, mais adiante, uma psicose temporária. Isso, afirma Jouvet, não tem relação com a falta de sono, mas com a falta de sonhos. Quando não sonhamos, assevera ele, a nossa personalidade se fragmenta, porque é como se o nosso DNA secasse. Em circunstâncias normais, "durante a noite, a pessoa colérica será reprogramada para ser novamente colérica [...]. Neste sentido, pode-se encontrar um lugar para as ideias de Freud. Para um neurofisiologista como eu, seu inconsciente poderia formar parte do código genético".

Jouvet registrou 1.400 exemplos dos próprios sonhos e contou-me que pretende chegar a 2 mil. Ele recordava uma média de 1,4 sonho por noite. Descobriu que muitos sonhos incorporavam acontecimentos do dia anterior, mas também "que há um pico com acontecimentos ocorridos entre 7 e 8 dias antes". Ele fez uma descoberta ainda mais intrigante. Jung afirmou que não se pode identificar uma pessoa num sonho com certeza, nem a si mesmo, mas Jouvet descobriu que era possível dividir os sonhos entre os que pareciam ter uma mensagem clara e aqueles em que era possível reconhecer as personagens. Ele descreveu um sonho em que a sua irmã aparecia: "Reconheci seu rosto e roupas e disse-lhe: 'Que língua você está falando?'" A explicação de Jouvet não é psicanalítica, mas neurológica; ele crê que, durante o sonho, as conexões normais entre os hemisférios direito e esquerdo do cérebro se rompem. Então, sonhamos numa condição de "cérebro dividido".

O interesse de Jouvet nos sonhos não é só acadêmico; ele usou essas descobertas para mudar alguns aspectos da sua vida:

> Desde que me tornei consciente dos meus sonhos [...] depois de alguns sonhos depressivos, sei que esta parte de mim está em jogo. Então, isso pode afetar o meu comportamento durante o dia, de maneira a evitar certas circunstâncias depressivas.

Jouvet não é freudiano, mas acabou tendo certo respeito por ele.

Enquanto Freud estudava seus 144 sonhos, Havelock Ellis, que ele admirava por seu trabalho sobre a sexualidade, embarcou num experimento para verificar como uma droga — uma substância muito diferente — o afetava. O século XIX vira informes introspectivos sobre óxido nitroso, ópio, haxixe e cocaína. Na década de 1890 havia em oferta um paraíso artificial novo ou, talvez, redescoberto. Havelock Ellis fez um estudo brilhante e totalmente esquecido sobre os efeitos de uma antiga substância — o cacto peiote, que contém a droga mescalina. A tradição introspectiva no uso de drogas estava prestes a embarcar em uma nova jornada multicolorida.

10

Paraísos artificiais entre 1900 e 1950

Ernest Jones afirma que aos 40 anos Freud havia perdido completamente o interesse pelo lado passional do casamento, contudo ele era um verdadeiro Don Juan em comparação com outro pesquisador pioneiro da sexualidade. Ao se casar, em 1891, aos 32 anos, Havelock Ellis era virgem. E assim permaneceu, já que a esposa, Edith Lees, era lésbica. Finda a lua de mel, Ellis voltou para o apartamento de solteiro. No início dos anos 1890 ele começou a estudar a homossexualidade e publicou *A inversão sexual*, com John Addington Symonds. O livro descrevia as relações sexuais de homens e garotos homossexuais, as quais Ellis não considerava doentias ou imorais nem um crime — posição radicalmente ilustrada para um médico da época. A psiquiatria americana levou quase um século para chegar lá.

Na sua autobiografia, *My Life*, Ellis admite que seus amigos se divertiam com o fato de ele ser considerado um especialista em sexo, pois sofreu de impotência até os 60 anos, quando viu uma mulher urinar e ficou excitado pela primeira vez na vida.

Ellis publicou suas descobertas sobre o que denominava "mescal" em duas revistas diferentes. "Mescal", neste caso, significava "mescalina" — o ingrediente ativo nos cactos alucinógenos peiote e San Pedro, e não a bebida alcoólica do mesmo nome, que se diz ser filtrada do cacto peiote. Para os nossos fins, os termos mescal/mescalina serão usados para referir-se à droga. Ele descreveu os sintomas fisiológicos no artigo "The phenomena of mescal intoxication" na *Lancet*, em 5 de junho de 1897. Um ano mais tarde, publicou um relato mais longo em *The Contemporary Review*.

Há muitos séculos os índios kiowa do Novo México consumiam peiote nas cerimônias religiosas. Em 1893, um botânico, Louis Lewin, isolou a mescalina do peiote e criou a base da pesquisa moderna sobre alucinógenos, que denominou "Phantastika". James Mooney, do Bureau de Etnologia dos Estados Unidos, soube do trabalho de Lewin e conseguiu um suprimento de mescalina. Em 1894, Mooney distribuiu um pouco a dois médicos de Washington e alguns voluntários.

O experimento de Washington, escreveu Ellis, "demonstrou, pela primeira vez, o caráter preciso da intoxicação de mescal e as assombrosas visões que provoca". Os americanos nativos a usavam apesar de Washington ter decretado a compra e venda da droga ilegal, com penas severas. Mais tarde, uma decisão da Suprema Corte eliminou a proibição entre os americanos nativos para fins sagrados. As cerimônias de peiote costumavam ocorrer nas noites de sábado, ao redor de uma grande fogueira. O líder distribuía quatro botões retirados de um cacto de peiote a cada homem. Cada um mascava e engolia de dez a doze brotos entre o anoitecer e o alvorecer "e todos se sentavam em silêncio em torno da fogueira num estado de devaneio, enquanto os assistentes cantavam e tocavam tambores". Pela manhã, rompia-se o encanto e os homens "iam cuidar de seus afazeres, sem depressão ou qualquer efeito desagradável".

Ellis conseguiu que lhe enviassem a Londres uma pequena quantidade de mescalina. Como Freud, escolheu uma data significativa, a Sexta-Feira Santa, para tomar sua primeira dose de três botões. Sozinho no seu quarto no Templo, ele os ingeriu entre 2h30 e 4h30. O primeiro sintoma que observou à tarde foi "certa consciência de energia e poder intelectual". Uma hora depois, sentiu-se "débil e trôpego; o pulso estava baixo e achei desconfortável estar deitado".

Ele ainda conseguia ler, mas "uma sombra violeta pálida flutuava sobre a página em volta do ponto onde meus olhos estavam fixos". Objetos que ele não olhava diretamente "têm a tendência a se intrometer, e as suas cores são intensificadas, quase monstruosas, ao passo que, ao fechar os olhos, as imagens permanecem vívidas e prolongadas". Ele comparou as imagens ao que via num caleidoscópio, "agrupamentos simétricos de objetos pontudos".

Logo Ellis viu um campo de joias douradas, engastadas com pedras verdes e vermelhas que o encantaram. As joias se transformaram em borboletas ou nas asas de insetos maravilhosos. Então, ele se viu fitando um grande vaso oco cuja superfície era de madrepérola. "Todas as cores possíveis, variantes de vermelho, com escarlate, carmesim, rosa, surgiam juntas numa sucessão veloz."

As imagens eram mais vívidas quando ele fechava os olhos, num cômodo iluminado apenas pela lareira. Depois de nove horas Ellis começou a se sentir enjoado e foi para a cama. Ao se despir, foi surpreendido "pela aparência avermelhada, escamosa, brônzea e pigmentada dos meus membros quando eu não os olhava diretamente". Ele ficou alarmado com a mudança de cor e com sua pele, igual à de um lagarto. Para piorar, os mínimos sons "pareciam ampliados em dimensões assustadoras".

Quando acendeu a luz do gás, Ellis viu que o jato de gás comum "parecia brilhar com enorme intensidade [...]. Fiquei ainda mais impressionado com as sombras, que iam em todas as direções, realçadas por resplendores de vermelho, verde e, especialmente, violeta. Todo o quarto [...] tornou-se vívido e belo".

Por volta das três e meia da manhã, os efeitos começaram a se atenuar, mas Ellis continuava a ver figuras humanas "fantásticas e com características chinesas". Por fim ele dormiu e despertou sem ressaca ou náusea. Contudo, seus olhos pareciam estranhamente sensíveis à cor, especialmente ao azul e ao violeta. "A partir desta experiência fiquei esteticamente mais sensível do que antes aos fenômenos delicados da luz e dos tons das cores", escreveu.

Ellis então expandiu a pesquisa e testou a mescalina em amigos. O primeiro foi um pintor que "tinha ataques de dor no coração e uma sensação de morte iminente". Foi horripilante. O pintor disse a Ellis: "Vi uma luz azul intensamente vívida que começou a cercar todos os objetos. Uma caixa de cigarros quadrada, que era violeta, brilhava como uma ametista. Desviei os olhos e desta vez contemplei, nas costas de uma cadeira polida, uma barra de cor cintilando como um rubi [...]. Ainda assim, fiquei um pouco alarmado quando o fenômeno ocorreu." Pareceu-lhe "uma espécie de loucura que surgia fora de mim, e sua estranheza afetou-me mais do que a beleza".

O artista se jogou numa cadeira, começou a tremer e "senti como se estivesse morrendo". Suas pernas formigavam, ele sentiu náuseas e intoxicação de gás. Parecia que o gás se inflamava na sua garganta. As pernas do pintor ficaram pesadas, a parte posterior da cabeça "parecia se abrir e emitir feixes de luzes brilhantes; logo em seguida tive uma sensação como de uma corrente de ar passando como um vendaval através dos cabelos". Ele acrescentou que sentiu um estranho sabor doce e metálico na boca, que associou à cor verde. Em seguida, ouviu um canto nos ouvidos e sentiu que os olhos e as palmas das mãos começavam a arder.

A luz do dia "pareceu encher o quarto com um fulgor cegante" e o artista não conseguia manter os olhos abertos como queria, pois, ao fechá-los, via parte do seu corpo em mutação. Ele sentia que seu corpo era objeto de "diabruras" e "a minha razão parecia ser a única sobrevivente do meu ser". Começou a tremer e sentiu náuseas, então Ellis deu-lhe um pouco de conhaque, café e biscoitos, que o ajudaram um pouco.

Ellis ofereceu outro biscoito ao amigo, o que provocou uma fantasia flamejante que desafiava todas as leis da física — e da confeitaria. Quando o artista segurou o biscoito perto da perna, suas calças pareceram incendiar-se e uma chama azul envolveu todo o seu corpo. Quando, por fim, pôs o biscoito na boca, ele explodiu num fogo azul e "iluminou o interior da minha boca". Isto não afetou suas feições, pois a pele parecia ficar cada vez mais fina até adquirir "uma consistência não mais firme que a de um lenço de papel". Então veio o toque oriental. "Para minha surpresa, vi-me como se estivesse dentro de uma lanterna chinesa, vendo o quarto através das bochechas."

Depois de 24 horas, o artista teve uma noite normal de sono, mas mal dormiu nas três noites seguintes. Imagens grotescas relampejaram na sua mente, figuras com membros prodigiosos, criaturas estranhamente apequenadas, "ou combinações impossíveis, tais como cinco ou seis peixes da cor dos canários que flutuavam no ar numa gaiola de arame dourado".

O artista se recuperou e "todo o mundo interior e exterior da realidade voltou, como num salto [...] de certo modo, o meu corpo se tornara estranho à minha razão, que permanecera perfeitamente sã e alerta, — então agora, ao se reafirmar, por um momento ele me pareceu suficientemente alheio e percebi seu caráter individual e peculiar. Foi como se inesperadamente eu alcançasse um conhecimento objetivo da minha própria personalidade. É como se visse o meu estado normal do ser com os olhos de uma pessoa que vê a rua ao sair do teatro em pleno dia".

Em seguida, Ellis fez experimentos com dois poetas. O primeiro quase não reagiu à droga; o segundo poeta viu "os dragões mais adoráveis" e, depois, um monumento na Abadia de Westminster e, diante dela, à esquerda, uma figura ajoelhada em trajes florentinos, como numa pintura de Botticelli. O resultado é que a mescalina era um alucinógeno transcultural, que jogava com as figuras acumuladas nos cérebros dos usuários.

Mais tarde, no dique, o poeta ficou fascinado com um anúncio de Bovril "que ia e vinha em letras luminosas do outro lado do rio". Ali se ergue hoje a Torre Oxo. "Não posso descrever o prazer intenso que a luz em movimento provocou em mim e como ela me parecia deslumbrante."

"Não teria sentido discutir aqui a questão obscura do mecanismo subjacente pelo qual o mescal exerce seus poderes mágicos", escreveu Ellis, o que era realista, dado o conhecimento limitado do cérebro à época.

Ele comparou a intoxicação da mescalina ao efeito de outras drogas. O haxixe, afirmou, tornava os usuários sentimentais e sujeitos a movimentos súbitos e violentos (o que contradiz a imagem do sedentário chapado, "largado no sofá", e a associação comum do haxixe mais com o relaxamento do que com a excitação), porém, "o bebedor de mescal permanece calmo e sereno em meio ao redemoinho sensorial à sua volta; seu juízo está tão claro quanto no estado normal; ele não cai no estado oriental do devaneio vago e voluptuoso". A mescalina era a droga "mais puramente intelectual" e, por isso, não se convertia facilmente em hábito.

Parece que a afirmação de Ellis estava correta. A maior parte dos alucinógenos não causa dependência nem síndrome de abstinência. De fato, de todas as drogas usadas de modo recreativo, os alucinógenos mais poderosos, como o LSD e a mescalina, parecem ser os menos prováveis para o consumo regular, em parte devido à intensidade e à longa duração dos seus efeitos.

Ellis terminou com uma ode à droga. O cacto que continha a mescalina era "a planta mais democrática, que levava os homens a um paraíso artificial". Wordsworth seria o poeta favorito dos que consumiam mescalina, pois muitos de seus "poemas e frases mais memoráveis não podem — quase sou tentado a dizer — ser apreciados em seu pleno significado por quem nunca esteve sob a influência do mescal. Por tudo isso, pode-se afirmar que o paraíso artificial do mescal, ainda que menos sedutor, é mais seguro e digno que o dos seus pares".

Em 1899, um ano depois de Ellis publicar o seu artigo na *Contemporary Review*, H. G. Wells escreveu *The Sleeper*, cujo herói toma muitas drogas, inclusive cocaína. O elixir mágico, disse Wells, era um "ajudante matador [...] um desses alcaloides que suprimem a fadiga natural e aniquilam o descanso". O ajudante matador, a cocaína, estava a ponto de fazer outra vítima, a única mulher que pertenceu à primeira tradição introspectiva. O livro de Annie Meyers, *My Cocaine Hell*, não tem pretensões intelectuais, mas ela teve alguns *insights* sobre os próprios pensamentos e sentimentos e sobre a droga. A sua experiência com a cocaína foi muito diferente da experiência de Freud. Annie Meyers acabou na rua.

Ela era uma viúva respeitável. Em 1895 teve um resfriado forte e foi ao boticário local. Ele lhe receitou um remédio para o catarro que continha muita cocaína. O primeiro gole transformou a viúva numa adicta. Ela rapidamente gastou todo o dinheiro que o marido lhe deixara e adotou o que hoje consideramos um comportamento típico do dependente. Tornou-se uma ladra experiente.

Vale a pena ler o livro de Meyers, escrito há 100 anos, e é muito estranho que nunca tenha sido citado nos compêndios da literatura. Annie era obcecada por chapéus, e os colecionava com um zelo ligeiramente febril. Uma das muitas coisas de que se arrependia do uso da cocaína era que isso a fizera descuidar dos seus chapéus. Apesar dessas esquisitices, ela fez uma excelente descrição de como a droga a afetava, e escreveu:

> A cocaína proporciona uma sensação estimulante, agudiza o intelecto momentaneamente e nos torna muito prolixos ao conversar. Fui informada de que uma grande quantidade de oradores usa cocaína antes de subir no palanque.

Annie usava altas doses de cocaína e tinha delírios paranoicos, que descreveu vividamente. Uma vez imaginou que alguém queria matá-la porque ela tentara descobrir os segredos do seu alojamento, e passou a noite toda lutando contra membros invisíveis do alojamento. A droga a fazia ficar "meio doida, com medo de ser presa". Sob sua influência, ela temia que a polícia a perseguisse por toda Chicago, às vezes com lanternas. Ela alucinava que um certo tenente Elliott estava decidido a detê-la, e que ela o enganava, mesmo quando ele aparecia nos seus aposentos.

Annie descreveu muito bem os horrores físicos do uso prolongado da cocaína. Afirmou que era a única droga que amolecia os ossos e comia a carne; ela pensou que tinha lepra, pois perdeu os dentes e parte da mandíbula (pode ter sido consequência de má nutrição — à diferença de Freud, a maioria dos usuários de cocaína fica completamente inapetente quando usa a droga).

Para alimentar o hábito, Annie tornou-se uma ativa ladra de lojas, e fez um detetive de uma delas gritar: "Mulher ruim, não volte a pôr os pés aqui." Ele foi otimista por pensar que lhe dera ouvidos: dias depois, voltou para roubar um par de luvas. Quando o detetive a agarrou e perguntou por quanto ela venderia as luvas, Annie respondeu 50 cents, para comprar cocaína. Ele ficou indignado; elas valiam pelo menos 2 dólares. Às vezes, Annie tentava realizar façanhas impossíveis; foi acusada de tentar roubar um fogão — não está muito claro como conseguiria carregá-lo sem que ninguém percebesse. Ela foi mais sensata ao roubar um carrinho de bebê, que empurrou pela rua e vendeu antes de ser apanhada. A seda era um dos seus artigos favoritos, e conseguiu roubar 82 metros do tecido numa loja chamada Marshall Fields.

Nem sempre Annie era a testemunha mais confiável. Ela lembrava de ter assistido a "uma cirurgia realizada no olho de uma amiga e usaram cocaína para suprimir a dor enquanto retiravam o olho, limpavam-no e colocavam-no de volta!" Apesar das propriedades anestésicas da cocaína, uma operação como esta é obviamente impossível.

Ela não admitiu que trabalhara como prostituta, e é provável que o fizesse de vez em quando, mas tinha orgulho de ter inventado "A Dança da Cocaína". Annie costumava ir às "casas de tolerância" dançar "e faziam uma coleta e eu recebia o dinheiro. Eu saía correndo imediatamente para o boticário, sem chapéu, para obter a minha divindade; eu a mimava, a chamava de meu bebê e minha única amiga, e ria e chorava por causa dela, como uma louca".

Por fim, a irmã de Annie conseguiu persuadi-la a voltar para a igreja e ela se salvou. Em *The Varieties of Religious Experience*, William James argumenta que a experiência da conversão é um dos meios mais bem-sucedidos na reabilitação do abuso de substâncias: isso fica claro na ênfase espiritual do programa de "Doze Passos" dos Alcoólicos Anônimos, dos Narcóticos Anônimos e demais grupos "anônimos", que invocam um "poder superior". Deus pode ou não existir, mas ele/ela certamente já deixou sóbrios muitos bêbados e adictos.

A história de Wells, o livro de Meyers e relatos em publicações médicas, como o de Brodereau, apontam a crescente preocupação à época com os perigos físicos e psicológicos da cocaína. Freud devia estar ciente da controvérsia. É pena que nunca tenha escrito uma palavra explicando o que o levou a parar de usar uma droga que fora importante na sua vida na maior parte da década de 1890. É razoável sugerir uma combinação de motivos. Ele estava mais confiante do que nunca e pode ter se perguntado se alguns sintomas que apresentava se deviam ao fenômeno que certa vez negara, os efeitos tóxicos da cocaína. Sem dúvida, ele estava ansioso para deixar para trás as lembranças de Fleischl e Fliess.

Freud não se manifestou a respeito da cocaína depois da década de 1890, contudo foi muito franco sobre a sua necessidade de charutos, e devia saber o que isto implicava para a saúde. Outro grande escritor/médico do período, Anton Tchecov, certamente estava, pois escreveu um brilhante monólogo dramático, *On the Harmfulness of Tobacco*. Naquele tempo não faltavam provas dos perigos do tabaco. Embora tenhamos a tendência a achar que o vínculo entre o câncer de pulmão e o fumo tenha sido estabelecido pela pesquisa de Doll na década de 1950, ele se baseou no trabalho de pesquisadores anteriores.

Os estatísticos da virada do século apontam um aumento no câncer de pulmão e suspeitavam que o fumo era a causa. Pesquisas com animais corroboravam suas suspeitas. Numa série de experimentos, porquinhos-da-índia foram colocados em ambientes repletos de fumaça e logo desenvolveram câncer. Com a divulgação da pesquisa, os estados de Washington, Iowa, Tennessee e Dakota do Norte proibiram a venda de cigarros. A Suprema Corte suspeitou que os cigarros continham mais do que simples tabaco, o que levou um juiz a vociferar "há muitos [cigarros] cujo tabaco foi misturado com ópio ou alguma outra droga, e o envoltório foi saturado numa solução de arsênico".

É fato que, muitas vezes, a fumaça do cigarro contém arsênico — mas não, que eu saiba, os maços de cigarro. Apesar da suspeita oficial, foram necessárias gerações para que o governo dos Estados Unidos reconhecesse oficialmente os efeitos carcinogênicos do fumo, e uma grande parte do meio médico foi igualmente lento em se convencer.

Em 1902, a Sears, Roebuck & Co. anunciou o "Sure Cure for the Tobacco Habit", que parece ter sido o primeiro produto comercial a prometer curar o hábito de fumar. Ele foi vendido com um slogan simpático: "Tabaco para os cães". O produto "destrói os efeitos da nicotina", alardeou a Sears.

Freud nunca comprou o Sure Cure e persistiu na contenda com Fliess em torno do hábito de fumar. Certa vez, quando não estava fumando, escreveu-lhe: "Não fumo há sete semanas, desde o dia da sua advertência. Primeiro, como era de se esperar, senti-me terrivelmente mal. Sintomas cardíacos acompanhados de uma leve depressão, além da horrível tristeza da abstinência. Eles se foram, mas me deixaram completamente incapaz de trabalhar, um homem derrotado. Depois de sete semanas, voltei a fumar... Desde os primeiros charutos consegui trabalhar e domar o meu estado de ânimo; antes disso, a vida estava insuportável."

Um médico atencioso dificilmente exigiria que o paciente largasse o fumo se ouvisse dizer que os charutos exerciam um efeito "mágico" no humor do paciente. Freud tentou fazer Fliess sentir-se culpado por mandá-lo parar de fumar:

> Fui privado da motivação que você caracterizou de um modo tão sagaz em carta anterior: a pessoa só consegue desistir de algo se estiver convencida de que é a causa da sua enfermidade [...]. Pela primeira vez tenho uma opinião diferente da sua sobre algo [...]. Você tem sido absoluto e rígido na proibição de fumar, cujo mérito é totalmente relativo [...].

Nesta resposta hostil e nada sutil, Freud deixou claro que não abandonaria o hábito que mais prazer lhe dava na vida e que acreditava contribuir para a sua incrível capacidade de trabalho. Quando visitou os Estados Unidos, ele odiou o país e praticamente o único comentário positivo que fez foi que as Américas haviam dado o tabaco ao mundo. Sem Colombo, ele nunca teria fumado charutos.

Afirmei que o jovem Freud era inseguro e que até passados os 40 anos precisou da aprovação de Breuer e de Fliess. Escrever *A interpretação dos sonhos* o fez menos dependente de mentores e mais seguro de si. Em 13 de outubro de 1902, Freud teve o prazer de alardear a Fliess que tinha uma audiência com Francisco José I. O imperador finalmente lhe concedera o cargo de *Professor Extraordinarius*. Ele escreveu a Fliess:

> As felicitações e os buquês continuam chegando, como se o papel da sexualidade tivesse sido subitamente reconhecido por Sua Majestade, a interpretação dos sonhos tivesse sido confirmada pelo Conselho de Ministros e a necessidade da terapia psicanalítica da histeria tivesse sido adotada no Parlamento por uma maioria de dois terços.

Agora, Freud não precisava da cocaína nem de Fliess para amparar a crença em si mesmo, e a amizade entre eles começou a definhar. Eles mal trocaram cartas em 1902 e 1903. Um ano depois veio o rompimento, quando Otto Weininger publicou um livro sobre a bissexualidade. Fliess suspeitou que Freud tivesse mencionado suas ideias ao "analista" de Weininger, Hermann Swoboda, o qual, por sua vez, teria esboçado as ideias de Fliess sobre a bissexualidade para Weininger. Em 20 de julho de 1904, Fliess acusou Freud de conspirar para roubar suas ideias. Eles não se escreviam havia algum tempo, queixou-se Freud, e agora Fliess o acusava de ser "ladrão". Ele já não estava disposto a apaziguar o amigo e ressaltou que Swoboda não era um discípulo, mas um paciente muito doente. Fliess merecia crédito por desenvolver a ideia da bissexualidade, mas "aquilo era uma coisa estabelecida", espetou Freud. Outros haviam escrito sobre a bissexualidade. Ele negou ter dado "quaisquer detalhes das nossas comunicações" a Swoboda e, de qualquer modo, o trabalho de Weininger era de "baixa qualidade" e ninguém o levaria a sério. Freud admitiu que havia "espalhado sugestões livremente, sem se perguntar o que ocorreria com elas", mas que nunca havia "se apropriado de algo que pertencesse a outrem". Recusou-se a pedir perdão. Fliess e a esposa jamais o perdoaram.

Dois anos mais tarde, a disputa veio à tona quando Fliess se justificou em suas memórias; ele conta ter ficado chocado com a atitude de Freud e explica o porquê à esposa do regente da banda da corte. Fliess convida os leitores a entrarem em contato com Frau Schalk, que teria prazer em confirmar que Freud morria de ciúmes dele. Foi uma explosão extraordinária e muito indigna.

Freud reagiu em novembro de 1906, quando escreveu cinco cartas a Karl Kraus, editor do *Die Fackel*, o maior jornal satírico de Viena, pedindo apoio contra Fliess. Embora Kraus não concordasse inteiramente com as ideias de Freud, pensou que nesse caso ele tinha razão e escreveu um artigo a respeito. Fliess sentiu-se humilhado; ele e Freud nunca mais se falaram e a correspondência entre eles foi completamente suspensa. A essa altura, claro, o equilíbrio de poder e de sucesso na relação entre os dois se invertera, e agora Freud era a figura proeminente: as acusações de Fliess sugerem que ele não suportava ser superado pelo antigo admirador deferente.

O sucesso de um livro pode mudar um homem — e Freud foi profundamente transformado por *A interpretação dos sonhos*. O quarentão que precisava de conforto quanto ao seu estado cardíaco e o seu nariz vulcânico e supurante agora tinha seguidores que só faltavam se sentar aos seus pés. A partir de 1902, toda quarta-feira Freud recebia um grupo de colegas na Bergasse nº 19. As reuniões deram origem à Sociedade Psicanalítica de Viena, o primeiro grupo no mundo dedicado ao estudo das ideias de Freud.

Ele sempre esperava que todos os convidados estivessem reunidos e Martha terminasse de servir café e charutos, com um cinzeiro para cada homem. Só então Freud fazia a sua entrada. O seu filho Martin escreveu que a sala ficava "tão carregada de fumaça que parecia assombroso que seres humanos pudessem permanecer ali por horas, quanto mais conversar, sem se sufocarem".

Enquanto Freud falava, os colegas tomavam notas e davam baforadas nos charutos. O prazer de fumar era parte do prazer da psicanálise, sugere o analista E. J. Elkins, e acrescenta que "os charutos e o fumo são centrais para compreender a vida e a obra de Freud e a sua personalidade. Dada a sua convicção de que não conseguia trabalhar sem eles, sem os charutos talvez a psicanálise não tivesse existido".

Dois pequenos detalhes demonstram a mudança drástica na reputação de Freud após a publicação de *A interpretação dos sonhos*. Os seus "discípulos" portavam uma medalha especial que ele encomendara para comemorar seu 50º aniversário, em 1906. A medalha trazia estampados Édipo e a esfinge e no verso estava escrito: "Ele solucionou o famoso enigma e foi um homem muito poderoso." O segundo galardão foi um dos primeiros sinais da abrangente influência cultural que Freud viria a exercer. Quando, em 1905, George Bernard Shaw entregou anotações aos atores na primeira produção de *Major Barbara*, ressaltou que em uma cena "o complexo de Édipo deve ficar muito evidente aqui".

Freud dedicou-se de tal maneira ao desenvolvimento da psicanálise que parou de acompanhar as últimas pesquisas na disciplina que era a sua favorita, a anatomia. Há certa ironia nisso. Em *O Projeto para uma psicologia científica*, ele havia esperado ansiosamente o dia em que o estudo do corpo e da mente, ou do cérebro e da mente, seriam unificados em uma ciência objetiva exata, mas, no entanto, concentrou-se por inteiro no estudo e tratamento exclusivo dos sintomas neuróticos.

Freud estava familiarizado com Descartes, para quem corpo e mente estavam separados, um sendo uma máquina, a outra, uma alma. Em 1902, aquele que fora um brilhante anatomista havia escolhido a mente em vez do corpo.

Contudo, escolher a mente sobre todas as coisas também significou novos problemas, pois Freud insistiu em que não era preciso formar-se em medicina para ser psicanalista. Os "analistas leigos" se inclinariam a concluir que todos os sintomas físicos provinham de uma causa de base psicológica. Se a suposição estivesse equivocada, os pacientes procuravam em vão a causa infantil profunda de uma simples enfermidade física, que podia, em muitos casos, ser mais bem tratada por um médico. Às vezes, como admitiu Freud, um charuto é só um charuto, e às vezes um sintoma físico não reflete nada além de uma doença física. No entanto, ironicamente, na mesma época em que os fundamentos da compreensão moderna do cérebro eram criados, os analistas ficaram cada vez mais relutantes em admitir isso.

Em 1903, Otto Loewi tinha 30 anos e era um fisiologista razoavelmente famoso. Um belo dia, perguntou-se se os impulsos nervosos do cérebro podiam ser transmitidos por meios químicos, e não elétricos. Ele não tinha ideia de como pesquisar essa noção, e deixou-a dormente por 17 anos, até ter o sonho que descreve na sua autobiografia.

> Na véspera do domingo de Páscoa daquele ano despertei, acendi a luz e fiz mas anotações num pedacinho de papel. Depois, voltei a dormir. Ocorreu-me às 6 da manhã que durante a noite eu escrevera algo da maior importância, mas não conseguia decifrar os meus rabiscos. Na noite seguinte, às 3 horas, a ideia voltou. Era o desenho de um experimento para determinar se a hipótese da transmissão química que eu havia articulado 17 anos antes estava correta. Imediatamente levantei-me, fui ao laboratório e fiz um só experimento no coração de uma rã, segundo o esboço noturno.

Loewi levou dez anos para fazer os experimentos que se tornaram a base da teoria dos neurotransmissores. Ele anotou: "A maioria das chamadas descobertas 'intuitivas' são associações feitas pelo inconsciente." Em 1936, 33 anos depois da inspiração momentânea, Loewi conseguiu o que Freud nunca alcançou: compartilhou o Prêmio Nobel de Medicina.

Se Freud usou cocaína depois da briga final com Fliess, não deixou registro disso e seu último médico, o dr. Max Schur, nunca escreveu a respeito. Quaisquer tentações remanescentes certamente se desvaneceram em 1904, quando ele se viu envolvido em outro cataclismo relacionado à cocaína. A história outra vez o aponta como um mestre da negação, termo cujo significado psicológico moderno obviamente foi definido por... Freud.

Hans Gross era um dos mais importantes criminologistas europeus e havia intimidado o filho Otto durante a maior parte da infância do menino. Otto fugiu para a América do Sul em 1900, assim que se diplomou em medicina. Lá, passou a ser usuário frequente de folhas de coca e extratos de cocaína. Otto tomou um navio de volta à Europa em 1903, e começou a clinicar como psiquiatra em Munique. Ele era talentoso e logo publicou os primeiros artigos, cujo tom era mais político do que a maioria dos escritos psicanalíticos. Ele foi atraído pelo anarquismo e logo se envolveu com movimentos artísticos radicais, como o dadaísmo.

Apesar desses entusiasmos, Freud ficou impressionado com o jovem Otto e, em 1904, ele foi aceito na Sociedade de Viena. Quatro anos depois, Gross anunciou: "Em breve ocorrerá o primeiro congresso da escola de Freud, em Salzburgo; para tal, proporei uma palestra sobre perspectivas culturais, na qual divulgarei o programa da minha vida. Trata-se de um momento sem igual. Mediante um método prático e uma técnica de exame, podemos subitamente ver a essência da vida mental e espiritual. Os que têm olhos podem ver o futuro operando nessa nova perspectiva."

Freud não ficou satisfeito com a ênfase na cultura e disse a Gross: "Somos médicos e devemos continuar sendo médicos." Ele ainda respeitava Gross, e disse a Jung que o jovem era "uma pessoa de valor e com uma boa cabeça", mas estava desalentado com sua paixão política. Freud rejeitou a premissa de Gross de que a "psicologia do inconsciente é a filosofia da revolução" e que o objetivo da análise era "tornar as pessoas interiormente capazes de liberdade, preparar o caminho para a revolução". Freud havia lutado muito para se arriscar a ser considerado uma espécie de revolucionário político — e seu ponto de vista político era muito mais moderado que o de Gross.

Pouco depois do congresso de Salzburgo, Freud sugeriu que Gross precisava de tratamento e pediu a Jung que o aceitasse como paciente. Ele disse a Jung que Gross "precisa urgentemente da sua ajuda médica; uma pena, um homem tão talentoso e decidido. Ele é dependente de cocaína e provavelmente está na fase inicial da paranoia tóxica da droga". (O que é notável, vindo do homem que havia insistido em que a cocaína não provocava avidez.) Jung começou a tratar Gross em abril e, como ocorrera com Fleischl, a princípio tudo parecia ir bem. Em junho, Freud disse a Jung: "Não posso subestimar a importância de você ter concordado em analisá-lo. Com outro caso você não teria aprendido tanto."

Mais uma vez, a verdade era mais obscura do que as palavras de Freud sugeriam, ainda que mais cômica do que no caso de Fleischl. Gross fugiu do hospital pulando muro afora num salto espetacular. Indignado, Freud disse que ele sofria de *dementia praecox* — esquizofrenia. O opressivo pai de Gross foi à justiça e declarou o filho mentalmente incapacitado.

Gross praticava e pregava a liberação sexual. Em 1903, casou-se com Frieda Schloffer, mas quase de imediato iniciou um caso com Else Jaffé, nascida Else von Richthofen. Tanto Frieda quanto Else lhe deram filhos, o que não o impediu de ir para a cama com a irmã desta última, Frieda Weekley, que mais tarde se casaria com D. H. Lawrence. O casamento era um grilhão. O amor livre devia reinar entre homens e mulheres, entre mulheres e mulheres e entre homens e homens. Gross chegou a afirmar que um homem não saberia por que uma mulher o amava se não compreendesse as próprias inclinações homossexuais. Freud podia muito bem concordar em parte nesse aspecto.

Após escapar do hospício, Gross foi viver na Itália, onde criou uma comuna que logo ficou famosa pelas orgias. Isso não o pôs em bons termos com o governo italiano, que o expulsou do país; ele voltou para Berlim e, depois, para Viena.

Em, 1914, por fim Gross conseguiu anular o julgamento que o havia declarado incapaz. Retomou a clínica médica e logo se tornou diretor de uma clínica de tifo em Temesvar, na Romênia. Contudo, não abandonara as ambições políticas, e publicou *Die Freie Strasse* [O caminho livre], em que delineava suas ideias da revolução sexual.

Em novembro de 1918, Gross dirigiu suas ideias radicais para o reino do fantástico e sugeriu ao governo do imperador a criação de um "Ministério para exterminar a família e a sexualidade burguesas". Freud achou a ideia ridícula e compreendeu o perigo de a psicanálise adquirir um caráter político: expulsou Gross da sociedade analítica, o que equivalia a um decreto de excomunhão.

Gross morreu de pneumonia em Berlim, em 13 de fevereiro de 1920, depois de ter sido encontrado nas ruas, quase congelado e morto de fome. Freud ignorou a morte do jovem que havia admirado. O único elogio fúnebre no seu enterro foi lido por Wilhelm Stekel, que o tratara quando fugiu de Jung. Nesse então, Stekel já se havia indisposto com Freud, em parte por ousar escrever dois livros sobre sonhos, *Die Sprache des Traumes* [A linguagem dos sonhos, 1911] e *Die Traume der Dichter* [Os sonhos dos poetas, 1912]. Freud não era receptivo à concorrência em "seu território", como vimos.

Como costumava suceder, Freud nunca curou a ferida com Stekel e, como era de se esperar, não foi ao funeral de Gross. É plausível sugerir, de um modo incômodo, que essa morte lhe recordava a de Fleischl e o seu próprio uso de cocaína. Passaram-se oito anos até Ernest Jones finalmente anunciar a morte de Gross, durante o Oitavo Congresso Psicanalítico Internacional.

Gross não foi a única baixa analítica do período. Em 1919, Freud estava tratando Helen Deutsch, que se tornou uma analista famosa. Ele lhe dissera para tratar de Viktor Tausk, um psicanalista brilhante, porém perturbado. Em julho, Freud se contradisse, e propôs a Deutsch que escolhesse. Se continuasse a tratar Tausk, ele deixaria de tratá-la. Ela teve de decidir entre os dois homens e, como é natural para uma discípula, escolheu Freud, em detrimento do paciente que ele mesmo lhe havia enviado. Na manhã de 3 de julho de 1919, depois de ouvir de Deutsch que ela já não seria a sua analista, Tausk matou-se com um tiro; ele também havia amarrado uma corda no pescoço, para garantir a morte por asfixia caso a bala não o matasse. Não era um pedido de atenção: ele realmente pretendeu dar cabo da própria vida.

Freud escreveu à sua amiga, Lou Andreas Salomé: "Confesso que, na verdade, não sinto falta dele; há muito tempo havia percebido que ele não tinha mais serventia; de fato, ele constituía uma ameaça ao futuro." Tausk tentava usar a psicanálise não só com pacientes que sofriam de neurose, mas com os que tinham psicoses, como a esquizofrenia. Freud acreditava que esses pacientes estavam transtornados demais para que a psicanálise pudesse ajudá-los e que a tentativa de Tausk fracassaria.

As palavras de Freud eram condenatórias, como argumenta Paul Roazen em *Irmão animal.* Tratava-se de outra barganha faustiana, desta vez com a alma de outrem. Era muito melhor para Tausk morrer pelas próprias mãos do que continuar existindo e provar que a psicanálise tinha seus limites. A história é chocante. A reputação da psicanálise importava mais do que vida de um homem. Freud nem ao menos demonstrou curiosidade em saber se a ordem que dera a Deutsch, de pôr fim ao tratamento de Tausk, teria pesado no seu suicídio, embora mais tarde, num encontro com o filho de Tausk, lhe tenha dito que lamentava a morte do seu pai.

Enquanto isso, as opiniões médica e política decididamente se voltaram contra a cocaína. Em 1906, nos Estados Unidos, a Lei dos Alimentos e Medicamentos Puros passou a controlar o conteúdo de todas as patentes de remédios e proibiu o uso do ópio e da cocaína, exceto para fins medicinais. A China também lançou uma campanha contra o ópio. O governo pretendia modernizar o país e, além disso, reagia à conquista das Filipinas pelos Estados Unidos. Nos EUA, o movimento chamado Temperança fez uma campanha vigorosa para abolir o álcool, então não surpreende a pressão para evitar que o mal do Oriente, o ópio, pervertesse a nova colônia americana. Washington convocou 13 países a uma reunião para discutir o controle dos "narcóticos".

A Comissão Internacional do Ópio reuniu-se em Xangai em fevereiro de 1909, mas não houve acordo para uma ação conjunta. Três anos mais tarde, ao tornar-se presidente dos Estados Unidos, William Taft recebeu um informe que afirmava que a cocaína significava o problema de drogas mais sério que o país já enfrentara, afetando principalmente negros pobres. O médico americano Charles Towns escreveu:

> A maioria dos casos de hábito de consumo de cocaína foi declaradamente provocada pelas chamadas curas dos catarros, e estas contêm apenas entre dois e quatro por cento de cocaína. No final, quem inala pós para o catarro termina por demandar cocaína não diluída.

Também foi amplamente afirmado que a maioria dos homens negros que violentavam mulheres brancas havia consumido cocaína. Mais tarde, as mesmas afirmações teriam por alvo os mexicanos e a *cannabis*, e a demonização do "pagão chinês" foi empregada na campanha contra o ópio Essas drogas não eram perigosas só para o corpo e a mente: elas provinham de estrangeiros asquerosos que pretendiam espoliar as mulheres brancas. De certa forma, a "Guerra às Drogas" começou como uma guerra contra a miscigenação, uma campanha para preservar o recato e a dignidade das mulheres brancas.

Uma nova conferência foi convocada para Haia e desta vez chegou-se a uma decisão. Em 23 de janeiro de 1912, doze nações firmaram uma Convenção. Cada país elaboraria leis internas para banir o uso do ópio, da morfina e da cocaína sem receita. Pela primeira vez, Estados-nações concordaram em controlar o comportamento dos cidadãos em todo o mundo.

Depois de muitas campanhas pró e contra, a Lei Harrison converteu-se em lei federal, em 1914. A partir de então, cocaína, heroína, morfina e ópio só podiam ser obtidos com prescrição assinada por um médico, embora a decisão mudasse radicalmente a lei constitucional. O poder de regulamentar a medicina era dos estados, e não do governo federal, o que levou alguns historiadores a argumentar que a verdadeira agenda por trás da proibição era expandir o poder do governo federal. Nem 1 grama de cocaína ou de opiáceos mais fortes seria autorizado em remédios patenteados e cada grama seria acompanhado e taxado, do momento em que ingressasse nos estados até o instante do consumo. A burocracia triunfou.

Toda história tem seus excêntricos. Em 1916, em Calcutá, A. P. Bhargava foi nomeado Agente de Prevenção nas Aduanas de Bihar e Orissa. Ele seria mais eficiente no rastreamento dos contrabandistas de cocaína, pensou, se conhecesse algo sobre a droga. Reuniu toda a informação que conseguiu e ficou alarmado ao ver que "o público estava num estado de completa ignorância" sobre os riscos da cocaína. Ele citou como autoridade o professor Berkeley, da Johns Hopkins, que dissera que confiaria mais "num maníaco da morfina do que num libertino da cocaína".

Bhargava liderou batidas em antros de cocaína e ficou impressionado não só com a depravação dos cocainômanos, mas também com o seu engenho. Eles escondiam cocaína em coleiras de cães, sacas de chá, bonecas de borracha e sapatos. Uma mulher birmanesa foi presa fumando um charuto que descobriram conter cocaína. No protetorado francês de Pondicherry, ao sul de Madras, prostitutas europeias sem reservas escondiam pacotes de cocaína nas calcinhas e ofereciam a droga aos clientes.

Durante a Primeira Guerra Mundial houve diversos informes a respeito de "soldados enlouquecidos" e histórias alarmantes sobre o potencial viciante da cocaína e sua propensão a induzir à paranoia. Durante as negociações do Tratado de Versalhes, os governos britânico e americano propuseram acrescentar a Convenção de Haia sobre as Drogas ao Tratado. O Parlamento britânico aprovou a Lei de Drogas Perigosas, em 1920 que, por fim, declarou ilegais a heroína, a cocaína e a morfina. Elas só poderiam ser obtidas mediante prescrição médica.

As consequências científicas da proibição da heroína e da cocaína foram consideráveis. Por 30 anos, nenhum cientista importante seguiu os passos de Christison, William James, Freud e Havelock Ellis: o uso de drogas não prescritas foi solidamente associado ao vício, o que tornava esse tipo de pesquisa politicamente delicado e até perigoso. Ao mesmo tempo, os avanços na psicologia transformavam em tabu os métodos introspectivos. Um behaviorismo cru se tornou ortodoxia quando John B. Watson foi expulso da Universidade Johns Hopkins por ter se deitado com uma aluna. O antecessor de Watson na cátedra de psicologia havia sido encontrado num "bordel de negros" e a universidade não queria outro escândalo. Demitido, Watson sobreviveu fazendo publicidade e quase todos os amigos acadêmicos se afastaram.

Logo caiu no esquecimento que Watson afirmava que a psicologia devia estudar o comportamento, mas ele não era dogmático e não excluía a subjetividade das suas pesquisas. De fato, ele costumava conversar com os objetos de seus experimentos sobre o que estavam pensando, porque era possível observar o que diziam sobre os seus pensamentos. Porém, entre

1920 e 1970, o psicólogo que expressasse interesse na introspecção seria condenado por cometer o pior crime, o de ser *não científico.*

As novas proibições tiveram pouco impacto nos meios de usuários de drogas em Hollywood e na margem esquerda do Sena, em Paris, mas a sua autoindulgência pouco contribuiu para o estudo sistemático dessas drogas e do cérebro. Atores e artistas consumiam quantidades formidáveis de cocaína, heroína, álcool e mescalina, mas poucos se interessavam em registrar metodicamente os seus efeitos no estado de ânimo e no comportamento. As aspirações científicas do Clube do Haxixe, de Freud e de Ellis haviam sido esquecidas.

Nos anos 1920, Hollywood estava numa espiral de drogas. A morte mais significativa em termos de política das drogas foi a de Wallace Reid, que teve seu momento de glória ao encarnar o ferreiro no famoso *O nascimento de uma nação*, de D. W. Griffith. Reid muitas vezes personificou jovens ousados, não convencionais e em busca de aventuras. Os títulos de dois de seus filmes dizem tudo: *Watch my Speed* [Veja a minha velocidade] e *Double Speed* [Velocidade dupla]. Um terceiro título chega a fazer uma alusão direta a substâncias: *Excuse My Dust* [Perdão pelo pó]. Vale lembrar que naquela época "*speed*" ainda não era usado para se referir à anfetamina.

Reid tornou-se dependente de drogas depois de se machucar durante uma filmagem e ser tratado com morfina pelos médicos do estúdio, que o mantinham abastecido. Certo dia ele teve um colapso no set de filmagem e desandou a chorar. Foi enviado ao hospital e jurou que "voltaria curado ou não voltaria". Em 18 de janeiro de 1923, Reid morreu de uma overdose de morfina. Um material esplêndido para um filme, percebeu o estúdio, o Famous Lasky Players, não fosse pelo fato de Will Hays, o censor de cinema, ter proibido quaisquer referências a narcóticos. Mas ele fez uma exceção e permitiu que a viúva de Reid fizesse um filme de propaganda, *Human Wreckage* [Naufrágio humano], sobre os males da adição.

Vimos que Freud apreciava Sherlock Holmes; ele também era fã dos livros de Agatha Christie, em que costumavam figurar drogas ilegais. Em *O assassinato de Roger Ackroyd*, publicado em 1926, Hercule Poirot descobre uma pena de ganso usada para carregar "neve", ou heroína. Em um de seus últimos casos, *O décimo segundo trabalho de Hércules*, Poirot encontra uma antiga paixão num clube noturno chamado Hell. Policiais disfarçados vigiam o lugar, que suspeitam ser o eixo de um circuito de cocaína, e o clube é devidamente revistado. Os policiais tinham razão. O clímax ocorre quando Poirot diz ao seu antigo amor, a Condessa, que mande seu cão soltar o que leva na boca. Um pequeno pacote de cocaína cai no chão.

É muito provável que Freud tenha lido o famoso *O crime exige propaganda*, de Dorothy L. Sayers, publicado em 1933. O mistério se inicia com um assassinato numa escada em espiral, perpetrado por uma gangue de traficantes infiltrada numa agência de publicidade. A mensagem antidrogas havia penetrado a cultura popular, e certamente foi um grande presente para os autores de romances policiais.

Mas esses romances não refletiam a verdadeira situação na Grã-Bretanha após a Primeira Guerra Mundial. Em 1924, o Relatório Rolleston, do Ministério do Interior, apontou que o vício em cocaína e heroína era um problema de pouca monta. Dois psiquiatras deixaram isso claro. Sir Frederick Hogg, que dirigia a casa de repouso Dalrymple, em Rickmansworth, afirmou que em vinte anos de prática havia tratado de 1.300 alcoólatras, mas apenas de 100 dependentes de drogas, dos quais apenas 26 eram viciados em cocaína. Sir Frederick Buzzard disse à Comissão que não havia tratado de mais de trinta dependentes de cocaína em sua longa carreira. O Relatório Rolleston concluiu que a heroína e a cocaína poderiam ser fornecidas a dependentes registrados como um tratamento de manutenção. Manter a dependência com drogas prescritas e evitar a abstinência fisicamente traumática impediria que, em desespero, os dependentes cometessem crimes para financiar os seus hábitos. O relatório assentaria as bases da política britânica de drogas nos cinquenta anos seguintes e parece que foi muito bem-sucedido, por algumas décadas, em limitar a propagação da adição.

Freud consumiu cocaína durante cerca de 17 anos sem que seu corpo sofresse danos evidentes, mas, em 1923, o hábito de fumar charutos havia cobrado seu preço. Ele desenvolveu uma placa leucoplásica na boca, que resultou num câncer do palato mole. Ele passou anos sem mostrar a placa a ninguém. Temia que o fumo, como dissera, "[fosse] acusado como o [motivo] dessa rebelião dos tecidos".

Depois da operação para remover o nódulo, Freud precisou usar uma prótese na boca. Ele não conseguia falar nem comer direito sem ela. Quando a usava o tempo todo ela o machucava; se a retirava por longos períodos, o aparelho podia encolher e não encaixar bem. Ele contou a Sam, o sobrinho de Manchester, que a sua fala "podia estar prejudicada, mas a família e os pacientes dizem que é inteligível". Foi montado um pequeno quarto para assepsia no número 19 da Berggasse, onde a filha Anna limpava e substituía as próteses diariamente. Ela ainda estava sendo analisada por Freud, então pai e filha eram analista e enfermeira um do outro.

Nos 16 anos seguintes, Freud passaria por trinta cirurgias para extirpar lesões cancerosas e pré-cancerosas. Ele continuava a ter esperança de que alguém pudesse desenhar uma prótese melhor, pois usá-la significava "uma vida de tortura infinita", anotou Max Schur (seu último clínico) em *Freud: Vida e agonia*.

Mas Freud achava que a tortura valia a pena. Os charutos, afirmou, "me serviram por exatamente cinquenta anos como proteção e arma na luta pela vida [...]. Devo ao charuto uma grande intensificação da minha capacidade de trabalhar e a facilitação do meu autocontrole". Ele recomendou o fumo ao seu sobrinho Harry, dizendo: "Meu garoto, fumar é um dos prazeres maiores e mais baratos que há, e se você decidir desde já que não vai fumar, só posso ter pena de você."

Max Schur chamou um patologista para examinar a boca e o nariz de Freud. Este constatou uma inflamação generalizada da membrana mucosa e recomendou que Freud parasse de fumar. Quando mostrou a Freud o relatório do patologista, Schur disse que ele "deu de ombros" e Schur se perguntou se "tinha o direito ou a obrigação" de insistir mais incisivamente para que Freud largasse os charutos. Mas "eu não podia e, em retrospectiva, não me arrependo". De qualquer modo, ele tinha dúvidas "de que a tentativa fosse bem-sucedida". Já não era o caso de cauterizar o nariz de Freud com cocaína, como Fliess poderia ter sugerido.

Em 1923, Freud sofreu outra operação, o que indica que Ernest Jones pode ter se equivocado ao aceitar a "confissão" de Freud de que havia perdido o interesse pelo lado passional do matrimônio aos 40 anos. Os dutos espermáticos de Freud foram amarrados; este peculiar tratamento de "rejuvenescimento" era comum na época. Eugen Steinach, um endocrinologista, descobrira que as células intersticiais dos testículos produziam testosterona, o hormônio sexual masculino, e sugeriu que, ao atar os dutos de esperma, haveria uma atrofia das células que produzem esse hormônio. Steinach ficou mundialmente famoso e figura ao lado de Einstein e de Freud em uma caricatura.

Naquela época, pensava-se que os cânceres, como o que Freud tinha na mandíbula, eram consequência do envelhecimento, então o tratamento rejuvenescedor deveria ajudar, ao retardar o processo. Hoje isso soa como uma fantasia excêntrica. Quando Schur perguntou a Freud quem lhe havia sugerido esse tratamento, ele insistiu que a ideia era sua e esperava que não só curasse o câncer, como também reavivasse a sua vida sexual. Ele e Martha ainda compartilhavam a cama de casal e ela havia passado da época reprodutiva, então ele já não precisava usar os preservativos que odiava.

Em 1926, três anos após ter os dutos de esperma amarrados, pediram a Freud que escrevesse a introdução da edição alemã das obras de Dostoiévski, cujo lugar na literatura ele via "não muito atrás de Shakespeare". Dostoiévski foi um jogador compulsivo e, dentre os comportamentos que não envolvem o uso de drogas, o jogo é o mais próximo da adição. Dostoiévski não era alheio à introspecção e sabia perfeitamente por que gostava de jogar: pelo *frisson*, a excitação de jogar o próprio destino nas voltas aleatórias de uma roleta. Esta compulsão foi o tema do romance *O jogador* — escrito contra o relógio, a maior parte do texto foi ditado a uma estenógrafa, que mais tarde se tornou a sua segunda esposa.

O romance tinha de ser escrito rapidamente, pois Dostoiévski apostara toda a renda futura que viesse a receber por seus escritos contra sua capacidade de entregar num prazo curtíssimo o manuscrito a um dos seus vários credores. Quase perdeu a aposta. Como o credor astuto fechava a sua loja cedo, ele foi forçado a solicitar ao posto de polícia local um recibo carimbado no manuscrito com a data e a hora, para provar que a entrega havia sido feita a tempo.

O jogador conta a história de um jovem tutor, apaixonado pela amante do patrão, que se torna uma presa da compulsão pelo jogo nas mesas de Mônaco. Com o tempo, ele conquista a afeição da sua amada com suas vitórias, mas o amor e a lealdade dela só duram enquanto ele vence na roleta. No final, *O jogador* inevitavelmente se vê reduzido a *O perdedor*, tanto do amor quanto de dinheiro.

Nas palavras de Freud, Dostoiévski era "suficientemente astuto para reconhecer o fato e suficientemente honesto para admiti-lo e sabia que o principal era jogar por jogar — *le jeu pour le jeu*".

"O principal é o jogo em si", escreveu Dostoiévski. "Juro que a ganância por dinheiro não tem nada a ver com isso, embora Deus saiba que estou urgentemente necessitado de dinheiro." Como os verdadeiros compulsivos, ele não parou de jogar enquanto não perdeu tudo. As perdas levaram o escritor e a esposa à "necessidade mais extrema", mas nenhum dos dois conseguia entender as causas latentes que o impeliam a jogar. Contudo, para Freud elas eram evidentes. Ele jogava por masoquismo, afirmou Freud, acrescentando que o grande escritor "podia se repreender e humilhar diante dela (a esposa) e incitá-la a desprezá-lo e se arrepender de ter se casado com um velho pecador". A esposa percebeu "uma necessidade urgente" que levava o marido a escrever e, estranhamente, a escrita "melhorou quando perderam tudo e penhoraram os últimos bens".

Aqui não há traços da "coisa genital", e Freud foi levado a exercitar a imaginação ainda mais para explicar o vício do romancista. Ele afirmou que Dostoiévski punia a si mesmo pelo jogo porque o pai havia sido assassinado. O assassinato tem registro histórico — descrito como quase um tirano, ele foi morto pelos próprios servos quando Dostoiévski era criança e estava longe de casa, no colégio interno. Para Freud, contudo, ele deve ter se sentido inconscientemente culpado pela morte do pai devido ao desejo edipiano de matá-lo — desejo que os servos, convenientemente, realizaram.

Assim, argumentou Freud, a necessidade de perder dinheiro uma e outra vez era um ritual expiatório da culpa reprimida pelo próprio desejo parricida —"perdê-lo" repetidamente, assim como o pai perdera tudo. Freud prosseguiu diagnosticando a origem psicossomática da epilepsia de Dostoiévski. Como num exercício de psicobiografia, o ensaio de Freud sobre o autor força os fatos conhecidos com saltos absurdos da imaginação. Ao lê-lo com atenção, nos surpreendemos com um paradoxo. Às vezes ele pode ser muito preciso e lógico e, em outros momentos, um escritor fantasioso que não se inibe para fazer os fatos encaixarem na teoria. O ensaio sobre Dostoiévski é uma cátedra sobre o uso seletivo de evidências para chegar a uma conclusão claramente absurda, a qual, em suas mãos, soa quase plausível. À maneira dos autores mais engenhosos de histórias policiais, ele sabia dar voltas na trama de um modo surpreendente.

11

As cartas de Fliess

Algumas semanas depois da morte de Wilhelm Fliess, em 1928, seu filho Robert visitou Freud. Robert se formara analista e acreditava ter sido abusado física e sexualmente pelo pai. Ele disse ter "esclarecido a figura do meu pai em duas análises completas e especializadas, a última delas na meia-idade". Teve "uma longa conversa com o próprio Freud sobre o seu ex-amigo". Talvez porque Freud tenha se disposto a conversar com o filho, nos três anos seguintes Ida Fliess não tocou na questão das cartas que estavam em seu poder. Ela também pode ter se calado enquanto o cunhado, Oscar Rie, estava vivo, já que este fora o médico dos filhos de Freud.

Morto Rie, Ida sentiu-se livre. O marido, Wilhelm, se tornara amargo com a crescente fama de Freud enquanto ele e sua apreciada medicina nasossexual mergulhavam no olvido. Ida resolveu usar um dos bens mais preciosos deixados pelo marido — as cartas enviadas por Freud entre 1887 e 1904. Como foi dito, elas não só atestavam os vários erros e absurdos do caso Eckstein como registravam detalhadamente o uso de cocaína por Freud, provando que continuara até bem depois da virada do século.

Ida escreveu a Freud pedindo-lhe que reunisse as cartas do marido. Freud as havia destruído, mas disse o contrário à mulher que, em particular, chamava de "a bruxa". Ele apresentou desculpa atrás de desculpa, disse que não conseguia encontrá-las e prometeu procurar outra vez, explicando que o seu apartamento tinha tantos recantos e fendas que passaria a vida procurando-as. Por fim, teve de confessar, não que havia tomado a decisão drástica de destruí-las, mas que, misteriosamente, elas tinham se perdido.

Bruxa ou não, talvez Ida desejasse recuperar as cartas de Fliess por questões mais pragmáticas do que ocultas: talvez precisasse de dinheiro. Em 1932, a Grande Depressão provocava problemas financeiros até entre os ricos, inclusive os Freud, na época endinheirados. A sua criada, Paula Fichtl, anotou que ele havia deixado de comprar ternos regularmente porque tinha menos pacientes que antes. Freud, que às vezes cobrava honorários exorbitantes e outras vezes atendia gratuitamente, escreveu a um possível paciente, em maio de 1933:

> O senhor tem razão em presumir que meus instintos gananciosos são fortemente influenciados por sua futura carreira na América. Mas, além disso, há necessidades materiais a serem consideradas. Continuo sendo forçado a ganhar o meu sustento. Não posso fazer mais de cinco horas de análise por dia e não sei por quanto tempo continuarei trabalhando. Assim, honorários de $15 são o menor preço por hora. A soma de $1500 que o senhor me propôs para a sua análise cobriria 100 horas, isto é, quatro meses. Mesmo que para o senhor eu diminuísse esta soma para $10, teríamos 150 horas, ou perto de seis meses. Não posso fazer outro acordo.

Ida Fliess sabia que um dos amigos de Freud não fora afetado pela depressão. A princesa Marie Bonaparte era bisneta de Napoleão; sua avó materna, a princesa Pierre Bonaparte, arruinara-se durante a Comuna de Paris de 1871. Para restaurar a fortuna familiar, fez arranjos para que o filho se casasse com uma herdeira. Foi o matrimônio perfeito. O rapaz tinha classe, e a moça, dinheiro. Marie foi entregue à avó, a princesa Pierre, uma esnobe monstruosa, que a criou. Uma menina cujos antecedentes podiam ser traçados até Napoleão não podia brincar com crianças comuns, declarou, e condenou Marie a uma infância solitária em palácios grandiosos. Ela padecia de terrores noturnos, um medo mórbido de doenças e ansiedades obsessivas em quantidade suficiente para deleitar uma orquestra de analistas.

Quando Marie tinha 25 anos, seu pai apontou o príncipe Jorge da Grécia como o marido adequado. Jorge não era o marido ideal, pois era tão neurótico quanto Marie. A lua de mel não foi de êxtase erótico: antes de consumarem o casamento, ele confessou que "odiava aquilo tanto quanto ela. Mas devemos fazê-lo se queremos ter filhos". O fato de ter feito dois filhos demonstra que eram aristocratas escrupulosos, que forçaram os genitais a fazer o necessário.

Jorge gostava muito de Marie, desde que ela não insistisse em fazer sexo — que, na verdade, ela não detestava tanto quanto ele. Então, a princesa buscou amantes, entre os quais Aristide Briand, primeiro-ministro da França. Porém, nenhum homem conseguia deixá-la muito excitada pois "ela possuía um acentuado complexo de virilidade", como lhe disse o psiquiatra francês René Laforge. Em outras palavras, era masculina demais. Laforge aconselhou-a que procurasse Freud, e ela partiu imediatamente para Viena.

Freud e Marie se adoraram desde o início. Ela era muito culta e mantinha anotações detalhadas das sessões. Freud percebeu que Marie se tornaria muito dependente dele e a advertiu quanto à transferência inevitável: "Tenho 69 anos e algumas coisas não funcionam muito bem. Você não deve se apegar demais a mim." Ela começou a chorar. A análise teve início no espírito de um grande caso de amor platônico e logo os "amantes" encontraram um terreno comum: ambos eram absolutamente dedicados aos seus cães. Freud inclusive traduziu um livro meloso que Marie escreveu sobre o seu cachorro, Topsy, e conseguiu que fosse publicado pelos seus editores belgas.

Poucos dias depois, Marie confessou que amava Freud, o que de certa forma era correspondido. Freud respondeu "eu lhe contei mais do que contei a qualquer um em dois anos", embora só se conhecessem há duas semanas, e ele repetia que ela não devia se apegar demais. Nesse ponto, mais uma vez Marie irrompeu em lágrimas. Era-lhe insuportável a ideia de ser novamente decepcionada por um homem, como ocorrera com seu pai, os amantes, e ao menos um primeiro-ministro francês. Freud prometeu não desapontá-la e, como prova de lealdade, duplicou seu tempo no divã para duas horas por dia. Nenhum outro paciente era tão privilegiado, mas nenhum podia pagar tanto.

Freud não conseguiu curar a suposta frigidez de Marie mas, ao menos, foi sensível quando ela buscou a sua ajuda. Quando ela lhe perguntou se seria boa ideia cometer incesto com o filho, Freud aconselhou-a a não fazer isso.

Marie percebeu que as cartas de Freud a Fliess tinham uma importância histórica e que proteger a reputação intelectual de Freud não era só uma questão de satisfazer a sua vaidade intelectual. Em janeiro de 1933, Hitler tornou-se chanceler da Alemanha. Os livros de Freud foram queimados, bem como os de Einstein, Hemingway, Heine e outros 30 autores "decadentes". Para os nazistas, teria sido um enorme ato de propaganda denunciar a psicanálise como uma ciência judaica idealizada por um "cocainômano" degenerado. Embora, à diferença de Hitler, a elite nazista apreciasse os opiáceos e a metanfetamina, não fazia alarde disso.

Em 1917, Hitler havia sido curado de uma cegueira histérica, como vimos, o que influenciou a sua atitude e, consequentemente, a atitude dos nazistas, com relação à psicoterapia. Eles esperavam transformar a análise freudiana numa doutrina ariana para ajudar arianos nada perfeitos a se tornarem mais eficientes ao servirem o Estado. O Führer não era o único ex-paciente dentre os líderes fascistas; Hermann Göring, dependente de morfina e que passara um período num hospício em meados da década de 1920, também havia sido tratado por um terapeuta. O primo de Göring, Matthias, era um conhecido psicoterapeuta cuja principal objeção a Freud não era o fato de ele ser judeu, mas uma questão de mobiliário. Matthias Göring pensava que fazer o paciente se deitar no divã o diminuía. O terapeuta devia sentar-se de frente para o paciente e fitá-lo nos olhos, ideia adotada mais tarde por Carl Rogers, o pai do aconselhamento ou da psicoterapia humanista.

Setenta anos depois de Jacob Freud não se atrever a protestar quando um antissemita derrubou seu chapéu na sarjeta, seu filho ainda estava lidando com o ódio aos judeus. Os nazistas impuseram uma barganha. As instituições psicanalíticas alemãs só poderiam sobreviver sob a direção de Matthias Göring. Hitler chegou a enviar telegramas de apoio à nova associação psicoterapêutica "nazificada".

Portanto, as cartas entre Freud e Fliess tinham uma grande importância política. Ida Fliess escreveu a Marie dizendo que as havia vendido a um comerciante por 12 mil xelins. Ela procurou o comerciante e não teve problema em persuadi-lo a revendê-las. A princípio, Freud ficou em êxtase, mas Marie se recusou a destruí-las, como ele pretendia. Nisso, foi mais sábia que o analista, e foi muito discreta e não as leu.

No início de julho de 1936, o câncer de Freud recidiu. Em 12 de dezembro, ele passou por outra operação, que usou "tratamento de ondas curtas com uma máquina portátil". Ele sentiu dor até o fim da vida, mas recusou-se a tomar qualquer coisa mais forte que aspirina: a cocaína havia propiciado um sentido de clareza e estimulação intelectual que Freud adorava, mas os opiáceos obnubilavam o seu pensamento e a sua capacidade de escrever.

Em março de 1938, os nazistas invadiram a Áustria e a anexaram à Grande Alemanha. Depois de muito hesitar, três meses após a anexação Freud partiu de Viena para Londres. A complicada história de como conseguiu que todos os seus móveis, a coleção de estatuetas, o sagrado divã analítico e a maior parte da sua biblioteca fossem transportados até Londres é o tema do meu livro *A fuga de Freud*. Por estranho que pareça, ele foi apoiado na fuga por um químico nazista atuante, Anton Sauerwald, que havia sido aluno de um colega de universidade de Freud, Josef Herzig, e conservara o afeto pelo professor. Herzig provavelmente elogiou Freud durante a juventude de Sauerwald, o qual, apesar de ser membro ativo do partido nazista, parece ter resolvido que o gênio de Freud pesava mais que a sua condição judaica, e conseguiu que os Freud fugissem do Reich.

A coleção de antiguidades de Freud somava mais de 3 mil objetos e todos lhe eram caros. Ele escreveu a Stefan Zweig: "Apesar da minha conhecida frugalidade, fiz muitos sacrifícios pela minha coleção" e "na verdade, li mais sobre arqueologia do que sobre psicologia". Os "deuses velhos e sujos" confortaram Freud quando ele deixou a cidade onde vivera desde a infância.

Antes de deixar Viena, ele entregou ao irmão mais novo, Alexander, que estava fugindo para o Canadá, o seu estoque de charutos. "O seu septuagésimo segundo aniversário nos encontra à beira da separação, após longos anos de convívio", disse Freud. "Espero que a separação não seja definitiva, mas o futuro — sempre incerto — é especialmente imprevisível no momento. Gostaria que você ficasse com os bons charutos que venho acumulando ao longo dos anos, pois ainda pode desfrutar deste prazer, e eu não."

Ao dizer que já não podia desfrutá-lo, Freud estava exagerando — na verdade, ele continuou fumando ao chegar a Londres. Marie Bonaparte encomendou charutos sem nicotina a um tabaquista, mas Freud os achou horríveis; provavelmente eram tão carcinogênicos quanto os de verdade. Não é a nicotina, e sim o alcatrão produzido pela combustão do tabaco, a causa principal das doenças relacionadas ao fumo; os charutos e cigarros de ervas podem ser livres de nicotina, mas contêm altos níveis de alcatrão. Os charutos de verdade, como sempre, ajudavam Freud a escrever e ele produziu dois livros e um artigo importante em seus últimos 15 meses de vida.

Primeiro, ele se concentrou em *Moisés e o monoteísmo*, tema que vinha cogitando desde 1914. Freud afirmou que Moisés não era judeu, mas um príncipe egípcio pertencente a uma pequena seita que rejeitava as antigas deidades com cabeças de gatos, crocodilos e outros animais; essa seita cultuava o sol como símbolo do verdadeiro e único deus. Moisés precisava de seguidores para a nova fé monoteísta e recrutou os judeus, escravos cuja religião, à época, era politeísta. Um crítico malicioso poderia especular que a afirmação de Freud de que Moisés não era judeu refletia o próprio desejo culposo de livrar-se do antissemitismo que havia acompanhado a sua carreira. Os psicanalistas dizem que podemos ao mesmo tempo amar e odiar, ser leais e trair uma pessoa ou ideal. Aqueles com os quais nos identificamos revelam muito. Freud nunca negou o judaísmo, mas podemos imaginar que a sua vida teria sido muito mais fácil se tivesse nascido cristão.

Ele sabia que o livro causaria indignação entre judeus e cristãos, mas esperara tempo demais para escrevê-lo e, por se identificar com Moisés, deve ter tido muito prazer em, por fim, revelar o segredo do seu herói tal como ele o via — que não era judeu. Ele não tinha se sentido com liberdade para apresentar esses argumentos radicais enquanto viveu em Viena.

Freud também escreveu *Esboço da psicanálise*, em que fez o resumo final das suas ideias. Ao final de um capítulo, previu novamente que, no futuro, fármacos a serem descobertos forneceriam a cura das neuroses e psicoses. Até lá, a psicanálise era o melhor meio de reduzir o sofrimento neurótico, mas ele ansiava pelo dia em que uma farmacologia precisa superaria a cura pela fala e as "panaceias" químicas curariam o cérebro disfuncional. Apesar das asseverações das companhias farmacêuticas nas décadas seguintes, este dia ainda não chegou.

À medida que a sua morte se aproximava, Freud não sabia que um químico suíço fizera uma descoberta, em 16 de novembro de 1938. Albert Hoffman trabalhava para a empresa farmacêutica Sandoz e estava pesquisando uma droga que ajudaria as mulheres nas dificuldades do parto quando descobriu o LSD. A descoberta viria a ressuscitar a tradição introspectiva.

Os historiadores das drogas costumam afirmar que a síntese do LSD foi um acidente "feliz", mas Hoffman afirmou que não foi nada disso, que ele "sintetizou a dietilamida do ácido lisérgico com a intenção de obter um anaplético". Um anaplético ou estimulante aceleraria o parto ao energizar os músculos uterinos, pensava ele. Daí a variedade de substâncias químicas com as quais trabalhava, incluindo o próprio LSD, todas relacionadas com as anfetaminas.

Hoffman também produziu outros compostos que deviam apresentar diferentes propriedades farmacológicas. O chefe de departamento de

Hoffman, o professor Ernest Rothlin, estudava esses novos compostos, inclusive um que recebeu o código LSD-25 no laboratório por ser o 25º composto na série dos ácidos lisérgicos. Os animais de laboratório reagiam com uma "forte excitação" ao LSD-25, anotou Hoffman, mas "o trabalho com o LSD foi suspenso por vários anos".

Se Hoffman tivesse publicado os seus resultados à época, Freud não os teria lido. Em meados de 1939, ele estava cada vez mais debilitado e não guardava ilusões quanto à natureza terminal do seu estado. Em 6 de agosto, Marie Bonaparte foi à casa de Freud em Maresfield Gardens, em Londres, para se despedir, e alguns dias mais tarde o médico de Freud, o dr. Max Schur, mudou-se para lá para acompanhar o paciente até o fim. Schur havia prometido que, quando chegasse a hora, induziria Freud à morte com morfina. Quando sentiu tanta dor que já não conseguia pensar direito, Freud disse que o sofrimento já não fazia sentido. Schur administrou a primeira injeção.

Enquanto agonizava, Freud foi atendido pela esposa, Martha, a filha Anna e a criada da casa, Paula Fichtl. Esta anotou os detalhes dos últimos dias, as refeições que tentaram dar-lhe e a tristeza compartilhada pelas três mulheres à sua cabeceira. Em 21 de setembro de 1939, Freud disse adeus — a Martha, à filha Mathilde, aos filhos e, por fim, a Anna, que estava ficando famosa por seu trabalho terapêutico com crianças.

Então, Freud pediu a Schur que lhe aplicasse várias injeções de morfina. Foi o que hoje denominamos "eutanásia voluntária", ou "suicídio assistido". Freud morreu pouco depois da meia-noite, em 23 de setembro de 1939, e foi cremado três dias depois em Golders Green, no norte de Londres. Ernest Jones disse no funeral: "Era difícil desejar que ele vivesse um dia mais, já que estava sofrendo tanto." Jones fez uma homenagem ao que "em outros se expressa como sentimento religioso" e que, em Freud, se expressava "como uma crença transcendental no valor da vida e do amor". Ele recordou a personalidade vivaz de Freud e o seu "amor instintivo à verdade".

Acrescentou que sentia que ninguém podia mentir para Freud. "Dele pode-se dizer que, assim como nenhum homem amou mais a vida, nenhum homem temeu menos a morte." E concluiu no mesmo estilo: "Então, despedimo-nos de um homem sem igual. De coração lhe agradecemos por ter vivido, por ter feito, por ter amado."

Um dos mais importantes psicanalistas britânicos, Edward Glover, escreveu um elogio em *The Listener*. As descobertas de Freud não "estavam divorciadas das questões cotidianas", mas enfocavam "a própria mente do homem comum, com suas alegrias e, mais importante, suas tristezas". Glover termina de um modo eloquente:

> Numa época em que a Europa é empurrada para um cubículo de guerra, talvez convenha enxergar qual [...] é a mensagem da sua obra para uma geração confusa, Freud certamente não foi um fabricante de filosofias de vida baratas, mas toda a sua obra, suas pesquisas e descobertas testemunham essa profunda crença no valor da verdade.

Glover acrescentou uma nuance, e afirmou que Freud oferecia "a verdade, por mais incompleta que fosse". Ele argumenta que se algo Freud atacou na mente humana foi a tendência à desrazão e ao autoengano. Nem ele nem Jones mencionaram os diversos defeitos e autoenganos de Freud. Os elogios fúnebres e obituários não são lugar para essas críticas, e Freud havia eliminado provas e queimado cartas que permitiam aos seus seguidores zelosos crer não só que era "um homem da maior grandeza", como foi cunhado na medalha de 1906, mas um homem perfeito. Freud sabia que não era assim, mas nem sempre o dizia. É pena que a poeta Hilda Doolittle não tenha sido chamada para falar. Ela amava Freud, mas enxergava alguns dos seus defeitos.

Seria possível terminar este livro com a morte de Freud, mas a tradição introspectiva para a qual os seus experimentos com cocaína contribuíram prosseguiu, e o seu desenvolvimento fornece um importante contexto para reavaliar Freud à luz da cocaína. É uma história que continua sendo controversa e que se complicou ainda mais com a produção de gerações sucessivas de drogas — legais e ilegais, "terapêuticas" e "recreativas", farmacêuticas e piratas — acompanhando de perto o processo da experiência de Freud, e do mundo, com a cocaína na virada do século XIX para o século XX.

Nos 70 anos que transcorreram desde a morte de Freud houve uma explosão na variedade de drogas legais e ilegais disponíveis, que cresceu ainda mais com as rotas de distribuição oferecidas pela internet. Apesar dos grandes avanços na farmacologia, com frequência a história da cocaína se repete com cada nova substância. O elixir maravilhoso se transforma em uma espécie de maldição: por exemplo, a droga "leve" *ecstasy* (MDMA) provou ter profundas consequências psicológicas para alguns usuários. Do outro lado da barreira da legalidade, apesar dos protestos dos fabricantes, novas gerações de antidepressivos, inicialmente recebidas como "inofensivas", resultaram não ser imunes à adição nem aos efeitos colaterais. Ecoando as afirmações de Freud sobre a cocaína, foi dito que o Prozac não só traria alívio aos deprimidos, mas deixaria os usuários normais "melhor do que bem". Porém, ele era altamente adictivo para alguns usuários e tendia a causar efeitos colaterais desagradáveis, como, segundo várias pesquisas, o risco crescente de suicídio.

Quando surgem relatórios sobre esse tipo de efeitos colaterais num fármaco, os médicos que os prescrevem relutam muito em reconhecer o problema. Como ocorreu com Freud e Fleischl, a resposta médica costuma ser "culpar a doença, não o remédio". Apegamo-nos aos nossos venenos e a dissonância cognitiva se manifesta.

A economia reforça a psicologia. Nas bolsas de valores de Londres e Nova York, o setor farmacêutico responde por aproximadamente 8% do valor de todas as ações. Quando são divulgadas dúvidas a respeito de um remédio, as ações na bolsa podem cair drasticamente e, se o remédio já tiver sido amplamente prescrito, especialmente nos EUA, provavelmente há litígios e processos indenizatórios de grupos de pacientes que alegam terem sido prejudicados. Os fármacos empregados na psiquiatria são os que mais provavelmente provocam efeitos psicológicos desagradáveis, pois visam os neurotransmissores, cuja função no cérebro ainda é mal compreendida.

Sem ser nem remotamente dogmático, é possível traçar quatro estágios no ciclo de ilusão e desilusão com os medicamentos, num paralelo próximo ao processo das drogas recreativas clandestinas:

Primeiro, a droga é descoberta, geralmente por "acaso", e décadas depois de ter sido formulada para resolver um problema completamente diferente. Exemplos óbvios incluem as drogas que supostamente deveriam tratar a tuberculose e que foram usadas contra a depressão e os "anestésicos" que, mais tarde, encontraram um nicho nos pavilhões psiquiátricos como antipsicóticos.

O segundo estágio é a euforia. A nova droga é proclamada uma cura ou um tônico milagroso. Afirma-se que casos sem remédio foram curados espontaneamente em experimentos clínicos (em geral, financiados e coordenados pelas próprias companhias farmacêuticas, o que levanta sérias questões sobre sua objetividade). Alguns remédios são propostos não só para curar os enfermos, mas para melhorar os sãos — o efeito "melhor do que bem", do título de um livro evangelizante de Carl Elliott sobre o Prozac, cujo subtítulo, num tom que lembra o jovem Freud escrevendo sobre a cocaína, é: "A medicina americana encontra o sonho americano." Os psiquiatras são tão vulneráveis a crer em afirmações semelhantes quanto qualquer um.

O terceiro estágio do ciclo é a ansiedade, quando a droga exibe efeitos colaterais inesperados e prova trazer menos benefícios do que parecia a princípio. No caso dos medicamentos psiquiátricos os pacientes podem, por exemplo, ter tremores, sudorese, perder os dentes, ficar impotentes, sentir torpor permanente ou deixar de "serem eles mesmos". Da perspectiva histórica, estes efeitos colaterais não surpreendem, já que a droga que combate os sintomas da depressão ou impede que os esquizofrênicos ouçam vozes foi criada para lidar com problemas físicos. Neste ponto, às vezes as empresas farmacêuticas se comportam como neuróticos, tornando-se defensivas e, às vezes, fraudulentas — como a psicanálise faz ocasionalmente. Um efeito colateral particularmente aflitivo é quando o paciente ataca fisicamente o psiquiatra. Conheço casos de dois pacientes enviados ao hospital psiquiátrico de Broadmoor por esta "loucura". Uma passou mais de 30 anos internada porque esfaqueou as nádegas da psiquiatra.

O quarto estágio pode levar a uma avaliação mais realista da droga, ou terminar em hostilidade e processos judiciais, para não mencionar as acusações de dados falsificados e as réplicas de que os críticos da droga são tolos, corruptos ou obcecados. Esse ciclo de ilusão e desilusão não ajuda a avaliar objetivamente como as substâncias psicoativas afetam o cérebro, muito menos quando acusações e réplicas são disparadas numa atmosfera de ataques furiosos e, às vezes, pessoais. Os litígios e os preços das ações contribuem ainda mais para deixar as águas turvas.

Este ciclo de quatro estágios se repete consistentemente desde os experimentos de Freud com a cocaína. Embora o comportamento de Freud hoje nos pareça temerário, as empresas farmacêuticas e os traficantes de drogas no mercado negro podem ser igualmente temerários e irresponsáveis. Traficantes são traficantes e médicos "receiteiros" são médicos "receiteiros". Não se pode negar que os fármacos curam milhões de doenças físicas e aliviam sintomas dolorosos, mas as perturbações da mente são mais complexas e as declarações de que as novas panaceias podem consertar/curar/melhorar a mente devem ser escrupulosamente avaliadas.

Podemos ser confusos e desonestos quanto ao que realmente exigimos dos médicos e das farmacêuticas. Obviamente, a lista a seguir é impressionista. Queremos drogas para curar doenças específicas, mas também queremos tônicos para nos manter em movimento e produtivos, sejam eles estimulantes, antidepressivos ou afrodisíacos. Também queremos o oposto, sedativos, analgésicos e ansiolíticos para minimizar nosso sofrimento e oferecer uma pitada de esquecimento. Também queremos drogas para controlar os que obviamente são mentalmente enfermos. Posso aguentar muito da sua dor, claro, porque não a sinto. Se o meu vizinho ouve vozes que o tornam violento, provavelmente não vou me importar se a medicação o deixar sonolento e suscetível a tremores. Com os medicamentos as coisas parecem claras. Queremos drogas que curem sem provocar danos ou, ao menos, sem provocar demasiados danos. Com as drogas ilegais o debate está mais para confuso e acalorado do que para esclarecido. No entanto, uma política voltada para as drogas continua a ser uma questão social premente e cada vez mais urgente, à medida que novas drogas são inventadas e as suas receitas são disseminadas on-line num ritmo cada vez mais acelerado. É assombroso o fracasso de políticos e médicos em chegar a uma conclusão a respeito. Só podemos ter certeza de uma coisa: raramente a política de drogas tem algum grau de racionalidade.

Cinco anos após a morte de Freud, Hoffman voltou a pesquisar o LSD. Ele asseverou que "o LSD não era resultado de uma descoberta casual", mas sim "de um processo mais complexo". Ele havia feito uma observação casual que o levara a projetar e fazer os "experimentos adequados". Estes levaram logicamente "à real descoberta". Ele era um homem meticuloso, em contraste com a natureza caótica da "verdadeira descoberta", cuja natureza estranha e profunda levou-o a chamar o LSD de "minha criança problema".

Em 1943, Hoffman preparou um novo lote de LSD e realizou "um autoexperimento planejado com este composto". Em 16 de abril, uma sexta-feira, ele foi forçado a parar de trabalhar no meio da tarde e ir para casa, pois fora tomado

> [...] por uma inquietação peculiar, associada à sensação de ligeira tontura. Ao chegar em casa, deitei-me e mergulhei numa espécie de embriaguez que não era desagradável e se caracterizava pela extrema atividade da imaginação. Enquanto permanecia deitado de olhos fechados, num estado de torpor (a luz do dia era desagradavelmente brilhante), surgiu diante de mim uma série de imagens fantásticas ininterruptas de uma plasticidade e vivacidade extraordinárias, acompanhadas de um jogo de cores intenso e caleidoscópico. Esse estado se desvaneceu gradualmente depois de umas duas horas.
>
> A natureza e o curso desta perturbação extraordinária despertaram em mim a suspeita de que uma intoxicação exógena podia estar envolvida e que o ácido lisérgico dietilamida, com o qual estivera trabalhando naquela tarde, podia ser o responsável.

Hoffman ficou intrigado e afirmou:

> Eu não podia imaginar que esse composto pudesse ter entrado acidentalmente no meu organismo em quantidade suficiente para produzir tal fenômeno. Além disso, a natureza dos sintomas não se assemelhava aos sintomas associados ao envenenamento por ergotina.

Hoffman resolveu experimentar o LSD-25 em si mesmo. "Comecei com a dose mais fraca com a que se podia esperar algum efeito, i.e., 0,25 mg de LSD. As anotações no meu diário do laboratório são as seguintes:

> Dia 19 de abril de 1943: preparação de uma solução aquosa de 0,5% de ácido lisérgico-d e tartrato de dietilamida.
> 16h20: 0,5cc (0,25 mg LSD) ingeridos oralmente. A solução é insípida.
> 16h50: não há sinal de qualquer efeito.
> 17h00: ligeira tontura, inquietação, dificuldade de concentração, perturbações visuais, forte vontade de rir [...].

Alarmado com a intoxicação, Hoffman pediu ao seu assistente de laboratório que o acompanhasse à sua casa. (Hoffman era um hábil ciclista.) O que ocorreu em seguida levou os historiadores das drogas a apelidarem o incidente de o "dia da bicicleta", embora eles tenham pedalado à noite.

> Enquanto pedalávamos para casa, contudo, ficou claro que os sintomas eram muito mais fortes que da primeira vez. Eu tinha grande dificuldade de falar de modo coerente, o meu campo de visão oscilava à minha frente e os objetos pareciam distorcidos, como as imagens dos espelhos curvos. Tive a impressão de não conseguir me mexer, mas o meu assistente disse-me depois que pedalávamos a uma velocidade razoável [...]. Ao chegarmos à minha casa, o médico foi chamado.
>
> Quando ele chegou, o pico da crise já havia passado. Pelo que recordo, os seguintes sintomas eram os mais marcantes: vertigem; perturbações

> visuais; os rostos dos que me rodeavam pareciam grotescos, como máscaras coloridas; forte inquietação motora, alternando-se com paralisia; uma sensação de peso intermitente na cabeça, nos membros e em todo o corpo, como se estivessem carregados de chumbo; sensação de secura e contração na garganta; sensação de asfixia; clara percepção do meu estado, no qual às vezes, como um observador independente e neutro, me via gritar meio ensandecido ou balbuciar palavras incoerentes. De vez em quando sentia como se estivesse fora do meu corpo.

O médico verificou que seu pulso estava muito fraco, mas a circulação estava normal. Seis horas depois de Hoffman tomar LSD, seu estado se normalizara, apesar de ainda alucinar. "Tudo parecia oscilar e as proporções pareciam distorcidas, como os reflexos na superfície da água em movimento. Além disso, os objetos tinham cores desagradáveis que mudavam constantemente, com tons predominantes de azuis e verdes pálidos. Quando fechava os olhos, uma série interminável de imagens coloridas, muito realistas e fantásticas, surgia diante de mim. Uma característica notável era o modo como todas as percepções acústicas (p. ex., o ruído de um carro passando) se transformavam em efeitos ópticos, e cada som evocava uma alucinação colorida correspondente que constantemente mudava de forma."

Hoffman descreveu o que viu do mesmo modo como Havelock Ellis fizera, "como figuras num caleidoscópio". Por fim ele adormeceu, por volta de uma da madrugada, e despertou na manhã seguinte sentindo-se perfeitamente bem.

Hoffman fez um relato introspectivo clássico, tal qual Davy, James, Freud e Havelock Ellis haviam feito antes dele. Metodicamente, testou o LSD em voluntários na Sandoz e confirmou "a atividade extraordinária do LSD na psique humana". Era preciso uma dose muito pequena de LSD, entre 0,03 e 0,05 mg, para produzir aqueles efeitos. "Apesar da minha cautela, no primeiro experimento eu escolhera uma dose cinco vezes maior do que a média da dose eficaz. O LSD é, de longe, o alucinógeno mais ativo e específico. Ele é entre 5 mil e 10 mil vezes mais ativo que a mescalina, que produz qualitativamente quase os mesmos sintomas."

O poder do LSD não era "só uma curiosidade; ele é de grande interesse científico em diversos aspectos". Ele demonstrava que "certas doenças mentais que até agora se supunham de natureza unicamente psíquica tinham uma causa bioquímica, pois agora parecia possível que traços não detectados de uma substância psicoativa produzida pelo próprio corpo produzissem perturbações psíquicas".

Algumas pessoas podem nascer com demasiado acido lisérgico no cérebro, ou um composto similar, ou podem responder a determinadas crises produzindo grande quantidade desse composto. Hoffman percebeu que havia topado com uma substância psicoativa de um poder extraordinário que se tornaria imensamente importante na psiquiatria.

Mas em 1943 o mundo estava em guerra. Só depois de 1945 cientistas fora da Suíça souberam da descoberta de Hoffman e, ainda assim, parece que a Sandoz levou quatro anos para fornecer LSD a alguém. Generosamente, a companhia o fez sem exigir pagamento. Em 1950, Anthony K. Busch e Warren C. Johnson publicaram o primeiro relatório sobre o uso psicoterapêutico do LSD em 21 pacientes psicóticos. Eles concluíram que o "LSD-25 pode ser um meio para ter acesso mais rápido a pacientes cronicamente introvertidos. Pode também servir como uma nova ferramenta para encurtar a psicoterapia". Os militares logo demonstraram certo interesse, e a droga foi administrada a marinheiros americanos que sofriam de depressão e estresse pós-traumático.

O trabalho de Hoffman também fascinou Aldous Huxley, o mundialmente famoso autor de *Antic Hay* e *Admirável mundo novo*, que descreve um futuro em que os seres humanos eram condicionados e controlados desde o nascimento, em parte pelo uso de uma droga, o "soma", semelhante ao LSD. Huxley tomou o nome emprestado da literatura indiana, e alguns historiadores pensam que se refere ao alucinógeno *Amanita muscaria*, um fungo diferente e muito mais tóxico que os "cogumelos mágicos" que contêm psilocibina e psilocina usados comumente. A *amanita* provocou um debate furioso numa comunidade cuja existência poucos conhecem — a dos teólogos especialistas em fungos. O debate gira em torno da árvore no jardim do Éden. O fruto proibido, argumentam, não seria uma maçã e sim um fungo, o cogumelo *Amanita*, o que transformaria a serpente do Gênese no primeiro traficante da história e Eva, mãe de toda a humanidade, na primeira usuária de drogas.

Cinquenta e quatro anos depois de Havelock Ellis tomar mescalina em Harley Street, um dos maiores intelectuais do mundo repetiria o experimento numa cidade que é a capital do uso de drogas — Hollywood.

12

A musa química, 1952-1960

O ano de 1952 foi especial no ciclo da ilusão e desilusão farmacêutica. Foi o ano da primeira viagem de mescalina de Aldous Huxley, numa imitação de Havelock Ellis, e também o ano em que três novas drogas legalizadas que mudariam a psiquiatria de forma dramática chegaram ao mercado. O crescimento do foco na psicofarmacologia também assistiria às gerações seguintes de psiquiatras caminharem na direção oposta da psicanálise, para longe da mente e de volta ao corpo e ao cérebro, para longe do divã do analista e da cura pela fala — e de volta às drogas. Alguns alegam que, com isso, houve um retorno à "objetificação" charcotiana do paciente psiquiátrico, reduzido a um cérebro disfuncional a ser corrigido por meios químicos.

Huxley fora para Hollywood em 1937 para escrever os roteiros de, entre outros livros, *Orgulho e preconceito* e *Jane Eyre*. Nascido em uma eminente família de cientistas, ele tornou-se uma espécie de profeta no estilo orwelliano da ficção científica, e ao longo da vida cultivou interesse pela religião e o misticismo. A mescalina e o uso tradicional na indução de experiências visionárias atraíram seu lado metafísico.

Huxley estava "desejoso e, de fato, ansioso, por ser uma cobaia (então) numa ensolarada manhã de maio engoli 4/10 de 1 grama de mescalina, dissolvidos em meio copo de água, e sentei-me para esperar os resultados". Ele pediu ao psicólogo Humphry Osmond que o acompanhasse e mantiveram um ditafone ligado para registrar a experiência. Huxley escolheu

Osmond porque este havia afirmado haver uma semelhança entre os efeitos do LSD e os primeiros estágios da esquizofrenia: ele estava curioso com a possibilidade de experimentar a "loucura voluntária".

Huxley enxergava muito mal e não esperava que a droga provocasse um fluxo de imagens, por isso surpreendeu-se quando, 30 minutos após ingerir a solução, começou a ter alucinações visuais como as que Ellis tivera em 1896. "Percebi uma dança lenta de luzes douradas. Pouco depois, superfícies vermelhas suntuosas inchavam e se expandiam a partir de núcleos brilhantes de energia que vibravam num padrão vital que mudava constantemente", escreveu.

Uma hora depois, ele contemplava um pequeno vaso de vidro e percebeu diversas diferenças minúsculas de cor, que o levaram a comparar a mescalina aos escritos dos místicos. "Como os que tomam mescalina, muitos místicos percebem cores brilhantes sobrenaturais não só com o olho interno, mas até no mundo objetivo ao seu redor", disse ele. "Eu via o que Adão viu na manhã da sua criação — o milagre, minuto a minuto, da própria existência."

A grande revelação era que "o olho recupera parte da inocente percepção da infância". Huxley citou o famoso místico cristão Meister Eckhart, que usou a palavra *Istigkeit*, ou "existência", que ele descreveu como "uma transitoriedade que, não obstante, significava vida eterna, um perpétuo perecer que era, ao mesmo tempo, puro Existir, um punhado de pormenores diminutos e únicos, nos quais, por algum paradoxo indizível e evidente ao mesmo tempo, encontrar-se-ia a fonte divina de toda a existência".

A mescalina não fez Huxley perder todo o sentido do espaço, mas o espaço não importava, nem o tempo. Quando Osmond indagou sobre o tempo, ele riu: "Parece haver bastante." Ele podia ter olhado o relógio, mas este parecia pertencer a outra dimensão.

Ainda assim, Huxley manteve certo distanciamento e achou divertidos certos efeitos da mescalina. "Até os pés da cadeira irradiavam a Luz Interior, e eram infinitos no seu significado [...]. Passei vários minutos sendo-os, sentindo-me neles — pois 'eu' não estava em jogo, nem, até certo ponto, estavam 'eles' —, sendo portanto meu Não-eu no Não-eu que era a cadeira."

A mescalina escancarou "as portas da percepção", argumentou Huxley, porque fez o cérebro parar de agir como um filtro que exclui todas as impressões sensoriais que aprendera a definir como "irrelevantes". A droga invertia o que Huxley denominou a "consciência reduzida", e ele pôde desfrutar a percepção total. Ele não tinha ideia de como ela provocava esse efeito. Ainda que a experiência afetasse todos os aspectos da percepção, ele sentia que ainda podia "pensar direito". Ele brincou que, ao ouvir as gravações do que dissera "sob a influência da droga, não consigo me ver mais estúpido do que em circunstâncias normais".

"Quem toma mescalina", acrescentou, "não vê razão para fazer algo em particular e acha profundamente desinteressantes as causas pelas quais, em tempos normais, estaria preparado para agir e sofrer. A pessoa não se preocupa com elas, pela simples razão de que tem coisas melhores em que pensar." Essas coisas melhores eram espirituais. Alguns usuários

> [...] descobrem um mundo de beleza visionária. Para outros ela revelava a glória, o valor infinito e a falta de sentido da existência nua, do acontecimento dado, não conceitualizado. Na etapa final da ausência de ego há um "conhecimento obscuro" de que Tudo está em tudo — de que Tudo é, na verdade, cada um. É o mais próximo, creio, que uma mente finita pode chegar a "perceber tudo o que ocorre em toda parte no universo".

Seis horas depois de tomar mescalina, Huxley foi levado à farmácia local, que também vendia livros. Para sua surpresa, ele encontrou um sobre Van Gogh e contemplou uma ilustração da famosa cadeira amarela "que contém a essência de todas as cadeiras". Ele ainda conseguia rir de si mesmo, um cavaleiro inglês com um apurado sentido para o vestir cujas calças agora adquiriam propriedades metafísicas:

> Mais ainda do que a cadeira [...] as pregas das minhas calças de flanela cinza estavam carregadas de "ser". Não sei a que se deve este status privilegiado [...]. "É assim como devemos ver", tornei a repetir.

Suas calças eram parte do grande Esquema das Coisas — e isso era ainda mais verdadeiro no caso "dos pés da minha cadeira infinitamente mais que vangoghiana".

Então, Osmond pediu a Huxley que fechasse os olhos e se concentrasse no que ocorria em sua mente. Ele refletiu: "Não admira que os seres humanos, em sua busca pelo divino, em geral tenham preferido olhar para dentro!" Os taoistas e os zen-budistas procuravam "ir além de suas visões, ao encontro e através do Vazio", até as "dez mil coisas" da realidade objetiva.

Huxley concordou com Osmond que a experiência transmitia uma ideia de loucura, e até mesmo um modelo temporário do que deve realmente ser a doença mental, ao escrever: "A esquizofrenia tem seus paraísos, além dos seus infernos e purgatórios." A maior parte das pessoas que tomavam mescalina experimentava apenas o lado paradisíaco da esquizofrenia, mas os depressivos e os ansiosos crônicos tinham visões perturbadoras e crises de pânico com a droga. Para as pessoas mais saudáveis, "a mescalina é completamente inócua".

Subitamente, no entanto, como James depois de inspirar o óxido nitroso, Huxley sentiu um medo intenso, "o medo de ser sobrepujado, de desintegrar sob a pressão da realidade superior à da mente". Então, tomou o seu exemplar do *Livro tibetano dos mortos*, abriu-o ao acaso e encontrou essa passagem: "Ó tu, que nasceste nobre, não permitas que tua mente seja distraída." Esse era problema — permanecer sem distrair-se, pela recordação dos pecados passados e dos prazeres imaginados. A resposta de Huxley a essa explosão lírica foi rir — loucamente. "Ri até as lágrimas rolarem pelas minhas faces."

Então, ele saboreou uma farta refeição e foi conduzido em um passeio de carro. Os efeitos da mescalina estavam se dissipando, mas quando chegaram ao Sunset Boulevard a torrente de carros "brilhantes e polido qual um sonho de anunciante, cada qual mais absurdo que o anterior" pareceu-lhe ridícula. "Outra vez fui dominado por um riso convulsivo. Por fim, o mar Vermelho do trânsito se abriu."

Huxley fitou Hollywood do alto e pareceu-lhe "um panorama vasto e turvo que não diferia de si mesmo". Por um instante a droga ressurgiu e, mais uma vez, ele parecia ver "fragmentos" da Nova Jerusalém de William Blake, "inesquecivelmente belos, vazios mas carregados de todo o significado e todo o mistério da existência". Tinseltown havia se convertido na Cidade Sagrada.

A humanidade nunca "seria capaz de viver sem Paraísos Artificiais", afirmou. Huxley recordou H. G. Wells, que afirmara que a maioria de nós escapa da realidade "mediante a arte e a religião, os carnavais e as saturnais, a dança e o desfrute da oratória, que serviram [...] como Portas na Muralha". As substâncias químicas podiam produzir o mesmo, mas todos os "alteradores da consciência são rotulados de Estupefacientes, e os que os tomam ilegalmente são toxicômanos".

O mundo precisava de um novo soma ou droga ideal, disse Huxley, que "aliviasse e consolasse a nossa espécie sofredora". Ela teria de ser "menos tóxica que o ópio e a cocaína, menos propensa a produzir consequências sociais indesejáveis que o álcool e os barbitúricos, e menos prejudicial que o alcatrão e a nicotina". Essa substância química esplêndida nos livraria do "passado de bebericar vinho e do presente de beber uísque, fumar maconha e engolir barbitúricos". Teria de ser melhor que uma combinação das "pílulas bobas" (os barbitúricos) e do cristianismo. Este e outros escritos fazem parecer que o soma ideal de Huxley seria um psicodélico como a mescalina, mas, também um tranquilizante. Huxley escreveu sobre a busca da droga ideal em termos líricos, mas sua retórica poderia figurar como um lema nas paredes dos laboratórios de todas as grandes empresas farmacêuticas. Os maiores fabricantes de medicamentos estavam a ponto de lançar no mercado uma geração completamente nova de químicos, compostos que, mais tarde, provocariam mudanças drásticas na percepção médica e popular da doença mental — e da saúde mental.

Enquanto Huxley tomava mescalina na costa oeste americana, na costa leste, no Hospital Sea View, em Staten Island, Nova York, Irving Selikoff e Edward Robitzek iniciavam testes clínicos com duas novas drogas promissoras, a insoniazida e a iproniazida. Os pacientes sofriam de tuberculose. A história por trás dessas drogas ressalta novamente o acaso como um elemento na história farmacêutica. Em 1938, Freud havia agradecido ao Führer por forçá-lo a ir para Londres. Ironicamente, parece que Hitler também merece a gratidão da indústria farmacêutica.

Na primeira metade do século XX, a nação alemã contribuiu muito para o mercado do que se tornariam as drogas recreativas. A oxicodona, um opiáceo sintético poderoso e altamente euforizante que hoje é vendido nas ruas nos Estados Unidos a preços inacreditáveis (um comprimido de 80 mg pode chegar a custar 80 dólares), foi sintetizada pela primeira vez na Alemanha, em 1916; o MDMA, ou *ecstasy*, também é uma invenção alemã. Os cientistas do Terceiro Reich inventaram a metadona quando buscavam uma alternativa à morfina depois que os aliados bloquearam o acesso do Reich às rotas de fornecimento do ópio. O exército alemão sofreu com a escassez de analgésicos, e as pesquisas levaram à síntese da metadona. Costuma-se afirmar que a droga foi batizada de "adolfina" em homenagem a Hitler, mas isso é um mito que surgiu de uma primeira marca comercial de metadona vendida com o nome de Dolofina. A metadona bloqueia os receptores de opioides no cérebro, reduz enormemente o efeito eufórico provocado pelo consumo de outros opioides, e tem uma meia-vida extremamente longa, daí o seu uso como terapia de manutenção no tratamento da dependência aos opiáceos, especialmente a heroína.

Outra descoberta farmacêutica alemã, no entanto, foi acidental, e teve início nos campos de batalha. No final da Segunda Guerra Mundial, com a diminuição dos seus estoques de etanol e de oxigênio líquido, os alemães começaram a utilizar uma substância química chamada hidrazina na propulsão dos foguetes V1 e V2, muitos dos quais foram disparados contra a Inglaterra. Quando a guerra acabou restaram grandes estoques de hidrazina, que foram distribuídos à indústria química. Pode-se chamar isso de pensamento lateral, mas alguns farmacologistas começaram a se perguntar se o combustível de foguetes poderia ter uso terapêutico. Os químicos da Hoffman-La Roche começaram a brincar com variações da hidrazina, e mais tarde sintetizaram a isoniazida. Eles buscaram médicos que testassem a droga em pacientes. Encontraram alguns do outro lado do Atlântico, em Staten Island, num hospital para pacientes com tuberculose.

Os médicos americanos ficaram surpresos ao ver que os pacientes que receberam isoniazida se recuperavam. Selikoff e Robitzek informaram sobre "uma sutil estimulação geral [...] os pacientes demonstraram um vigor renovado que, na verdade, às vezes ocasionava problemas disciplinares". Pacientes que antes mal conseguiam sair do leito agora tentavam esmurrar as enfermeiras, corriam sem rumo e às vezes inclusive fugiam. A Associated Press divulgou uma foto de pacientes dançando nos pavilhões. A legenda dizia "Há alguns meses, o único som que se ouvia aqui era o dos pacientes de tuberculose tossindo à exaustão". A imprensa não sabia que as vítimas estavam recebendo um derivado de combustível de foguete.

A segunda droga psiquiátrica mais influente do período também teve origem na Alemanha, embora sua história seja menos explosiva. Em 1952, Jean Delay, chefe de psiquiatria no Hospital Saint-Anne, em Paris, supervisionava 200 médicos, mil auxiliares de enfermagem e 4 mil pacientes, muitos deles considerados psicóticos. Os pavilhões que abrigavam a população com perturbações mais graves, a maioria de pacientes diagnosticados como esquizofrênicos, eram chefiados por Pierre Deniker, cujo cunhado havia chamado a sua atenção para um novo composto fabricado pela empresa farmacêutica Rhône-Poulenc. Novamente, ele tinha sido desenvolvido a princípio, quase ao acaso, pela indústria de tinturas alemã, no final do século XIX. Em dezembro de 1950, pesquisadores haviam refinado este produto na clorpromazina, testaram-no em ratos e obtiveram resultados intrigantes.

Os ratos que receberam a droga exibiam um forte alheamento e não podiam ser induzidos a subir numa corda, mesmo com um pedaço de queijo amarrado na ponta. Foi escolhido um grupo experimental para os testes iniciais da droga com humanos e, de modo bastante lógico, a amostra foi inteiramente composta por taxistas. Sob o efeito da clorpromazina, eles ignoravam a luz vermelha dos semáforos e conduziam numa bruma fortemente sedada e bastante perigosa. Com uma lógica digna de *Alice no país das maravilhas*, alguns químicos sugeriram que a clorpromazina poderia melhorar o desempenho no campo de batalha, e persuadiram o Pentágono a administrar a droga a soldados americanos que lutavam na Coreia. Mais uma vez, podemos chamar isso de pensamento lateral. Aqui, a "lógica" criativa parecia ser que a droga que fazia os taxistas ignorarem as luzes vermelhas também poderia levar os soldados a ignorar o estresse durante os tiroteios.

Mas os soldados sob o efeito da clorpromazina não se transformaram numa máquina de guerra superior; na verdade, o seu distanciamento era tamanho que eles se tornavam inúteis. Sob o efeito da droga ficavam apáticos demais para atirar de volta, evacuar os feridos e agir de modo eficaz. A droga sedava as cobaias sem derrubá-las e induzia a um estado de calma tão intenso que parecia se sobrepor a todos os reflexos normais de luta ou fuga. Em pouco tempo os militares abandonaram a pesquisa com a droga.

Contudo, o que não funcionou no campo de batalha podia revolucionar os pavilhões psiquiátricos. Muitas vezes os pacientes eram ingovernáveis, violentos entre si e com a equipe, podiam destruir os pavilhões e era difícil controlá-los. Uma droga que acalmasse os pacientes perturbados sem os efeitos negativos e a conotação dos opiáceos ou barbitúricos (os psiquiatras não queriam ser vistos como se estivessem simplesmente "dopando" os pacientes para torná-los dóceis) seria de grande benefício para a psiquiatria.

Pierre Deniker descobriu que a droga realmente acalmava os pacientes do seu pavilhão de psicóticos. Um colega disse que ele percebeu que a clorpromazina era eficaz porque nenhum paciente quebrou as janelas do hospital depois que ela foi introduzida. O melhor era que, com a droga, os pacientes não ficavam em estado comatoso, mas em "semialheamento"; quando as enfermeiras se dirigiam a eles, conseguiam se erguer para dizer alguma coisa. Era um avanço enorme.

Em sua obra definitiva, *The Creation of Psychopharmacology* [A criação da psicofarmacologia], David Healy analisou a complicada história do desenvolvimento dos medicamentos psiquiátricos a partir da década de 1950. Ele assevera que a Universidade de Harvard acabava de montar um curso novo que ensinava jovens e brilhantes farmacologistas não só a analisar as drogas, mas também a sintetizar outras novas. A mais proeminente universidade americana percebeu que a nova farmacopeia teria um mercado ansioso.

Em 1957, cerca de 400 mil pacientes receberam a "droga TB", a isoniazida, para depressão. Na época, a clorpromazina também era amplamente usada na Europa e nos Estados Unidos. Henry Brill, que chefiava a política de saúde mental no estado de Nova York, promoveu as drogas por boas e más razões. Os hospícios estavam lotados, muitas vezes eram desumanos e era bem mais barato manter os pacientes na comunidade. As novas drogas "milagrosas" tornavam isso possível. Brill promoveu o seu uso sem compreender como funcionavam, mas à época pouco se sabia sobre os mecanismos de ação. Era uma espécie de mágica química — e também um milagre financeiro. Rotulada de Torazina, a clorpromazina vendeu bem, e em larga escala.

Mas a clorpromazina não apresentava um atrativo recreativo ou, como se diz no jargão dos médicos, um "potencial de abuso"; muitos voluntários dos experimentos reclamavam que a droga e seus efeitos colaterais, que incluíam a extrema secura da boca, eram bastante desagradáveis. Pesquisas posteriores confirmaram essa propriedade "disfórica" (o oposto de "eufórica") da clorpromazina: os usuários de drogas recreativas que a receberam experimentalmente não gostaram da substância e afirmaram que "não valia a pena pagar por ela".

Hoje, temos uma ideia mais clara dos mecanismos de ação destes medicamentos, um progresso que se deve em parte ao trabalho de Otto Loewi. Eles afetam o processo pelo qual as mensagens passam de um neurônio ao outro — o fluxo interminável de que o cérebro precisa para funcionar normalmente.

O cérebro está repleto de neurônios ou células individuais. Uma boa maneira de imaginar isso é pensar em célula como uma ilha, ligada a outras ilhas por uma série de pontes. As pontes são os chamados "dendritos" e eles conectam um neurônio ao outro. Os grupos de neurônios formam "redes neuronais".

Quando um bebê nasce, o rápido florescimento dessas conexões é um verdadeiro milagre da natureza. Os dendritos — ou, na imagem usada acima, as pontes — se estendem para fazer contato entre as células cerebrais. Tradicionalmente, os dendritos são denominados "ramos" e os pontos de contato são as "sinapses" (da palavra grega para juntar). No útero, durante os primeiros três meses de vida, as sinapses se desenvolvem constantemente. Poeticamente, os pesquisadores chamam esse processo de "exuberância sináptica", pois as sinapses multiplicam-se muito velozmente.

Os números são impressionantes. Estima-se que cada célula cerebral tenha uma média de 10 mil sinapses ou conexões. Portanto, duas células cerebrais possuem 1 milhão de conexões com outras células cerebrais, o cérebro tem 100 bilhões de células, cada uma delas com cerca de 10 mil conexões. No entanto, cada neurônio é separado; os neurotransmissores suavizam a passagem dos sinais, permitindo-lhes mover pela sinapse de um neurônio para o seguinte.

A dopamina é um importante neurotransmissor. Ela foi descoberta em 1910, sete anos antes de Otto Loewi "ver" que as mensagens no cérebro eram enviadas de uma célula a outra por transmissão química. A dopamina é muito sensível à cocaína, à nicotina e outros estimulantes. Bem organizado, o cérebro precisa que os neurotransmissores funcionem corretamente e, quando não o fazem, o nosso comportamento muda drasticamente. *Grosso modo*, se as células cerebrais não se conectarem de um modo suficientemente rápido, os pacientes podem se tornar demasiado letárgicos; se elas se conectarem rápido demais, os pacientes podem ser invadidos por pensamentos desvairados.

O processo de descobrimento avançou velozmente. Em 1955, um psiquiatra suíço, Ronald Kuhn, encontrou um terceiro composto, o "G22355", que havia sido patenteado nos Estados Unidos. Kuhn percebeu que havia encontrado algo interessante quando 40 pacientes seriamente deprimidos subitamente "voltaram à vida" ao tomar a droga. Depois de tomar o G22355, eles pularam da cama de manhã e começaram a se interessar pela vida no pavilhão. Um rico investidor, Richard Böhringer, que gostava de perambular pelos escritórios da Geigy e indagar sobre as pesquisas, ouviu falar disso. Ele deu um pouco a um parente deprimido. Cinco dias depois, o parente estava "curado" e Böhringer encorajou Kuhn a fazer um estudo formal. Os resultados eram promissores.

Os pacientes começaram a "levantar de manhã por conta própria. As suas expressões faciais ficaram mais animadas [...] voltaram a procurar contato com o mundo externo [...] em vez de se preocuparem com a culpa real ou imaginária nos seus passados, se ocuparam de planos para o futuro [...] as tendências suicidas também diminuem, se tornam mais controláveis ou simplesmente desaparecem". Até as suas vozes ficaram mais fortes, anotou Kuhn.

A Geigy batizou o composto de Imipramina e fez um marketing agressivo do produto. Ele tinha uma estrutura química em três anéis, o que fez com que fosse classificado como o primeiro antidepressivo tricíclico.

Num lapso de cinco anos, três importantes novas drogas psiquiátricas foram descobertas — e ninguém detectara grandes problemas no seu uso. Contudo, havia grandes diferenças entre a psiquiatria europeia e a americana. Na Europa havia relativamente poucas clínicas particulares, e a maior parte dos pacientes psiquiátricos era tratada em enormes hospícios vitorianos, como o Napsbury, perto de St. Albans, ou o Burgholzi, na periferia de Zurique. Napsbury abrigava mais de 2 mil pacientes e, de fato, era um amplo vilarejo privado com oficinas e uma granja.

Nos Estados Unidos também havia grandes hospícios, mas muitos psiquiatras tinham consultórios particulares fora do hospital. Os "psiquiatras de consultório", como eram chamados para deixar claro que nunca chegavam perto de um hospício, em geral eram freudianos. Eles tinham de manter os pacientes funcionando suficientemente bem para continuarem a trabalhar, pois só assim obtinham seguro médico e podiam pagar os elevados honorários. Quando foi lançado um novo medicamento chamado Miltown (substância química: meprobamato), os psiquiatras americanos o adotaram porque os pacientes que o usavam conseguiam trabalhar. Segundo a imprensa, o Miltown oferecia "felicidade de receita". Em 1957 foram emitidas 35 milhões de receitas de meprobamato, tornando-a a segunda droga de venda mais rápida na história farmacêutica. Os médicos sentiam-se pressionados a prescrevê-la porque ela estava na moda. Quando um médico se recusava a receitá-la a pedido do paciente, este procurava alguém mais acessível às suas demandas e ia tratar os seus assuntos em outra parte.

Um ocupado psiquiatra de Hollywood confessou que tomava Miltown para se animar a enfrentar "a enervante volta para casa". Este psiquiatra, que tinha perigosas inclinações socialistas, disse ao tabloide *Uncensored* de Hollywood: "Queria que o governo subsidiasse a venda de tranquilizantes em máquinas nas esquinas." O tabloide assegurou aos leitores que podiam tomar Miltown com segurança porque "não provocava dependência" e "uma grande superdosagem não é letal". O comediante Milton Berle fez piada e disse que o Miltown era tão incrível que "Estou pensando em mudar o meu nome para Miltown Berle". Até Huxley achava o Miltown maravilhoso. Em *Admirável mundo novo revisto*, ele escreveu: "em um mundo onde não se consegue nada gratuitamente, os tranquilizantes oferecem muito por muito pouco".

Na Grã-Bretanha, os novos medicamentos encontraram um defensor improvável no ministro da Saúde do partido conservador, Enoch Powell (que mais tarde se tornaria sindicalista em Ulster). Em 1959, ele argumentou que os antigos hospícios vitorianos deviam ser fechados e os pacientes psiquiátricos deviam ser tratados na comunidade. Hoje, Powell é mais lembrado pelo discurso sobre os "rios de sangue", em que advertiu que a imigração da Índia e do Caribe britânico para o Reino Unido levaria à violência racial. Oito anos antes de profetizar a chegada dos "rios de sangue", Powell fez outro discurso igualmente radical para a época — ainda que mais progressista. Ele ficou conhecido como o discurso da "Torre de Água", por causa das torres que pairavam sobre hospícios decrépitos como Napsbury. Powell declarou:

> Erguem-se isolados, majestosos, imperiosos, observados pela torre de água gigantesca e pela chaminé que se elevam no campo, inconfundíveis e intimidantes — os hospícios que nossos antepassados construíram com uma solidez tão grande para expressar as noções da sua época. Nem por um momento subestimem seu poder de resistir ao nosso ataque.

Powell falou dos horrores dos hospícios e queria pavilhões psiquiátricos nos hospitais gerais, onde os doentes mentais estariam menos isolados. Os novos medicamentos permitiam controlar os pacientes psiquiátricos fora dos pavilhões trancafiados e eles podiam viver em comunidade. Essas mudanças trariam, disse ele, algo "diferente e melhor", serviços mais flexíveis e liberdade para os mentalmente enfermos terem vidas mais plenas. "Os serviços seriam mais centrados no indivíduo", afirmou. Powell não previu a resistência às reformas tanto por parte do público, altamente preconceituoso e temeroso dos doentes mentais, quanto das autoridades psiquiátricas.

Ele também não sabia que muitos pacientes odiavam tomar as novas drogas, devido aos seus efeitos colaterais múltiplos e estranhos. Os pacientes reclamavam de taquicardia, torpor, boca seca, constipação, visão turva, tontura, confusão, sudorese intensa e disfunção sexual. No caso da clorpomazina e seus derivados, com o tempo os efeitos colaterais passavam a incluir severos distúrbios da atividade motora, discinesia tardia, caracterizada por movimentos involuntários que muitas vezes incluíam tremores violentos e contorções faciais, resultado dos efeitos da droga nos receptores de dopamina. A síndrome é classificada de "parksoniana", pois os sintomas têm semelhança com os da doença de Parkinson e podem ser permanentes, continuando a afligir o paciente mesmo com a suspensão da droga.

Os pacientes estavam em um dilema. Se não tomassem as drogas, poderiam enfrentar a internação involuntária num pavilhão psiquiátrico; se as tomassem, podiam sofrer efeitos colaterais desagradáveis e, às vezes, incapacitantes. Alguns pacientes desenvolveram astúcias para convencer médicos e enfermeiras de que haviam tomado os medicamentos, quando, na verdade, os haviam escondido ou descartado, com consequências trágicas em alguns casos.

No início da década de 1980, entrevistei um paciente no Hospital Creedmoor, em Nova York, que havia deixado de tomar a medicação antipsicótica devido aos efeitos colaterais cada vez mais desagradáveis. Pouco depois, a "voz de Deus" disse-lhe para empurrar um estranho na linha do metrô. Na Grã-Bretanha, nos últimos anos houve diversos casos de pessoas mentalmente doentes que assassinaram estranhos, homicídios cometidos por pacientes "atendidos" na comunidade que deixaram de tomar a medicação. A histeria dos tabloides em torno desses casos torna necessário assinalar que são muito incomuns. De modo geral, os doentes mentais são menos violentos que o resto da população.

Além disso, o fato de o paciente deixar de tomar uma droga e cometer um crime não prova que a droga o teria impedido de cometê-lo. Presume-se que, se tivessem seguido as ordens médicas e tomado seus medicamentos, esses pacientes não se teriam tornado violentos. Isso pode ser plausível, mas é uma suposição. Como alguns medicamentos psiquiátricos criam dependência, é possível que os pacientes que ficam violentos quando não os tomam possam, em parte, sofrer a agitação da síndrome de abstinência — os antipsicóticos, em particular, são fortes sedativos, e a supressão repentina pode causar extrema "ansiedade de rebote". Nos pacientes suscetíveis a episódios psicóticos, quando não é tratada a ansiedade pode perfeitamente ter consequências perigosas. Essa é outra teoria que não pode ser facilmente testada.

Apesar da crescente preocupação com os efeitos colaterais, estava claro que havia um enorme mercado para os antidepressivos e os antipsicóticos — e as descobertas de novos compostos deviam prosseguir para que as empresas farmacêuticas lucrassem, já que, vencida a patente, o composto podia ser manufaturado pelos concorrentes.

Em 1958, P. Janssen, que herdara uma pequena empresa farmacêutica dos pais, produziu uma nova molécula, R1625, que denominou haloperidol. Ele tinha o nome, mas nenhuma ideia da serventia da droga. Janssen entregou um lote a alguns psiquiatras em Liège, na Bélgica, onde ele foi imediatamente guardado numa prateleira. O R1625 só foi testado na noite em que o filho de um médico local foi internado devido a um surto psicótico. O médico residente não sabia o que fazer, lembrou-se do composto na prateleira e deu ao jovem uma injeção de 10 miligramas de haloperidol. Os efeitos foram assombrosos. O rapaz se aquietou, parou de dar trabalho no pavilhão e tornou-se mais tratável, ainda que parecesse dissociado e confuso. No dia seguinte, Janssen foi vê-lo pessoalmente.

Ele sugeriu que 10 miligramas eram uma dose muito alta, e ela foi reduzida para 1 miligrama. Com essa dose a droga continuava agindo e o paciente foi para casa. Ele tomou haloperidol por sete anos, casou-se, diplomou-se, trabalhou como arquiteto e teve filhos; a cada ano, Janssen, o paciente e o seu médico se encontravam para rever a dose. Após sete anos, decidiram suspender a droga. O pior que poderia acontecer, supuseram, é o paciente voltar a ficar psicótico e ter de tomar a droga.

Após algumas semanas sem a medicação o paciente teve uma recaída, recebeu haloperidol novamente e a droga simplesmente não funcionou tão bem como antes: na verdade, nunca voltou a funcionar bem para ele. A vida do paciente fora salva por uma droga e agora estava sendo arruinada pela mesma substância. Aquilo não fazia sentido. O haloperidol fora administrado a vários milhares de pacientes. Ajudou a muitos, mas outros tantos também começaram a desenvolver efeitos colaterais que estavam se tornando muito conhecidos.

Se Freud estivesse vivo em 1960, teria visto, 80 anos depois de sua obra de juventude sobre a anatomia cerebral, que o nosso conhecimento havia se desenvolvido de modo substancial, mas as teorias sobre o cérebro continuavam a ser muito simplórias. Os neurologistas e psiquiatras tendiam a se deixar impressionar pelo último artefato e o adotavam como uma metáfora. Durante décadas o cérebro havia sido comparado a um intercâmbio telefônico. Na década de 1960, os cientistas o viam mais como um computador, ainda que, àquela altura, os computadores fossem máquinas gigantescas que ocupavam uma sala inteira. Se as linhas de intercâmbio ou as válvulas do computador tivessem um defeito que pudesse ser consertado mediante a aplicação da substância A, qualquer engenheiro lógico esperaria que a substância A sempre consertasse o mesmo defeito. As válvulas e linhas telefônicas não se voltariam contra a substância A repentinamente, deixando de responder a ela, mas o paciente de Janssen demonstrou que essas metáforas tinham limites: o cérebro não era um mecanismo simples e previsível. Sete anos depois de o haloperidol ter "milagrosamente" acalmado o filho do médico, deixou de fazê-lo. Esse caso trágico deixou claro que ninguém sabia realmente como essas drogas afetavam o cérebro. Tanto as drogas quanto o cérebro permaneciam muito mais misteriosos do que os psiquiatras gostariam de admitir.

A psiquiatria precisava de uma abordagem mais sensata, que estudasse os mecanismos de ação das novas drogas, seus efeitos no comportamento dos pacientes e que também indagasse destes como se sentiam ao usá-las. O senso comum exigia uma mescla de farmacologia, observação médica de rotina e introspecção. Contudo, em parte por razões sociais e políticas e, em parte, por uma tragédia fortuita, o que guiou a política de drogas na geração seguinte foi exatamente o oposto do senso comum. O próximo grande "intelectual" usuário de drogas da tradição introspectiva, Timothy Leary, faria mais danos à causa de uma política racional de drogas do que a talidomida, as guerras do ópio e mil dervixes rodopiando ao sabor dos cogumelos mágicos.

13

A busca do soma, anos 1960

Timothy Leary se imaginava um pioneiro na exploração psicodélica e rapidamente foi alçado ao status de guru na contracultura. No entanto, vários "psiconautas" o acusaram de um egoísmo monstruoso e de defender de um modo temerário o uso indiscriminado do LSD — em oposição ao consumo cauteloso em circunstâncias controladas. Leary fez carreira como evangelista do LSD e, nesse processo, transformou-se de um psicólogo social mediano, contente ao bolar um questionário mediano, em uma celebridade que compartilhou a cama de John Lennon e Yoko Ono.

Este capítulo conta a história inquietante de como e por que a pesquisa sobre os psicodélicos foi suspensa e se tornou um delito. Os motivos da proibição eram peculiares àqueles tempos. A contracultura pode ter ocupado as manchetes e mudado o humor dos Estados Unidos, mas foi um movimento sem líderes formais, e muito menos instituições, e seus objetivos eram incoerentes. A instituição de Segurança Nacional dos Estados Unidos, por sua vez, deveria ter sido capaz de julgar de modo mais equilibrado e agir de modo mais responsável no melhor interesse do Estado e dos cidadãos. As bufonarias de Leary e a paranoia da Guerra Fria da época operaram juntas em detrimento da ciência. Praticamente todas as decisões das autoridades americanas após 1965 dificultaram o trabalho científico adequado sobre o LSD, trabalho que não só poderia ter revelado muitas coisas sobre o cérebro como também ajudado milhares de alcoólatras e pacientes terminais.

Timothy Leary foi um problema desde o momento em que entrou para a Academia Militar dos Estados Unidos em West Point, em 1940. Ele foi flagrado bebendo uísque, mentiu a esse respeito e foi forçado a sair. Então foi para a Universidade Holy Cross, em Worcester, Massachusetts. Freud usou a cocaína em parte para lutar contra a depressão, e Leary usou o LSD para explorar o seu lado espiritual, como Huxley havia feito com a mescalina.

Em 1950, Leary obteve o grau de doutor em Berkeley com uma tese sobre "As dimensões sociais da personalidade: estrutura e processo em grupos". Quando fez 40 anos, foi para o México com um amigo para experimentar as maravilhas dos "cogumelos mágicos" — fungos que contêm psilocibina e psilocina, considerados alucinógenos mais suaves que a mescalina e o LSD.

"Aprendi mais sobre [...] (o seu) cérebro e suas possibilidades [...] (e) mais sobre psicologia nas cinco horas após tomar esses cogumelos do que [...] nos quinze anos anteriores de estudos e pesquisas em psicologia", escreveu Leary. Ele voltou a Harvard e deu início a um projeto ambicioso, em que testou os efeitos dos cogumelos mágicos e, mais tarde, do LSD, em prisioneiros e estudantes de teologia.

É provável que Leary tenha sido influenciado pelo livro de John Allegro sobre os Manuscritos do Mar Morto, *The Sacred Mushroom and the Cross* [Os cogumelos sagrados e a cruz] (1956). Allegro argumenta que os cristãos primitivos usaram cogumelos mágicos para inspirar experiências religiosas. Os historiadores do uso das drogas têm descartado esse livro, embora ele tenha causado indignação à época. Allegro vinculou o cristianismo a outros cultos misteriosos antigos, como o eleusino, o órfico e o essenismo, e afirmou que se tratava de cultos de fertilidade interligados que empregavam alucinógenos naturais. Os crentes teriam encontros visionários com entidades divinas, como os nativos americanos faziam com o peiote. Allegro afirmou que o próprio Jesus não era um personagem histórico e nem mesmo uma alegoria, mas um cogumelo sagrado, o agárico — talvez, como observado anteriormente, o "soma" do Rig Veda, a *Amanita muscaria*.

Em abril de 1962, Leary organizou um experimento com 20 estudantes de teologia no porão da Capela Marsh, na Universidade de Boston. Eles receberam LSD ou um placebo, assistiram à liturgia da Sexta-feira Santa na TV e preencheram um questionário, um instrumento bastante prosaico para mensurar o contato com o divino.

Com frequência, os estudantes que haviam tomado LSD relatavam experiências místicas e visões de Cristo. Leary então deu LSD a outras 300 pessoas e informou que 75% delas afirmaram ter tido revelações sob o efeito da droga, descrevendo-a como uma das experiências mais educativas que haviam tido na vida. A publicidade que isso gerou subiu à cabeça de Leary e ele ignorou seus deveres como professor. Isso deu ao reitor de Harvard, Nathan M. Pusey, motivo para expulsá-lo, em 27 de março de 1963. Pusey afirmou que Leary "falhou no cumprimento das suas obrigações em sala de aula e se ausentou de Cambridge sem permissão, pelo qual está demitido da docência e o seu salário foi suspenso".

A perda do cargo em Harvard não aborreceu Leary, já que a sua pesquisa psicodélica havia atraído o interesse de Peggy, Billy e Tommy Hitchcock, herdeiros da fortuna da família Mellon, que lhe compraram uma mansão labiríntica em Millbrook, no estado de Nova York. O sucesso não combinava com Leary, que se tornou presunçoso, arrogante — e até messiânico — à medida que a sua "iluminação" avançava:

"Éramos como antropólogos do século XXI vivendo numa cápsula do tempo acionada em algum momento da idade das trevas dos anos 1960. Nessa colônia espacial tentávamos criar um novo paganismo e uma nova dedicação à vida como arte", escreveu Leary.

No entanto, pesquisas sérias continuavam em curso fora da colônia espacial, e encontraram indícios de que a droga poderia ser uma grande ajuda clínica no tratamento do alcoolismo. Alguns psiquiatras haviam observado similaridades entre as experiências de pessoas com LSD e as que sofriam *delirium tremens*, que muitas vezes marcava o "fundo do poço" ou o momento crítico dos alcoólatras; os pesquisadores inferiram que o LSD poderia provocar essa mudança sem os terríveis efeitos físicos do *delirium tremens*.

No Canadá houve dois estudos importantes sobre LSD e alcoolismo, mas os resultados se perderam em meio à literatura, até que uma historiadora de medicina da Universidade de Alberta, Erica Dyck, fez um trabalho de detetive. Segundo ela, o primeiro estudo canadense demonstrou que uma só dose de LSD podia ajudar a curar alcoólatras de longa data. Ela escreveu: "[...] de algum modo, o LSD deu a essas pessoas experiências psicológicas que as levaram para fora de si mesmas e lhes permitiram ver o próprio comportamento prejudicial de modo mais objetivo, e então decidiram mudá-lo".

Dyck entrevistou pacientes envolvidos nos estudos originais — muitos dos quais não haviam tomado uma gota de álcool desde a experiência com LSD, 40 anos antes. Alguns entrevistados haviam participado de um estudo em Saskatchewan, em 1962, conduzido por Humphry Osmond, amigo de Huxley, em que, num grupo de alcoólatras, 65% haviam parado de beber por pelo menos 18 meses depois de um único tratamento com LSD. O experimento foi corretamente controlado e concluiu que o LSD era mais vantajoso em comparação com outras terapias. Menos de 25% dos alcoólatras deixaram de beber depois de fazer terapia de grupo, e menos de 12% o fizeram depois de psicoterapia individual tradicional. Em comparação, o LSD parecia altamente eficaz. Como condição crônica, o alcoolismo havia demonstrado ser muito resistente a medicamentos. Os barbitúricos e os benzodiazepínicos podiam aliviar a abstinência, às vezes uma questão de vida ou morte, já que, em alguns casos, a abstinência severa de álcool pode levar a convulsões fatais. Além desses paliativos, as intervenções químicas com abuso de álcool geralmente haviam se limitado, antes do LSD, a terapias behavioristas de aversão, como o "antabuse" — drogas que fazem o usuário ficar gravemente doente ao consumir álcool. Teoricamente, o objetivo era reeducar ou condicionar o bebedor problemático e levá-lo a associar o álcool não ao prazer, mas à náusea. Claro que isso levou muitos pacientes a simplesmente deixarem de tomar a droga para poder beber de novo. O LSD parecia oferecer uma forma nova e promissora de tratamento, que levava muitos pacientes a perder o desejo de beber sem a situação grotesca do antabuse, um recurso muito grosseiro.

Os resultados do estudo foram publicados na *The Quarterly Journal of Studies of Alcohol*, mas foram recebidos com muito ceticismo, principalmente devido às fanfarrices de Leary. Na época, ele havia divulgado o seu famoso mantra "se liga, se sintonize, caia fora" — tome LSD, se sintonize na dimensão espiritual universal que ele abre e "caia fora" das normas sociais americanas, particularmente do "sonho americano" materialista. Apesar de desfrutar da notoriedade, Leary estava acumulando publicidade negativa por causa da droga, que fora manchada pela associação com seu nome. Ao promover o seu potencial revolucionário, ele propôs o uso universal do LSD, e parece ter sido absolutamente cego aos perigos da droga, que iam das "*bad trips*" e crises que passavam com o efeito da droga a episódios psicóticos duradouros numa pequena minoria de usuários. Parece que os seus colegas psicólogos não suportavam o Leary-celebridade, e muitos não queriam ser associados a nenhum tema ligado a ele. Leary possuía um talento notável para se afastar de tudo e todos que não o aceitassem como guru e acreditava, sem sombra de dúvida, na própria "iluminação", comparada à dos "terrestres inferiores". Ele foi a pior cara pública possível para o LSD.

Porém, um grupo de Toronto reproduziu o estudo de Osmond, com uma mudança crucial. Eles queriam observar o efeito do LSD em isolamento, então vendaram cobaias antes de lhes administrar a droga; o LSD parecia não funcionar nessas condições.

O grupo de Saskatchewan havia argumentado que os alcoólatras deviam tomar o LSD num ambiente acolhedor. No entanto, os pesquisadores de Toronto eram mais respeitados, em parte porque o primeiro grupo incluía Osmond, que parecia um pouco excêntrico em 1962. Contudo, ambos os artigos foram esquecidos, no que Dyck considera uma verdadeira perda para a ciência. Ela escreveu:

> A experiência com LSD parecia permitir aos pacientes passar por uma jornada espiritual que, ao final, lhes dava os meios para curar a si mesmos, e este é um regime terapêutico verdadeiramente surpreendente. Ao entrevistar os pacientes 40 anos depois da experiência, fiquei surpresa ao ver como eram leais aos médicos que os haviam tratado, e com a força que a experiência teve para eles — alguns sentiam inclusive que havia salvado as suas vidas.

Esses relatos subjetivos apoiaram a afirmação de que o LSD podia provocar uma mudança drástica no comportamento dos alcoólatras, mas não explicaram por que exercia este efeito. Em vez de tentar resolver uma importante questão terapêutica, o governo dos Estados Unidos tornou impossível e ilegal a pesquisa sobre LSD entre cientistas sérios. A "criança problemática" de Hoffman, como ele chamou o LSD tempos depois da sua descoberta, foi posta atrás das grades.

"Aceitamos todo tipo de drogas, mas acho que a popularidade do LSD nas ruas terminou por levar ao seu fim", afirma Dyck. "E isso é ruim, pois penso que os pesquisadores em Saskatchewan, entre outros, demonstraram que a droga é única e possui propriedades intrigantes que deveriam ser mais exploradas."

Os psiquiatras canadenses não foram os únicos pesquisadores sérios nesse campo. Em 1963, um homem estava quase no fim da carreira, num emprego muito conservador como vice-presidente do banco J. P. Morgan. Wasson recebera uma educação boa e variada — o pai o fizera ler a Bíblia três vezes antes dos 14 anos. Após a Primeira Guerra Mundial, ele viajou, estudou na London School of Economics e se tornou jornalista. Em 1926, em Londres, casou-se com Valentina Guercken, uma pediatra. O casal foi em lua de mel, em 1927, para as montanhas Catskill, onde Valentina encontrou cogumelos parecidos com os que ela comia na Rússia nativa — provavelmente agáricos, a *Amanita muscaria*, ou uma espécie próxima, como a *Amanita pantherina*. Foi o início de uma longa paixão do casal. Eles ficaram obcecados com os cogumelos mágicos e estudaram o papel dos fungos na história, na linguística, na religião, na mitologia, na arte e na arqueologia.

Em 1955, Wasson e Valentina foram ao México para pesquisar o uso mágico e religioso dos cogumelos de psilocibina nos rituais sagrados aborígines. Wasson e seu círculo perceberam que seria conveniente dar outro nome a essas drogas e cunharam o termo "enteógeno", para substituir os carregados "alucinógeno" e "psicodélico". Contudo, o termo faz uma afirmação assombrosa — a de que essas drogas engendram encontros com *theos*, a divindade ou deus. A afirmação pode ser dramática, mas faz certo sentido à luz de pesquisas recentes (e não precisa ter relação com o sobrenatural nem com a "crença" no sentido convencional). Newberg e Aquili (2002) usaram as últimas técnicas de mapeamento de imagens cerebrais para estudar monges budistas e freiras franciscanas; os autores asseveram que quando freiras e monges sentem a presença de Deus ou uma experiência transcendental, há uma forte pulsação numa área particular do cérebro, o lóbulo orbital superior posterior. David Healy leva isso a uma conclusão lógica e argumenta que a experiência religiosa tem origem neuroquímica. Deus não está no alto do céu, mas dentro de nós — mais especificamente, no nosso cérebro.

Em 13 de maio de 1957, a revista *Life* publicou uma história de Wasson sobre as sessões de cogumelos com Maria Sabina, uma xamã, curandeira e sábia. Por esta época, Hoffman e Wasson haviam se tornado amigos e viajaram juntos pelo México. De certo modo, Hoffman foi o usuário de droga introspectivo que mais se parecia com Freud. Ele era motivado por ambições científicas, talvez de um modo mais puro do que Freud jamais o fora. Hoffman descreveu meticulosamente as suas reações, como sempre:

> Trinta minutos depois de tomar o cogumelo, o mundo exterior começou a passar por uma estranha transformação. Tudo adquiria um caráter mexicano. Como eu estava perfeitamente consciente de que

> conhecer a origem mexicana do cogumelo me levaria a imaginar apenas cenários mexicanos, tentei deliberadamente ver o meu ambiente como o conhecia normalmente. Mas todos os esforços voluntários de ver as coisas em suas formas e cores costumeiras foram em vão. Não importa se tinha os olhos abertos ou fechados, eu só via padrões e cores mexicanos. Quando o médico que supervisionava o experimento se inclinou para verificar minha pressão sanguínea, transformou-se num sacerdote asteca e eu não teria me surpreendido se tivesse erguido um punhal de obsidiana. Apesar da seriedade da situação, diverti-me ao ver o rosto germânico do meu colega adquirir uma expressão completamente indígena. No pico da intoxicação, cerca de uma hora e meia após a ingestão dos cogumelos, a sequência de imagens interiores, em sua maioria motivos abstratos cujas forma e cor mudavam rapidamente, chegou a um grau tão alarmante que temi ser tragado pelo redemoinho de formas e cores e me desintegrar.
>
> Depois de umas seis horas, o sonho chegou ao fim. Subjetivamente, eu não tinha ideia de quanto tempo havia durado aquele estado. Senti que o regresso à realidade cotidiana era como retornar de um mundo estranho, fantástico, porém muito real, para um lar velho e familiar.

Hoffman isolou e extraiu os ingredientes químicos ativos dos cogumelos, e denominou "psilocibina" o componente mais ativo e "psilocina" o alcaloide adjuvante. A psilocibina e a psilocina eram cerca de 100 vezes mais ativas que a mescalina e umas 100 vezes menos ativas do que o LSD. Todas essas substâncias provocavam "distúrbios psíquicos ao agir sobre um mecanismo comum, ou em mecanismos que atuam mediante um caminho final comum".

É importante ter clara a diferença entre essas substâncias:

O peiote é o cacto do qual a mescalina foi extraída, em 1890.

O LSD é um derivado do ácido lisérgico que Hoffman sintetizou, como descrito acima.

A psilocibina foi descoberta por Hoffman, e o seu efeito é similar, ainda que menos poderoso, ao do LSD. É uma droga muito, mas muito diferente, por fim, dos ingredientes ativos altamente tóxicos do "outro" tipo de cogumelo mágico — a *Amanita* vermelha pintada, que produz mais um delírio febril que uma viagem transcendental, com os compostos muscimol e ácido ibotênico. As amanitas são tão tóxicas que o seu uso recreativo é muito raro na maior parte do mundo, ainda que tenha sido observado na Rússia atual, e descrito na ficção do novelista russo contemporâneo Victor Pelevin. Contudo, até usuários acostumados à psilocibina, o LSD e outros psicodélicos os distinguem da *Amanita* e outras substâncias que provocam delírios (por exemplo, a datura, ou trombeteira, que contém escopolamina e atropina).

Hoffman descobriu que era mais econômico sintetizar a psilocibina e a psilocina do que extrair os compostos dos cogumelos. Ele testou a versão artificial da droga em Maria Sabina, a "bruxa" e sábia de Wasson. "Ela tomou uma dose muito forte, correspondente ao número de cogumelos que costuma ingerir [...]. De madrugada, quando deixamos a sua choça, o nosso intérprete mazateca nos disse que Maria Sabina contara que não havia diferença entre as pílulas e os cogumelos. Aquilo era a prova final de que a nossa psilocibina sintética era, em todos os aspectos, idêntica ao produto natural."

Mais tarde, em 1963, Hoffman compareceu à convenção anual da Academia Mundial de Artes e Ciências, em Estocolmo. Ele chamou o LSD de "medicina da alma" e admitiu sua frustração ao vê-lo empurrado para a clandestinidade.

Alguns usuários de LSD pensavam que a droga poderia minorar o sofrimento de pacientes terminais. Aldous Huxley solicitou por escrito à esposa que lhe desse uma injeção intramuscular de 100 mg de LSD. Ele o fez por escrito para protegê-la de processos. Ela o atendeu e ele morreu calmamente algumas horas depois, em 22 de novembro de 1963, no dia em que o presidente Kennedy foi assassinado. Passaram-se 40 anos para que os médicos voltassem a pesquisar o LSD em pacientes terminais. Em parte, isso foi em reação das autoridades às bufonarias de Leary e, em parte, como veremos, uma resposta horrorizada aos seus próprios experimentos com LSD.

Dois anos após a morte de Huxley, Leary levou os filhos e a namorada ao México e foi preso por tentar contrabandear cannabis para os EUA. Foi condenado a 30 anos pela Lei Fiscal da Maconha, a primeira que visava controlar a cannabis, multado em 30 mil dólares e condenado a se submeter a tratamento psiquiátrico. A sentença era severa, e parece ter tido motivação política — ele tentara contrabandear unicamente 85 gramas de maconha medicinal mexicana para uso pessoal. Não obstante os seus muitos defeitos, Leary não aprovava o comércio de drogas, e 85 gramas da cannabis, mesmo da melhor qualidade, valiam à época menos de mil dólares. Leary recorreu, alegando que a Lei Fiscal da Maconha era inconstitucional, pois atribuía ao governo federal o poder de regular a medicina, que tradicionalmente é prerrogativa dos estados. A maconha não havia sido incluída na Lei Harrison, de regulamentação da produção, importação e distribuição dos opiáceos.

Então, Leary teve uma ideia que parecia brilhante. A Constituição americana garantia liberdade de credo, então ele fundou a Liga para a Descoberta Espiritual, a LSD. Contudo, não conseguiu legalizar oficialmente a organização como uma nova religião que usava o LSD como parte da comunhão, embora, como vimos, o governo americano permitisse o uso sacramental do peiote — ilegal em outros contextos — na prática religiosa dos índios americanos. Mas nenhum governo reconheceria como supremo sacerdote de uma igreja o homem que dissera à juventude americana para "cair fora".

Leary não antagonizou apenas os conservadores. Owsley Stanley, ícone da contracultura, era um famoso "cozinheiro" de LSD que produzia aproximadamente meio quilo da droga, equivalente a umas 5 milhões de doses de 100 microgramas de potência normal. Ele não fazia isso pelo dinheiro, já que distribuía a maior parte do seu LSD ou o vendia por um preço muito baixo, porque acreditava que estava disseminando a iluminação. Stanley era também um brilhante engenheiro de som e trabalhava com o Grateful Dead, tendo criado o singular sistema "Wall of Sound", que muito contribuiu para a popularidade — e o culto de seguidores — dos seus concertos, em que eram consumidas quantidades industriais de LSD e maconha. Owsley adorava LSD — mas não tinha tempo para Leary:

> Leary era um idiota. Ébrio com o "manto da celebridade" e o próprio ego, tornou-se um palhaço da mídia e foi o ator mais prejudicial envolvido na destruição do evanescente movimento social da década de 1960 [...]. Ele não nos ouvia quando lhe pedíamos que, por favor, fosse com calma; ele amava os holofotes e confiava na sua notoriedade [...]. Eu não gostava dele.

Hoffman dissera à Academia Mundial que o LSD havia sido usado de modo sensato por alguns médicos para aliviar a dor. Por volta de 1965, estimava-se que entre 30 mil e 40 mil pacientes psiquiátricos haviam recebido LSD terapeuticamente, e o psiquiatra Sidney Cohen avaliou as provas amplamente positivas. Em 1965, ele afirmou numa conferência que o LSD tornava os pacientes menos defensivos e "permitia que as lembranças reprimidas e os conflitos viessem à tona". Eles achavam mais fácil compreender os materiais reprimidos "porque o paciente enxerga o conflito como uma imagem visual ou como símbolos visuais vívidos. Ele é aceito mas não avassala, porque o estado de consciência distanciada torna os sentimentos de culpa que emergem menos devastadores".

Depois de tomar LSD, os pacientes também se sentiam mais próximos dos terapeutas e os *insights* recém-adquiridos permaneciam com eles depois que o efeito da droga passava. Apesar desse trabalho sério demonstrando que o LSD podia ajudar pacientes em grande sofrimento, em 1966 o governo americano tornou a droga ilegal. Quase todos os programas de pesquisa científica foram fechados. A última conferência importante sobre o LSD ocorreu em 1967, na Wesleyan University, onde outra vez foram discutidos materiais interessantes.

Um estudo deu a uma paciente com câncer de mama a oportunidade de descrever como o LSD a ajudou nas suas últimas semanas. Ela ouviu música enquanto a droga começava a agir, e se "fundiu à música e foi transportada por ela. Eu estava tão completamente enlevada com o som que quando uma melodia ou o disco se detinham, mesmo que por um momento, eu ficava atenta à pausa, esperando ansiosamente o próximo passo da jornada".

Como Huxley descobrira, a sua percepção do tempo foi radicalmente alterada: "Eu estava só num mundo atemporal, sem limites. Não havia atmosfera; não havia cor, imagens, mas pode ter havido luz. Subitamente, reconheci que eu era um momento do tempo, criado por aqueles que me antecederam e que, por minha vez, eu criava outros. Aquele era meu momento, e a minha principal função fora cumprida. Ao nascer, eu dera significado à existência dos meus pais. Tornei-me agudamente consciente de que o cerne da vida é o amor. Naquele momento senti que me projetava para o mundo — e todas as pessoas —, mas especialmente os que me são mais próximos. Durante muito tempo chorei pelos anos desperdiçados, a busca de identidade em lugares falsos, as oportunidades desprezadas, a energia emocional gasta em buscas basicamente sem sentido."

A paciente teve uma agradável alucinação olfativa com pêssegos, e sentiu-se "muito próxima de um grande número de pessoas". A família percebeu a mudança. "Eu estava radiante e parecia em paz, disseram. Eu me sentia assim mesmo. O que havia mudado? Estou vivendo agora, e sendo. Posso aceitar as coisas à medida que vierem."

Alguns sintomas físicos desapareceram e ela sentiu-se mais em paz com o fato da morte iminente. O LSD a tornara menos depressiva e ela "voltou a trabalhar e pareceu relativamente de bom humor" durante cinco semanas. As últimas semanas foram muito mais alegres do que ela julgara possível.

Outra palestra descreveu a ajuda que o LSD representara para um alcoólatra de 40 anos que sentiu "como se tivesse se livrado de dez toneladas nos meus ombros. Orei ao Senhor. Tudo parecia melhor à minha volta. A rosa era linda. Os rostos dos meus filhos se iluminaram". Sua esposa informou que havia "no lar uma paz e harmonia que nunca houvera antes e que ele nunca estivera tão bem".

O veto às pesquisas com o LSD já estava vigente em maio de 1969, quando a Suprema Corte declarou inconstitucional a Lei Fiscal da Maconha e suspendeu a condenação de Leary, de 1965. Este então concorreu com Ronald Reagan ao governo da Califórnia. John Lennon escreveu a canção-tema da campanha, o clássico "Come Together", que não causou muito impacto nos eleitores. Reagan venceu — como sempre, exceto na competição pelo Oscar, e derrotou Leary e o governador Edmund "Pat" Brown, cujo filho, Jerry Brown, foi governador em dois mandatos nas décadas de 1970 e princípio de 1980 — e, enquanto escrevo, acaba de voltar mais uma vez ao cargo, lépido aos 72 anos.

Sete meses após a derrota eleitoral, Leary estava de volta à prisão, onde passou pelos testes psicológicos que o Departamento de Correções aplicava para decidir o tipo de trabalho mais adequado aos presidiários. Como era o autor dos testes, Leary conhecia o jogo e deu respostas que o faziam parecer muito convencional, um ambientalista que amava a silvicultura e a jardinagem. O truque deu certo, e ele foi enviado para trabalhar como jardineiro numa prisão de baixa segurança. Ele escapou em setembro de 1970 e fugiu para a Argélia, onde tentou se juntar a Eldridge Cleaver e aos remanescentes do "governo separatista" dos Panteras Negras no exílio. Assim como o governo americano e seus antigos colegas de Harvard, os Panteras aparentemente não eram fãs de Leary, pois Cleaver tentou fazê-lo refém, ou isso é o que contou Leary.

Da Argélia ele fugiu para a Suíça, Viena, Beirute e, finalmente, Cabul. As autoridades americanas conseguiram atraí-lo de volta aos Estados Unidos em 1973. Leary teria de encarar 95 anos de cárcere. Ironicamente, as autoridades que o detiveram foram tão responsáveis quanto ele por impossibilitar as pesquisas com o LSD. A Instituição de Segurança Nacional americana da Guerra Fria também depositava grandes esperanças no LSD, mas elas eram muito diferentes das esperanças de Leary e Hoffman. Em vez de ser uma ferramenta para a iluminação ou um tratamento para os moribundos, os combatentes da Guerra Fria acreditavam que o LSD poderia ser uma arma útil.

A partir de abril de 1953, a CIA enganou centenas de seus próprios funcionários, além de prostitutas, pacientes psiquiátricos e membros da população em geral para que tomassem LSD e outras drogas, com o fim de saber se era possível transformá-las em drogas secretas. Os "experimentos" eram parte do notório programa MK-ULTRA, uma tentativa de desenvolver técnicas de controle mental. Os militares estavam convencidos de que os prisioneiros de guerra haviam sido submetidos a lavagem cerebral na Guerra da Coreia. Este foi um ponto álgido da paranoia da Guerra Fria e foi tratado por Hollywood na versão original do filme *Sob o domínio do mal.* Um veterano da Guerra da Coreia que sofrera lavagem cerebral dos comunistas maus é programado para regressar aos EUA como agente infiltrado. O filme é apaixonante, mas a trama é uma mistura esquisita de fantasia paranoica e ingenuidade.

O programa MK-ULTRA criou uma "psicose institucional" na CIA: dizem que nos anos do MK-ULTRA os agentes da CIA levavam as próprias garrafas às festas do escritório e vigiavam seus drinques, assim como hoje em dia as mulheres são alertadas para vigiar suas bebidas por temor de que sejam adulteradas. Mas na CIA os drinques não eram adulterados com tranquilizantes do tipo "boa noite Cinderela": eles usavam LSD puro.

O programa MK-ULTRA teve uma operação batizada com um nome maravilhoso — Clímax da Meia-Noite — em que agentes da CIA montaram bordéis em San Francisco. Os clientes eram filmados através de espelhos falsos, os agentes buscavam fotografias comprometedoras e gravavam as conversas íntimas das línguas destravadas pelas drogas. As violações dos direitos humanos do MK-ULTRA eram tão revoltantes que a CIA recrutou e confiava fielmente num agente do Federal Bureau of Narcotics, George White, um sadomasoquista que frequentava prostitutas e tinha enorme prazer em drogar pessoas desavisadas. Numa carta a Sid Gottlieb, seu colega no MK-ULTRA, White se deleitou com o seu papel:

> Eu era um missionário menor, na verdade um herege, mas trabalhei muito nas vinhas porque era divertido, muito divertido. Onde mais um garoto americano vigoroso podia mentir, matar, enganar, roubar, estuprar e saquear com a sanção e a bênção do Todo-Poderoso? (Citado em *The Strenght of the Wolf*, Douglas Valentine, Verso, 2004, p. 141).

Como observa Valentine em seu extenso estudo *The Secret History of America's War on Drugs* [A história secreta de guerra americana contra as drogas]: "De fato, onde mais?"

As cobaias das operações "Clímax da Meia-Noite" mencionaram poucas experiências místicas — afinal, estavam em prostíbulos — mas frequentemente afirmaram que seriam capazes de suportar qualquer tipo de interrogatório, e até a tortura física, se tomassem LSD. Era tudo o que os espiões queriam ouvir, pois temiam que os soviéticos tivessem feito avanços fenomenais em pesquisa paranormal e pudessem, por exemplo, se comunicar telepaticamente com golfinhos armados com pequenos aparatos nucleares. Seria divertido argumentar que os soviéticos e aliados norte-coreanos haviam lançado uma campanha de desinformação incrivelmente inteligente para convencer os adversários americanos de que haviam descoberto os segredos da mente, campanha em que a CIA engoliu a isca, a linha, o anzol e o drinque batizado com LSD. Divertido, porém equivocado, já que na Guerra Fria o serviço secreto russo demonstrou ser mais realista do que sua contraparte ocidental. Por mais incrível que a credulidade oficial pareça hoje em dia — achar que seria possível controlar a mente num grau quase mágico — é preciso recordar que essa busca tivera início logo depois da Segunda Guerra Mundial, e que os nazistas haviam feito experiências não só com o controle da mente, mas também com o ocultismo e a demonologia. Na época, para o combatente comprometido com a Guerra Fria qualquer coisa parecia possível.

Para combater um perigo tão claro, presente e enganador, a CIA recrutou um psiquiatra escocês baseado no Canadá, Donald Ewen Cameron. Ele esperava tratar a esquizofrenia apagando a memória existente e reprogramando a mente. Fez experimentos com o LSD e também com a terapia eletroconvulsiva, usando trinta ou quarenta vezes a voltagem terapêutica normal. Como não usava anestésicos, aquilo equivalia a tortura. Ele colocava as cobaias humanas em coma induzido por drogas durante semanas, usando insulina e sedativos poderosos, e fazia com que ouvissem gravações de ruídos ou frases repetitivas simples. A maioria dos pacientes o procurara em busca de tratamento para problemas menores, como distúrbios de ansiedade e depressão pós-parto. Muitos deixaram o "tratamento" com danos irreversíveis, em alguns casos a perda da capacidade da fala, a incapacidade de reconhecer os próprios pais e até o esquecimento dos próprios nomes. Inacreditavelmente, Cameron foi o primeiro presidente da Associação Mundial de Psiquiatria.

Quando Leary voltou para os Estados Unidos em 1973, foi posto na solitária da Prisão de Folsom, onde escreveu seu manifesto cósmico, *As sete línguas de Deus*, em que afirma que a mente possui sete circuitos que produzem sete níveis de consciência — depois o sistema foi revisado e incluiu outros níveis. Leary afirmou que os quatro primeiros eram "Circuitos Terrestres", ao passo que os outros quatro circuitos (os "Circuitos Estelares" ou "Circuitos Extraterrestres") eram subprodutos evoluídos dos quatro primeiros, e que entrariam em atividade com a futura evolução humana. As transições para os circuitos superiores preparariam as espécies para a vida no espaço — o quinto circuito, por exemplo, nos adaptaria a ambientes com gravidade zero.

Enquanto se concentrava cada vez mais no nosso futuro extraterrestre, Leary se tornava um crítico ácido da "sedutora ciência jurássica" da ecologia — afinal, não havia necessidade de salvar o planeta se em breve dispararíamos em direção a outros mundos. Uma vez iniciada a colonização do espaço, afirmava ele, só os humanos mais "larvais", intelectual e filosoficamente retrógados, decidiriam permanecer no "ninho fétido" da Terra. Embora em seu *Politics of Ecstasy* ele tivesse observado que as visões psicodélicas muitas vezes giravam em torno de temas que preocupavam o usuário de droga — como a religião no caso dos estudantes de teologia, por exemplo — ele parece não ter notado que a sua obsessão com a colonização do espaço era um reflexo das fantasias de ficção científica disseminadas na época.

Em *Starseed* (Semente de estrela), de 1973, Leary viajou ainda mais longe em direção à última fronteira. Os "illuminati", propôs, cerca de 5 mil iluminados, experimentariam o crescimento pessoal viajando pela galáxia enquanto se dedicavam à acrobacia sexual transcendental. Cinco mil dentre os indivíduos mais altamente sexualizados e inteligentes da Terra viajariam para o espaço no Starseed 1, onde poderiam fazer *orgy-porgy* em gravidade zero enquanto contemplavam as estrelas. (A expressão *orgy-porgy* provém de *Admirável mundo novo*, de Huxley, onde os cidadãos do regime controlador do futuro, escravizados porém felizes, se satisfazem em festas regulares com soma — o tranquilizante psicodélico ideal de Huxley que ainda não foi inventado —, danças e sexo e cantando *orgy-porgy* o tempo todo.)

Em dezembro de 1974, o *New York Times* revelou a história do MK-ULTRA, o que fez o Congresso americano investigá-lo. Em 1976, o presidente Gerald Ford emitiu a primeira Ordem Executiva sobre Atividades de Inteligência, proibindo "experimentação com drogas em seres humanos, exceto prévio consentimento informado por escrito de cada objeto humano de pesquisa, testemunhado por terceiros desinteressados". Mas era tarde demais para as vítimas do MK-ULTRA, e os rastros impressos foram rapidamente incinerados. Richard Helms, diretor da CIA, ordenou que todos os arquivos do MK-ULTRA fossem destruídos. Do mesmo modo, não sobreviveu nenhum registro pessoal do envolvimento de Cameron com o MK-ULTRA. A família destruiu tudo após sua morte.

Anos mais tarde, Leary aprendeu a manter a boca fechada sobre drogas, mas continuou a predicar o nosso salto iminente ao universo que nos espera. Ele foi um exibicionista até o fim e pediu que seus últimos minutos fossem gravados em vídeo para a eternidade. Agonizante, disse "Por que não?" ao filho Zachary e continuou repetindo a frase em diferentes entonações, como um ator que ensaia vozes distintas. A última palavra que disse foi "*beautiful*".

Sete gramas das cinzas de Leary foram catapultados ao espaço num foguete que levou os restos de outras 24 pessoas, inclusive os de Gene Roddenberry, o criador de *Star Trek*. Por fim, Leary virou semente de estrela na fronteira final.

O último psiquiatra europeu autorizado a usar LSD estava realmente interessado no seu potencial terapêutico, e não em fantasias cósmicas. Jan Bastiaans era um homem cauteloso, um tanto seco, muito diferente do teatral Leary. Bastiaans estava na casa dos 60 quando o conheci na Universidade de Leiden, em 1978, quando eu fazia um filme chamado *After the Hijack*. Três anos antes, um trem holandês havia sido sequestrado por terroristas das Molucas do Sul que queriam que o governo holandês forçasse o governo indonésio a devolver as Ilhas Molucas do Sul. Os holandeses haviam sido governantes coloniais da Indonésia e, mesmo se tivessem obedecido aos terroristas, não havia meios de os indonésios concordarem em abrir mão do arquipélago. O primeiro sequestro terminou com três mortes. O filme era sobre o que ocorrera com os reféns sobreviventes depois de serem libertados.

Quando um segundo trem foi sequestrado, em 1977, o governo holandês não tinha ideia de como lidar com a situação, mas não recorreu a Bastiaans. Ele havia aborrecido os ministros ao afirmar que todos os que haviam sido reféns nos trens sofreriam grave estresse pós-traumático. Em vez disso, o governo convocou outro psiquiatra para negociar a soltura dos reféns. O psiquiatra ficou furioso quando o líder dos sequestradores afirmou que também lera Freud e que não tinha sentido o psiquiatra fingir ser uma figura paterna. Não é sensato desafiar os psiquiatras em seu próprio território. O psiquiatra holandês insultado disse ao governo que a única solução era bombardear o trem, então a força aérea foi enviada ao local. Um homem morreu; muitos ficaram feridos. Os sequestros foram profundamente traumáticos para a Holanda como nação, e levaram alguns a questionar os limites do tradicional liberalismo holandês, questões que voltaram à tona recentemente com o reflorescimento do islamismo nos Países Baixos.

Bastiaans era um freudiano ortodoxo que havia estudado sobreviventes da guerra de 1939-1945 e a subsequente batalha holandesa para manter a Indonésia. Muitos soldados holandeses viveram situações infernais na selva e como prisioneiros de guerra. Ele falou de pacientes que haviam assistido a decapitações e outros que haviam decapitado inimigos. Ele descreveu essas barbaridades na sua tese de doutorado, *The Psychosomatic Consequences of Oppression and Resistance* (1957). Soldados e sobreviventes frequentemente retardavam a reação ao testemunho desses horrores, especialmente "as personalidades altamente autocontroladas que tentavam com afinco controlar, suprimir ou reprimir as dolorosas consequências traumáticas da guerra".

O vínculo com Freud era claro. Se a pessoa não podia encarar o que lhe havia sucedido, o que havia feito ou visto, estava obrigada a permanecer impotente num estado traumático agudo. O truque era romper o trauma e permitir ao paciente recordar e articular a dor e, com isso, descobrir as suas causas. De um modo freudiano ortodoxo, Bastiaans tentou a hipnose, técnicas analíticas convencionais e a narcoanálise, mais radical, quando sedou pacientes para que atingissem um estado hipnagógico na esperança de desvelar lembranças traumáticas reprimidas. Funcionou em alguns casos. Quando os pacientes sentiam-se seguros, "uma média de oito sessões geralmente é suficiente para libertar o paciente", disse Bastiaans. Mas outros precisavam de 800 a 1.000 horas de psicanálise tradicional e narcoanálise para sentirem-se melhor. Muitos morriam antes da cura.

Bastiaans recorreu ao LSD para acelerar o processo e, após cinco anos concluiu que a droga podia ajudar três tipos de pacientes: os que tinham mecanismos de defesa e de enfrentamento rígidos, os que apresentavam síndromes do sobrevivente ou de campos de concentração e os que não haviam progredido após muitos anos de psicanálise. Os melhores resultados eram obtidos com os homens que ele definia como "combatentes inibidos", que não conseguiam falar sobre os seus sentimentos. O LSD os libertava quando estavam em um ambiente seguro, como o consultório. Em geral não eram necessárias mais de sete sessões com LSD para ver os benefícios.

Apesar destas descobertas impressionantes, muitos colegas acusaram Bastiaans de desistir do "ouro puro" da psicanálise em troca da prata da psicoterapia com LSD. As críticas o deixaram triste. Ele disse-me que se sentia traído. Quando se aposentou, seu trabalho não teve continuidade na Universidade de Leiden nem na sua clínica em Oegstgeest. A pesquisa com LSD chegara ao fim, apesar das provas substanciais de que apresentava múltiplos usos terapêuticos.

Ao examinar as pesquisas da época, não só as oportunidades perdidas chamam a atenção. A pesquisa dos motivos por trás do uso habitual de drogas foi inconclusiva e superficial. Sidney Cohen, um dos principais psiquiatras a trabalhar com pacientes que abusavam de drogas na década de 1970, afirmou que havia cinco diferentes razões para as pessoas experimentarem drogas — e continuarem a usá-las. Naquele então, havia na psicologia uma tradição, reconhecidamente imperfeita, de pesquisar a personalidade, mas mesmo assim soa muito ingênua a afirmação de Cohen de que era possível dividir os usuários de drogas em cinco tipos essenciais de personalidade — a imatura, a deprimida, a antissocial, a esquizofrênica e a que cresce em ambientes onde as drogas são a norma. Ele chegou a fazer retratos cuidadosos de cada tipo, mas sua abordagem continuou sendo demasiado simplista.

Deve ser dito a favor de Freud que ele nunca previu quanto tempo levaria para que fossem aperfeiçoados os medicamentos que substituiriam a psicanálise. A sua cautela foi sábia. A mais complexa estrutura do universo, o cérebro, até agora tem escapado às tentativas de controle direto — e os remédios psiquiátricos demonstraram, em alguns casos, serem muito mais adictivos e perigosos no longo prazo do que as drogas de rua. Os governos e as instituições médicas certamente falharam em seguir o princípio central do juramento hipocrático: acima de tudo, não causar dano. Para alguns historiadores da medicina, é irônico, amargamente irônico, que a proibição do LSD tenha negado à psiquiatria uma substância que pode, sem dúvida, ser prejudicial, mas que, em alguns casos, parece trazer a perspectiva de uma cura real. Infelizmente, essas proibições sempre são motivadas por preocupações mais políticas do que médicas.

14

A conexão russa

Quando Lenin morreu, dois homens ambiciosos lutaram pelo controle do Partido Comunista russo. O jovem Stalin (que fora seminarista) conseguiu levar a melhor sobre Leon Trotski, que foi forçado a se exilar. Depois de anos na Turquia, França e Noruega, Trotski terminou no México. O deslocamento teve forte influência não só no desenvolvimento do trotskismo como também na pesquisa sobre a cocaína.

Stalin não tinha a intenção de deixar que Trotski continuasse vivo, e enviou assassinos no seu encalço. Em 24 de maio de 1940 ele sobreviveu ao primeiro atentado à sua vida por um pequeno grupo de agentes stalinistas, mas no segundo atentado, em agosto, Ramón Mercader matou-o com um golpe de picareta de alpinista (posteriormente, arquivos divulgados ao público provaram que Mercader era um agente soviético). Naquela época, Trotski e sua família haviam criado raízes no México. A sua bisneta, Nora Volkow, nasceu na Cidade do México. Hoje, ela dirige o American National Institute on Drug Abuse e é uma das maiores autoridades mundiais em cocaína, neurotransmissores e o seu papel na adição e nas doenças psiquiátricas.

Vimos que Otto Loewi supusera que as mensagens cerebrais dependiam de neurotransmissores como a dopamina. Como Volkow descobriu, as novas técnicas de mapeamento cerebral por imagem demonstram que os adictos à cocaína têm menos receptores de dopamina funcionando corretamente do que os não adictos. O resultado desta disfunção da dopamina é singular e profundo. Um dependente químico precisa de estimulações mais extremas para sentir prazer. Os estímulos normais — por exemplo, comida, sexo e um belo pôr do sol — são simplesmente fracos demais para causar impacto no seu cérebro. Após anos de dependência, o sistema dopamínico de um adicto precisa do "kick" da cocaína para sentir prazer com o que for.

Freud escreveu sobre como muitos neuróticos não conseguem desfrutar dos prazeres normais e, por isso, buscam o extravagante. De certa forma, os adictos são como os fetichistas, que só conseguem estimulação sexual por meio de sapatos, chapéus ou pela forma preferida de dor do masoquista. Os adictos só respondem a algo extraordinário — a droga que escolheram. O uso da droga muda sua bioquímica, e a "força de vontade" apenas não desfaz esta mudança, afirma Volkow. "Ninguém escolhe a dependência. Eles simplesmente são cognitivamente incapazes de escolher não serem dependentes." Muito disso se deve à natureza do seu sistema dopamínico.

A dopamina não flui livremente pelo cérebro; receptores específicos de dopamina a recebem e a transmitem de um neurônio ao outro. A cocaína funciona ligando-se aos chamados transportadores de dopamina — as proteínas ou terminações nervosas que sugam o excesso de dopamina — e desativando-os. Com essas terminações nervosas fora de ação, a dopamina se concentra fora dos neurônios, e seu excesso aumenta a quantidade de neurotransmissores disponíveis no cérebro todo. Então o cérebro trabalha mais rapidamente, porém, para usar uma metáfora prosaica, é como uma máquina que recebeu óleo demais. O excesso acaba entupindo a máquina.

Em 1997, Volkow foi coautora de um artigo que provou que a cocaína bloqueava o sistema de "transporte de dopamina". Ela demonstrou que existe uma correlação entre o grau de bloqueio — o "óleo" nas partes do sistema onde o cérebro não a teria produzido naturalmente — e "a magnitude do barato autodeclarado". Pelo menos 47% dos locais de transporte tinham de ser bloqueados para que os usuários experimentassem os efeitos euforizantes da cocaína.

Em 2003, Volkow afirmou à Associação Americana de Psiquiatria: "Este aumento de dopamina é essencial para criar dependência, mas não chega a explicá-la. Se dermos uma droga que provoca dependência a qualquer pessoa, seu nível de dopamina aumenta. Contudo, a maioria das pessoas não se torna dependente."

Mais uma vez estamos diante da complexidade do cérebro. A questão é: por que o aumento no nível de dopamina provoca ansiedade pela droga em algumas pessoas e não em outras? Parte do motivo pode estar na vulnerabilidade da pessoa à obsessão ou à compulsão, afirma Volkow. Em seguida, ela estudou o córtex frontal, associado ao pensamento de ordem superior, uma área que poucos neuropsicólogos pensavam estar envolvida na dependência química. No entanto, o escaneamento com tomografia por emissão de pósitrons desta área mostrou uma atividade semelhante nas pessoas dependentes e nas que têm distúrbio obsessivo-compulsivo.

"Aquilo me deixou completamente surpresa", disse Volkow. "Ambas as doenças apresentam em comum o comportamento obsessivo-compulsivo. Uma é a ânsia incontrolável por usar drogas, a outra a compulsão por rituais." As drogas podem mudar a química cerebral de modo a disparar a compulsão para tomar mais drogas. "As drogas trazem bem-estar, mas essa é a explicação trivial. Qual é o papel da dopamina na falta de controle?", indaga Volkow — e continua perguntando. É muito difícil dar uma resposta definitiva diante dos atuais limites do nosso conhecimento do cérebro.

Até Hoffman sintetizar o LSD, as drogas usadas para sentir euforia eram todas baseadas em substâncias naturais — ópio, haxixe, folha de coca e álcool. A proibição do LSD estimulou químicos criativos e subversivos a procurar novos caminhos para o paraíso químico — e o olvido. O maior inventor vivo de compostos psicoativos, Alexander Shulgin, é neto de ucranianos que emigraram para os EUA. No momento em que escrevo, ele sofre uma severa embolia e vários sites na web dedicados às drogas trazem um apelo de assistência financeira para ajudá-lo a se recuperar. Sem querer ofender os Shulgin, vejo uma triste ironia no fato de que um dos mais prolíficos químicos orgânicos da história, criador de centenas de drogas legais e ilegais, não tenha um plano de saúde adequado. Como costumam dizer os apresentadores de talk-shows nos EUA: *só na América!*

Alexander Shulgin era fascinado por química desde criança e foi para Harvard com apenas 16 anos. Em 1943, largou a faculdade e se alistou na Marinha. Num estranho eco de Fleischl, uma infecção no polegar estimulou seu interesse inicial pelas drogas. Em 1944, uma enfermeira lhe deu suco de laranja pouco antes da operação no polegar. O suco, ou talvez o medo da cirurgia, parece ter levado Shulgin à autossugestão: o rapaz de 19 anos se convenceu de que os cristais no fundo do copo eram um "sossega-leão". Num perfeito exemplo do triunfo da mente sobre a matéria, ele desmaiou, como Freud fizera tantas vezes. Ao voltar a si, soube que as gotas de "sossega-leão" não passavam de açúcar.

Shulgin recebeu o título de Ph.D em bioquímica em Berkeley, em 1954, e foi trabalhar para a Dow Chemicals. Ele fez uma fortuna para a empresa ao criar uma substância muito diferente das que hoje estão associadas ao seu nome; não se tratava de uma chave para as portas da percepção. A sua invenção, o Zectran, foi o primeiro pesticida biodegradável. Como recompensa pelo sucesso comercial, a Dow o autorizou a pesquisar o que bem lhe aprouvesse, e essa liberdade mudou sua carreira — e, com o tempo, a sua visão de mundo. Ele se dedicou a criar novas drogas psicoativas e, no início, publicava suas descobertas em periódicos convencionais, como *Nature* e *The Journal of Organic Chemistry*. Ele escreveu: "Explorei a mescalina pela primeira vez no final dos anos 1950. De 350 a 400 miligramas. Foi aí que aprendi que carrego muita coisa dentro de mim." Ele ficou assombrado ao entender que tudo o que via e pensava:

> [...] fora provocado por uma fração de grama de um sólido branco, e era impossível dizer que essas lembranças estivessem contidas no branco sólido [...]. Entendi que o universo inteiro está contido na mente e no espírito

> Podemos escolher não ter acesso a ele, podemos até negar sua existência, mas ele está lá de fato, dentro de nós, e há substâncias químicas que podem catalisar o acesso a ele.

Shulgin pensou que era preciso examinar "essa área notavelmente rica e inexplorada". Ele a explorou um pouco como um botânico em busca de novas espécies. O seu passado de químico industrial fizera dele uma pessoa metódica. Ele também tinha o dom de travar amizades úteis. Conheceu Bob Sager num clube do qual Herbert Hoover, o lendário chefe do FBI, fora sócio. Sager era diretor dos laboratórios da Drug Enforcement Agency (DEA) sediados em San Francisco, e precisava de informações sobre o crescimento do mercado das drogas. Ele recrutou Shulgin para dar palestras aos agentes da DEA, fornecendo-lhe amostras e às vezes testemunhando como especialista a seu favor. Em troca, Shulgin recebeu licença para desenvolver, sintetizar e testar novos compostos psicodélicos em si mesmo e em grupos reduzidos de amigos.

Talvez ingenuamente, Shulgin afirmou que não havia relação entre o fato de trabalhar para uma agência antidrogas e ter recebido uma licença Schedule 1, que lhe permitia trabalhar com qualquer droga ilícita. Uma vez obtida a licença, ele montou um laboratório num pequeno edifício atrás da sua casa.

A mais controversa das quase 200 drogas criadas por Shulgin foi o MDMA ou *ecstasy*, saudada como a grande droga do amor e da alteração da consciência que, mais tarde, tipicamente, provou oferecer um Nirvana imperfeito. O MDMA havia sido sintetizado em 1912 pelos antigos patrões de Freud, a Merck de Darmstadt, mas naquela época a empresa não vislumbrou um mercado para ele. A história do MDMA mais uma vez mostra a natureza aleatória da história farmacêutica. A Merck procurava uma droga que inibisse o apetite. O MDMA parecia ser promissor nesse aspecto — é uma anfetamina, e a maioria das anfetaminas inibem o apetite — mas, por razões desconhecidas, as pesquisas foram abandonadas e a droga, engavetada. É provável que as propriedades singularmente euforizantes do MDMA tenham parecido esquisitas e indesejáveis aos primeiros pesquisadores, se ele tiver sido testado em humanos, e ele tenha sido simplesmente abandonado. Talvez o MDMA (*ecstasy*) simplesmente não fizesse sentido num mundo que ainda precisava experimentar o rock psicodélico e a música eletrônica.

Shulgin testou os novos compostos primeiro em si mesmo, mas foi cauteloso e começou com uma "dosagem de alergia" do análogo mais próximo ao composto, uma quantidade inativa, para testar as reações alérgicas. Esperou um dia e ingeriu uma quantidade maior. Quando um composto parecia interessante, a sua esposa Ann o experimentava em seguida. Se ela também achasse que tinha possibilidades, Shulgin convidava o "grupo de pesquisa" formado por seis ou oito amigos íntimos — dois eram psicólogos, um era químico — para testar o novo preparado. Sempre precavido, ele mantinha um anticonvulsivante à mão para o caso de alguém ter uma reação negativa à droga.

O grupo de pesquisa criou a Escala de Avaliação Shulgin. Testes psicológicos normais já são bastante imperfeitos, e a Escala de Shulgin não é uma maravilha de método. Ela pede aos objetos de pesquisa que registrem o que tomam, a dosagem e descrevam a experiência. Esta então é avaliada numa escala de Mais Um a Mais Quatro.

Por exemplo, ao descrever um composto que denominou 2CT-2, Shulgin informa: "[...] (com 22 mg) Ação inicial lenta. Levou uma hora para chegar ao Mais Um e quase outras duas horas para chegar a +++. Imagens fantasiosas muito vívidas, olhos fechados, mas sem confusão nas linhas entre 'realidade' e fantasia. Alguns padrões cinza-amarelados típicos da psilocibina. Diarreia aguda na quarta hora, sem outros problemas físicos evidentes. Agradável erotismo. Bom material para número desconhecido de usos possíveis. Pode ser explorado por um longo tempo. Melhor tentar 20 miligramas da próxima vez." Isso lembra Freud dizendo que a cocaína o fazia sentir Estado I ou IIa.

A escala diferencia quatro estados:

MAIS UM (+)
A droga é muito ativa. O tempo pode ser medido com certa precisão, mas a natureza dos efeitos da droga ainda não é aparente.

MAIS DOIS (++)
A natureza da ação de uma droga é sem dúvida aparente. Mas ainda se pode optar por aceitar a aventura, ou apenas prosseguir com os seus planos normais do dia, no caso de um pesquisador experiente.

MAIS TRÊS (+++)
Já não se pode ignorar a ação da droga. O sujeito está totalmente envolvido na experiência, para o bem ou para o mal.

MAIS QUATRO (++++)
Um estado transcendental raro e precioso, que foi denominado "pico da experiência", "experiência religiosa", "transformação divina", "estado de Samadhi" e vários nomes de outras culturas. Não tem relação com as medições +1, +2 e +3 de intensidade da droga. É um estado de graça, místico, uma ligação com os universos interior e exterior que ocorre após a ingestão de uma droga psicodélica, mas que não necessariamente pode ser repetido com uma ingestão posterior da mesma substância. Se uma droga (ou técnica, ou processo) fosse descoberta e pudesse produzir consistentemente uma experiência Mais Quatro em todos os seres humanos, pode-se supor que irá assinalar a evolução máxima. Em outras palavras, isso faria do Mais Quatro o pico dos picos da experiência.

Contudo, Shulgin não considerou a experiência com o MDMA extática em excesso, e comparou o *ecstasy* a um "Martini de baixa caloria". No entanto, ficou intrigado com o modo como a droga o fazia sentir-se inebriado, desinibido e, ao mesmo tempo, muito alerta. "Não tinha as outras coisas visuais e auditivas imaginárias que se costuma obter com os psicodélicos", disse ele. "Fazia a pessoa se abrir para os outros e para os próprios pensamentos, mas não necessariamente os coloria com tons bonitos e ruídos estranhos." Ela bem poderia ser usada em psicoterapia, pensou Shulgin, e apresentou-a a um terapeuta chamado Leo Zeff, que começou a usar MDMA em pequenas doses para ajudar os pacientes a se abrir.

O MDMA é apenas um dentre quase 200 compostos inventados por Shulgin. Um número infinito de leves variações químicas produz experiências diferentes — agradáveis ou desagradáveis, segundo a pessoa, a substância e a situação. Shulgin registrou diversas delas nos livros *PiHKAL* (abreviação de *Fenetilaminas que conheci e amei*) e *TiHKAL*, *Triptaminas que conheci e amei* (as fenetilaminas e as triptaminas são duas famílias químicas particularmente ricas em psicoatividade), ambos escritos com a sua esposa.

A primeira parte de *PiHKAL*, *A história de amor*, fala de como Shulgin e a esposa se conheceram, flertaram e compartilharam diversas experiências com drogas. A segunda parte, *A história química*, descreve 179 fenetilaminas. Cada entrada traz instruções passo a passo da síntese, com as doses recomendadas e "comentários qualitativos", como os que constam das respostas à Escala de Shulgin.

A seguir, Shulgin descreve o efeito de 60 miligramas de uma substância chamada 3C-E num estilo que pertence claramente à tradição introspectiva: "Visuais muito fortes, insistentes. O desconforto físico continuou muito forte na primeira hora [...]. Na segunda hora, cores fortes, formas definidas — como joias — de olhos fechados. De repente, ficou decididamente antierótico [...]. Imagem de um edifício envidraçado no meio do deserto. Sensibilidade delicada. Efeito diminuiu à meia-noite. Na manhã seguinte, luzes piscando levemente ao olhar pela janela."

PiHKAL fez de Shulgin uma celebridade *underground*. O Centro para a Liberdade Cognitiva e a Ética tem uma coluna online, *Pergunte ao dr. Shulgin*, que recebe 200 perguntas por mês. Em páginas independentes na web com informações sobre drogas, tais como www.erowid.com, pode-se achar as entradas de *PiHKAL* e *TiHKAL* para dezenas de drogas, além de debates animados sobre o seu trabalho e suas invenções em fóruns sobre drogas. Shulgin afirmou que o prazer de sintetizar uma droga nova é como pintar um bom quadro ou escrever um bom romance. Dois anos após a publicação de *PiHKAL*, a relação de Shulgin com o DEA azedou. Eles invadiram o seu laboratório e revogaram a sua licença, depois de trazer-lhe drogas confiscadas para análise forense; essas drogas muitas vezes haviam sido criadas pelo próprio Shulgin e usadas e sintetizadas por químicos clandestinos que eram ávidos leitores dos seus livros e receitas.

Desde então, criou-se uma batalha química. Shulgin apresenta um novo composto que ainda não pode ser declarado ilegal. Para tal, as autoridades precisam comprá-lo e analisá-lo; só então podem decretar que ele preparou outra substância sem utilidade médica, que *pode criar dependência* e que, portanto, deve ser listada entre as drogas do Schedule I. A segunda condição é bastante ambígua, pois continua sendo impossível definir a dependência — se aceitarmos, como Volkow, que ela é em parte uma compulsão, então se pode dizer que alguns podem se tornar dependentes de cheeseburgers, refrigerantes e pornografia. Até agora, Shulgin conseguiu driblar a lei e vive como um homem livre num rancho, onde cultiva cactos que contêm mescalina.

Contrapor Shulgin ao xerife é um cenário divertido, mas a sua atitude diante das mortes relacionadas às drogas é muito cavalheiresca. Ele afirma que uma pequena porcentagem de usuários morre de aspirina e, quando perguntado se consegue imaginar uma droga tão adictiva que deveria ser banida, diz que não. A sua única concessão é que as crianças deveriam ser proibidas de comprar drogas psicoativas. Ele trabalha de modo independente há décadas, na tangente da legalidade; pode-se perguntar se, em parte, a DEA resolveu não processar Shulgin para não atrair publicidade para o seu trabalho. De todo modo, é pena que ele tenha trabalhado nesse isolamento relativo e as suas ideias não sejam submetidas a um escrutínio acadêmico organizado.

Os Estados Unidos são um país profundamente puritano e as atitudes oficiais diante das pesquisas com drogas continuam sendo ilógicas — apesar da prescrição em massa de analgésicos, estimulantes e antidepressivos altamente viciantes demonstrar que a Guerra às Drogas iniciada pelo presidente Nixon não é nem consistente nem, talvez, pretenda sê-lo. Afirmei que a proibição da pesquisa sobre o LSD pôs fim a importantes estudos clínicos. Um grupo, contudo, depois conseguiu driblar a proibição mediante o uso de contatos no governo, ajudado pelo fato de estar baseado na Johns Hopkins, uma das mais importantes universidades médicas americanas.

Há alguns anos, Bill Richards e Roland Griffiths estudam metodicamente os psicodélicos, inclusive a mescalina e a psilocibina. Conversei com Griffiths, que explicou sua última pesquisa. Ficou claro que eles tiveram de confirmar algumas descobertas de pesquisas anteriores, devido ao longo período de proibição dos trabalhos sobre o LSD.

Seus experimentos têm uma estrutura simples. Os objetos de pesquisa são vendados e levados ao chamado "quarto da psilocibina", uma sala confortável onde ouvem música clássica — principalmente as missas de Bach — e recebem a substância. Muitos afirmam que ouvir Bach durante seis horas ou mais no escuro, sendo estimulados à introspecção, era por si só uma experiência poderosa.

Os resultados do estudo foram publicados em 2006. Richards e Griffiths observaram que:

> Ao ser administrada aos voluntários em condições acolhedoras, a psilocibina provocava experiências semelhantes às experiências místicas que ocorrem espontaneamente, e os voluntários consideraram que tinham um sentido pessoal substancial e duradouro, além de um significado espiritual.

Eles acrescentaram:

> Talvez o mais significativo, aqueles que tiveram experiências místicas afirmam que perderam o medo da morte [...] e, de algum modo, sentem-se parte de algo eterno. Não necessariamente a imortalidade pessoal — há um paradoxo aí —, não é a negação da morte mas, apesar

da realidade da morte, de certo modo é um bom universo. A vida faz sentido. E há motivo para passar o resto da vida da maneira mais plena possível. É muito inspirador.

Os voluntários alcançaram um estado místico que revelava "a dimensão da reverência profunda, de profunda humildade, de ter o ser desnudado [...]. É a dimensão sagrada da revelação, mas pode ser o que Kierkegaard denominou 'temor e tremor' — incrivelmente profunda e poderosa".

Dois meses depois, 79% dos participantes informaram um aumento de moderado a grande do bem-estar e de satisfação com a vida. Em 2008, um estudo de acompanhamento sugeriu, como já fora observado na década de 1960, que o LSD poderia provocar mudanças duradouras. Griffiths contou-me que ficou impressionado com o fato de "as experiências místicas indicarem possuir a capacidade de reorganizar drasticamente o comportamento e a percepção humanas [...] de modo súbito [...]. E isto é o que são as experiências de conversão — experiências de um grande *insight*, ou de significado religioso, que levam as pessoas a reorganizar drasticamente as suas prioridades e concepções do mundo. Elas mudam de uma maneira que frequentemente é positiva — altruísta, pró-social e aberta a novas experiências".

Têm havido também pesquisas menos impressionantes com o LSD, a psilocibina e a cefaleia em salvas. Sewell, Halpern e Hope (2006) descobriram que, num total de 26 voluntários que tomaram psilocibina, em 22 deles a droga interrompera o surgimento de crises, e sete de oito usuários de LSD afirmaram que, depois de tomar a substância, as suas dores de cabeça haviam desaparecido. Essa descoberta tem uma importância especial, pois as cefaleias em salvas são um dos sintomas mais dolorosos conhecidos pela medicina, e são altamente resistentes aos analgésicos convencionais, inclusive aos opiáceos. Curiosamente, as drogas mais eficazes no tratamento de crises de enxaqueca — os triptanos — derivam da estrutura da triptamina, que foi muito pesquisada por Shulgin. A amostragem sobre a cefaleia em salvas era pequena, mas o trabalho era suficientemente convincente para ser publicado num periódico respeitado, *Neurology*. Estes fios de evidências deixam claro que o LSD possui consideráveis aplicações terapêuticas, e que a proibição da pesquisa teve um custo alto para a medicina.

A situação das drogas psiquiátricas legais também é problemática, mas por razões muito diferentes, que apontam a dificuldade de prever como uma substância pode afetar o cérebro. Quando comecei a fazer reportagens sobre psiquiatria, há 30 anos, havia um grande problema no hospício mais secreto do Reino Unido. Desde a década de 1950 ele era dirigido pelo dr. Patrick McGrath. Depois de fazer um filme sobre Diana Irons, uma adolescente que havia sido internada no Broadmoor, fui autorizado pela Secretaria de Saúde a fazer um filme sobre o hospital para a ITV, mas McGrath não gostou. Quando fui vê-lo, ele me acusou de filmá-lo secretamente e mandou duas enfermeiras me escoltarem para fora do "seu" hospital. A ITV continuava querendo o filme, então nós o fizemos sem ajuda oficial. Encontrei 33 ex-pacientes e produzi *I was in Broadmoor* [Eu estive em Broadmoor], uma crítica feroz ao funcionamento do hospital.

Hoje, o Broadmoor continua sendo a morada dos pacientes mais difíceis e perigosos do Reino Unido, inclusive do assassino em série Peter Sutcliffe. Um dos gêmeos Kray passou anos lá. Um paciente menos famoso foi Bill Collins, que aos 19 anos atacou a namorada. Ele nunca negou tê-la machucado nem reclamou da punição; a polícia o encontrou chorando ao lado dela. "Eu estava completamente infeliz", disse-me ele, "mas o que fiz foi horrível." Foi condenado a quatro anos e mandado à prisão de Wakefield em 1962. Ele esperava que a prisão não significasse o fim da sua educação, e começou a estudar botânica e biologia. "Mas estraguei tudo", disse Bill. Ele atacou um instrutor civil. Semanas mais tarde ele foi jogado em uma van sem saber para onde o levavam. Ficou em pânico quando a van parou diante dos portões de Broadmoor.

O fato de Bill ter sido condenado a apenas quatro anos logo foi esquecido, e ele estava detido e à disposição de Sua Majestade. Quando chegou ao Broadmoor, "as enfermeiras me perguntaram se eu queria o caminho fácil ou o difícil. Perguntei se o fácil comprometeria a minha integridade.

Elas responderam: 'Nós sabemos como você quer'". Ele recebeu altas doses de antipsicóticos e tranquilizantes para permanecer sedado.

Durante um enfrentamento, as enfermeiras quebraram o braço de Bill; ele afirma que, dez anos depois, elas se desculparam e lhe deram meia garrafa de uísque, um grande presente no hospital. No início dos anos 1990, Bill pensava que nunca o deixariam sair de Broadmoor, mas em 2000, 38 anos depois de ter recebido a sentença de quatro anos, ele foi libertado para viver numa unidade de segurança perto de Newbury. As décadas de "assistência" psiquiátrica haviam cobrado o seu preço. Bill já não tinha dentes e se arrastava como um velho, embora acabasse de fazer 60 anos. Era difícil entender o que ele dizia.

Por muitos anos, o médico responsável por Bill foi o dr. Patrick McGrath.

"Diversas vezes eu lhe pedi para suspender a medicação, porque me causava muita dor e efeitos colaterais", disse Bill.

"Não me chateie, Bill", era a resposta do dr. McGrath. "Eu vou suspender quando você estiver pronto." Foram necessários mais de 35 anos para os psiquiatras decidirem que Bill podia viver sem as drogas. Nessa época, McGrath havia morrido e Bill tinha outro médico.

Mais tarde, ele foi libertado da unidade de segurança e pôde viver em comunidade. O seu apartamento em Clapham, no sul de Londres, era uma verdadeira bagunça de livros, gravuras vitorianas, arquivos, quinquilharias em geral, duas gaiolas e inúmeros corseletes. Bill havia herdado algum dinheiro e gastava fartamente em corseletes e também com a rainha-mãe. Quando ainda estava no Broadmoor ele começou a enviar-lhe flores no seu aniversário e, ao sair, o cavalariço real perguntou-lhe se havia algo que a rainha-mãe pudesse fazer por ele. Em junho de 2003, Bill alugou um fraque e uma cartola e assistiu ao Derby como convidado da rainha-mãe. Ele achou que aquilo representava um verdadeiro triunfo — e com razão.

Os medicamentos e os anos no Broadmoor fizeram dele um homem menor, afirmou. Ele já não era a pessoa que havia sido nem a que poderia ter sido. Não era estranho que pensasse que as drogas que supostamente deveriam tê-lo ajudado o haviam prejudicado definitivamente.

Claro que há uma grande diferença entre as drogas receitadas aos pacientes e as que os dependentes usam. No primeiro caso, os psiquiatras dizem aos pacientes que usem drogas; no segundo, a sociedade diz aos usuários para não fazê-lo.

Afirmei que a cocaína foi uma das primeiras drogas a passar de elixir milagroso a poção do diabo e, depois, que as empresas farmacêuticas foram lentas em aceitar os dados que demonstravam que os novos antidepressivos e antipsicóticos causavam graves efeitos colaterais. Talvez a descoberta mais assombrosa, porém, não esteja relacionada com as drogas, mas com os placebos — tratamentos que não contêm nenhum ingrediente ativo.

Em maio de 2002, o *Washington Post* publicou o artigo "Contra a depressão, nada melhor que uma pílula de açúcar", em que atacava a empresa Big Pharma. "Uma nova análise descobriu que na maioria dos testes feitos pelas companhias farmacêuticas nas últimas décadas as pílulas de açúcar têm funcionado tão bem — ou melhor — que os antidepressivos. As companhias tiveram de fazer inúmeros testes até conseguir dois que apontassem um resultado positivo, o mínimo exigido para a aprovação da Agência de Controle de Alimentos e Medicamentos (FDA)."

Ao final dos testes, quando os pacientes que usavam o placebo souberam o que realmente haviam tomado, seu estado rapidamente se deteriorou. "A crença das pessoas no poder dos antidepressivos explica por que funcionam com placebos", disse o *Washington Post.*

Em 2008, dois psicólogos usaram a Lei de Liberdade de Informação para obter dados de 47 estudos usados pela FDA para aprovar os seis antidepressivos mais receitados entre 1987 e 1999. Os estudos não eram exatamente um endosso brilhante. Os antidepressivos funcionavam 18% melhor que os placebos, o que é estatisticamente significativo, mas dificilmente é um resultado extraordinariamente positivo.

Desde a década de 1960, para as empresas farmacêuticas muitas vezes o ataque é a melhor defesa quando se veem confrontadas com provas de que os seus produtos causam efeitos colaterais sérios. A fabricante do Prozac, a Eli Lilly, argumentou que o metaestudo que analisou os 47 testes não havia levado em conta as pesquisas mais recentes; a GlaxoSmithKline alertou que o artigo não deveria ter sido divulgado, pois poderia provocar "alarme desnecessário". Alarmar quem? Os pobres pacientes e os médicos, claro. Não se disse nada sobre as bolsas de valores, instituições que frequentemente são assaltadas pelo medo e o pânico, como os neuróticos. Dois psiquiatras britânicos afirmaram que a meta-análise dos 47 estudos era tragicamente falha. Seus autores, eles declararam, eram da área de psicologia, não tinham experiência com testes de drogas e haviam sido influenciados pela campanha da mídia contra os antidepressivos. O duo de psiquiatras pró-fármacos também tinha suas falhas: descobriu-se que tinham ligações financeiras com as empresas farmacêuticas.

Contudo, os problemas com os medicamentos não impediram os fabricantes farmacêuticos de explorar novos mercados. Até a década de 1980, a ortodoxia psiquiátrica afirmava que crianças raramente sofriam de esquizofrenia, a depressão infantil era rara e o mesmo sucedia com o suicídio. Havia algo de ingênuo nestas afirmações, mas elas traziam um enorme benefício — raramente as crianças eram submetidas a medicamentos psiquiátricos. Como os psiquiatras primitivos eram cegos! Pesquisas aperfeiçoadas demonstraram que até os bebês precisavam de remédios. Por isso, recentemente as drogas da moda, como a Ritalina e o antidepressivo Paxil, são receitadas a mais de sete milhões de crianças nos Estados Unidos. Dizem que esses remédios curam o distúrbio de déficit de atenção das crianças e, no caso do Paxil, o "transtorno de oposição". O sintoma deste "transtorno" dúbio é a desobediência das crianças aos pais, professores e médicos. A Ritalina, metilfenidato, é um análogo da anfetamina que funciona de modo semelhante a esta e é muitas vezes usada em excesso, como descreveu memoravelmente Elizabeth Wurtzel no seu relato autobiográfico sobre dependência *More, Now, Again*. O Paxil, vendido no Reino Unido como Seroxat, tem sido relacionado ao suicídio. Essa é a ironia dos chamados "antidepressivos" — eles aumentam significativamente, em até oito vezes, a probabilidade de suicídio, inclusive segundo os próprios fabricantes.

Em uma edição da *Scientific American Mind* de 2009, Edmund S. Higgins estimou que, nos Estados Unidos, 9% dos meninos e 4% das meninas haviam sido receitados com estimulantes para distúrbios de déficit de atenção. Diversos pesquisadores informaram sobre os efeitos colaterais previsíveis da anfetamina em crianças que tomavam Ritalina, dextro-anfetamina ou Adderall (uma combinação de dexanfetamina e sais de anfetamina que, na forma ilegal, constitui a maior parte da anfetamina vendida nas ruas no Reino Unido), tais como alucinações, dificuldade de dormir, alterações de humor, dor de estômago, diarreia, dor de cabeça e falta de apetite.

Pode parecer estranho ministrar um estimulante como o metilfenidato da Ritalina a crianças que já são hiperativas, mas há provas de que estas drogas aumentam a atividade do córtex frontal, que controla a atenção. Pacientes com distúrbio de déficit de atenção possuem o lóbulo frontal ou córtex (os dois termos costumam ser usados como sinônimos) menos ativo e, às vezes, menor do que a média. O córtex frontal é a parte do cérebro geralmente rotulada de "executiva" pelos americanos, e sabe-se que ele suprime as emoções. Do final da década de 1930 ao início da década de 1960, os psiquiatras muitas vezes faziam lobotomias, cortando as ligações entre o lóbulo frontal e o resto do córtex. A operação era primitiva, mas os pacientes lobotomizados raramente eram violentos e certamente paravam de quebrar vidraças. Poucos psiquiatras entendiam a lobotomia como uma cura, mas muitos argumentavam que era o melhor a fazer em pacientes desesperadamente doentes e intratáveis por outros meios. Hoje a operação praticamente não é feita, em parte por preocupações éticas e em parte porque altas doses de medicamentos produzem resultados semelhantes sem danos cerebrais tão óbvios e irreversíveis.

As boas indústrias criam novos mercados — e as empresas farmacêuticas são especialistas em gerar ansiedades que, depois, precisam ser acalmadas com novidades. Isso levou alguns psiquiatras a sugerir que, em vez de distúrbios que requerem tratamento, hoje a indústria farmacêutica cria drogas que exigem um distúrbio correspondente e, se for preciso, ela inventa um.

Em 2008, a FDA licenciou dois novos estimulantes — o Venvanse (uma forma de dexanfetamina, o dimesilato de lisdexanfetamina) e o Concerta (outro tipo de metilfenidato) para tratar adultos com problemas de déficit de atenção. Há quase dez anos, as companhias farmacêuticas sugerem que embora sejamos "sãos", precisamos de ajuda para nos concentrar.

Higgins assinalou que alguns pacientes pediram-lhe panaceias para melhorar a produtividade. Entre 2000 e 2005, as receitas de metilfenidatos e anfetaminas aumentaram 12% ao ano. Higgins fez a pergunta básica: sabemos o que as drogas estão realmente provocando no cérebro? Ele afirma que alguns estudos desde os anos 1970 demonstraram que crianças normais também ficam mais atentas, e mais calmas, após tomar pequenas doses de estimulantes. Um dos neuropsicólogos mais renomados do mundo, Michael Gazzaniga, demonstrou que estudantes que tomam drogas como a Ritalina obtêm pontuações mais altas nos testes de QI. Apesar destes informes positivos, aspectos do lado sinistro dos estimulantes também vieram à tona, afirmou Higgins, citando Nora Volkow.

Em 2007, Volkow estudou o crescimento de crianças entre 7 e 10 anos que tomavam Ritalina e comparou suas curvas de crescimento com as de crianças que não tomavam estimulantes. As crianças medicadas eram, em média, 2 centímetros mais baixas e tinham 2,7 quilos a menos; elas nunca alcançaram as crianças que não tomaram esses remédios.

O crescimento humano é controlado em parte pelo hipotálamo, no cérebro médio, e pela glândula pituitária, na base do cérebro. A cocaína e a Ritalina aumentam os níveis de dopamina no hipotálamo e o excesso de dopamina pode chegar à pituitária. O mecanismo pelo qual a Ritalina interrompe o crescimento parece claro. É improvável que drogas que exercem um efeito físico tão profundo não tenham outros efeitos no cérebro. Depois que Volkow publicou a sua pesquisa, a FDA alertou para outros efeitos colaterais como a psicose, mas o quadro é ainda mais complexo. A maioria dos adultos com distúrbio de déficit de atenção também tem algum outro diagnóstico psiquiátrico: são deprimidos, sofrem de distúrbio de ansiedade ou de dependência de drogas. Não se sabe se o uso de drogas como a Ritalina na infância pode levar a essas condições psiquiátricas na idade adulta.

Não é fácil estudar essas questões nos seres humanos. Logicamente, para responder às perguntas de Higgins, teríamos que comparar dois grupos de crianças de 9 anos. Um grupo receberia Ritalina ou outro medicamento que melhora a atenção, e o grupo de controle receberia placebo. De algum modo teríamos de resolver duas coisas extraordinariamente complexas — quais são as diferenças físicas e psicológicas entre essas crianças aos 9 anos e quais serão as suas experiências nos dez anos seguintes? Os pesquisadores teriam de comparar os dois grupos quando chegassem aos 19 anos e descobrir em que medida quaisquer diferenças entre os grupos de adolescentes se devem ao consumo de Ritalina, considerando todas as variáveis possíveis (que não podem ser identificadas nem controladas com absoluta certeza). Em termos práticos, o estudo seria considerado antiético e nunca poderia ser feito.

Os estudos com animais são aprovados com mais facilidade e, claro, macacos e ratos podem ser "sacrificados" para que os anatomistas examinem seus cérebros. Esses estudos sugerem que o uso de Ritalina e da cocaína no longo prazo pode alterar todas as estruturas do cérebro, especialmente do córtex frontal, e produzir déficits cognitivos de longo prazo. Volkow argumenta que a dependência surge devido a anormalidades no sistema dopamínico. Eric Nestler, do Centro Médico da Universidade do Texas, fornece alguns *insights* de como essas anormalidades se desenvolvem ao longo do tempo. Ele injetou uma dose baixa de metilfenidato em filhotes de ratos. Quando eles ficaram adultos, os que haviam recebido o metilfenidato respondiam menos a recompensas "normais" como açúcar, sexo e novos ambientes. Um estudo feito no Brasil descobriu que ratos que haviam tomado metilfenidato quando filhotes ficavam anormalmente ansiosos ao se tornarem adultos.

Mas isso ocorre também com as crianças? Novamente, são necessários estudos complexos de longo prazo — e a pressão é sempre por resultados rápidos.

Há trinta anos assistimos às guerras entre os laboratórios farmacêuticos, os grupos de pressão e os pacientes. Essas batalhas não são de fácil solução, mas no capítulo final retorno a um dos temas principais deste livro, o apelo por pesquisas mais introspectivas sobre o efeito subjetivo de todas as drogas; para compreender seu efeito precisamos não só de testes convencionais, mas de relatos em primeira pessoa sobre a real experiência de consumir a droga.

No ano de 2012, a Convenção de Haia sobre narcóticos completará 100 anos. O aniversário provavelmente não será comemorado, já que as políticas das Nações Unidas, dos Estados Unidos e da Comunidade Europeia e outras burocracias falharam no controle do comércio internacional de drogas. Na verdade, muitos afirmam que o único sucesso que essas políticas conseguiram foi garantir uma fonte rápida de dinheiro para o crime organizado.

15

Regras de mercado

CIUDAD JUÁREZ, México

No verão de 2009, Juan Antonio Román, subdelegado de polícia, foi crivado por 50 balas quando descia da sua picape. Os assassinos quiseram ter certeza de que ele não sobreviveria. Segundo a *The Economist*, 2.600 pessoas foram assassinadas em Ciudad Juárez em 2009, em crimes relacionados com drogas, além de outras 3.400 no resto do país. Os cartéis da droga foram suficientemente ousados para matar um governador de Estado e várias celebridades no norte do país que se atreveram a se pronunciar contra eles. Os chefões da droga no México estão enviando uma mensagem contundente ao presidente Felipe Calderón; ele não tem esperança de impedi-los de fornecer cocaína, maconha e anfetaminas aos Estados Unidos.

O comércio de drogas ilegais é hoje maior que o das drogas legais. Um website que analisa o tráfico internacional de drogas, Havocscope, estima que o mercado mundial de cocaína valha cerca de 70,45 bilhões de dólares ao ano, ao passo que a heroína e o ópio valem 64,82 bilhões.

Na Colômbia, os barões da droga ficaram tão ricos que podem se dar ao luxo de fantasias ao estilo James Bond, e investem em submarinos semelhantes a barcos pequenos que podem carregar até 10 toneladas de drogas. A Marinha dos Estados Unidos, a Guarda Costeira, a CIA e agentes de controle de drogas de outros doze países deviam ser capazes de vencer submarinos caseiros. Mas só em sonhos. Em 2006, esses minissubmarinos contrabandearam entre 500 e 700 toneladas de cocaína para os Estados Unidos. Aquele foi um bom ano, pois a força-tarefa de combate às drogas conseguiu capturar um submarino em novembro que hoje é exibido como um troféu diante do seu centro de comando em Key West, na Flórida. Desde então, a força-tarefa não pegou nenhum outro submarino.

O contrabando de drogas pode ser simultaneamente de alta tecnologia e caseiro. Quando, em 2009, Kayti Dryer, de 23 anos, desceu em Manchester de um voo proveniente da Jamaica, trazia uma bolsa de golfe; ela disse aos funcionários da alfândega que havia levado os tacos de golfe para um fim de semana esportivo em Montego Bay.

"Qual é o seu *handicap*?", perguntou um agente da alfândega, talvez por achar que Kayti não era uma golfista muito óbvia ou plausível.

"*Handicap, hem... handicap*?", disse Kayti. Ela não tinha nenhum *handicap*, não era deficiente física.

O pessoal da alfândega entendeu que Kayti não fazia ideia de que *handicap* era um termo técnico do golfe. Os funcionários tomaram os tacos e os puseram nos raios X.

Ponto para a alfândega: nos cabos dos tacos eles encontraram o equivalente a 83 mil libras esterlinas em cocaína. Coisa pouca pelos padrões dos cartéis da droga, mas, ainda assim, foi uma boa sacada.

A confusão impera no que se refere à política pública. Estima-se que existem 17 milhões de usuários de cocaína no mundo. No Reino Unido, em 2010, o Comitê de Contas Públicas da Casa dos Comuns afirmou que havia 330 mil usuários de heroína, crack e cocaína, que custavam ao país 15 bilhões de libras esterlinas ao ano. Uma estimativa apontou 1.620 mortes relacionadas a drogas nos anos 2008-2009 no Reino Unido. O Comitê considerou "inaceitável" o fracasso do governo em avaliar o sucesso dos serviços para ajudar os dependentes.

Um dos problemas é que a pesquisa sobre o que poderia ajudar os dependentes não produz resultados claros. Não é fácil estudar a vida real. A maior parte das pesquisas sobre personalidade e uso de drogas ainda se remete ao trabalho de Eysenck, da década de 1950. Ele sugeriu que o uso de drogas podia modificar a personalidade. Pode-se supor que haveria uma relação entre a escolha da droga pelo usuário e traços subjacentes da personalidade — o tímido que se automedica busca drogas que o ajudem a se desinibir, provavelmente álcool e/ou estimulantes, e o ansioso recorre a sedativos e tranquilizantes. Mas tem sido difícil testar essa teoria, porque os objetos de pesquisa não têm consideração pelos pesquisadores e usam diversas drogas. Um estudo com mais de 1.200 usuários descobriu que só 19% usavam uma única substância: álcool. Os demais 80% usavam drogas diversas. São raras as pessoas como Hoffman e Freud, que permanecem "fiéis" a uma droga.

O uso de diversas drogas dificulta ainda mais o desenvolvimento de políticas eficazes, e enfrentamos uma combinação de medo, ignorância e confusão total. A metade do Comitê Consultivo sobre o Abuso de Drogas do governo britânico renunciou ao cargo entre o outono de 2009 e a primavera de 2010, depois que Alan Johnson, à época ministro do Interior, demitiu o professor David Nutt, que presidia o Comitê. Nutt defendera o imperdoável — que algumas drogas classe A deveriam se tornar classe B —* e desafiou abertamente a revogação de uma decisão anterior do governo de reclassificar a cannabis de classe B para classe C. Contrariando a recomendação do Comitê, a reclassificação da cannabis passou no Parlamento, o que levou Nutt e muitos outros a condenarem-na como uma "decisão política" — supõe-se que os eleitores do interior da Inglaterra têm uma visão linha-dura do uso de qualquer droga não medicinal. Certamente parece justo dizer que, ao descartar a recomendação dos conselheiros científicos, o governo estava "enviando uma mensagem" que não tinha relação com a ciência, e ninguém espera que sejam impostas as penalidades legais pela posse de uma droga Classe B que, teoricamente, pode implicar cinco anos de prisão. Na prática, muitas pessoas flagradas com cannabis não enfrentam

*As classes de drogas são A, B e C, sendo A as mais perigosas e C as menos capazes de causar dano. [*N. da T.*]

outras sanções além de uma reprimenda formal ou informal — embora as atitudes da polícia com relação à droga e seus usuários variem amplamente de uma região a outra. Na verdade, as penalidades pela posse de todas as drogas muitas vezes parecem determinadas, como tantas outras coisas na vida britânica, por uma espécie de "loteria do código postal".

Os membros remanescentes do Comitê visitaram a Holanda. Os holandeses podem ter políticas liberais com relação à maconha, mas são radicais com a heroína e a cocaína. Se Kayti, a falsa golfista, tivesse aterrissado em Amsterdã, teriam sondado muito mais do que seus tacos. Desde 2003, o Aeroporto Schipol revista todos os orifícios de cada passageiro proveniente de destinos onde as drogas abundam, como as Antilhas Holandesas e o Suriname. O número médio de mulas por voo é de 50. Um avião de Curaçao estabeleceu um novo recorde: 85 dos 200 passageiros contrabandeavam drogas e não se tratava apenas de estudantes desesperados. Um dos detidos era ex-ministro de Relações Exteriores de um país sul-americano.

A experiência holandesa sugere que a mula média engole cerca de 1 quilo de cocaína, cujo valor de venda no Reino Unido é estimado em 120 mil libras esterlinas.

As mulas custam caro aos europeus que pagam impostos, pois frequentemente requerem tratamentos médicos caros. A polícia francesa descobriu que 581 mulas detidas nos aeroportos de Paris entre janeiro de 1999 e dezembro de 2002 tiveram de ser levadas aos setores de emergência e de acidentes porque desfaleceram ou tiveram convulsões. Elas haviam engolido preservativos repletos de drogas, que com frequência explodem dentro do corpo. Quinhentas e setenta e três mulas permaneceram hospitalizadas por cerca de cinco dias. Dessas, oito precisaram de tratamento intensivo por envenenamento e obstrução.

A situação era similar no Heathrow. Das 572 mulas detidas no aeroporto, 36 foram levadas ao Hospital Ashford para tratamento intensivo. Os detalhes médicos são sombrios. Às vezes, as mulas tomam drogas para provocar constipação e aguentar até o primeiro banheiro depois de passar pela alfândega. Sete mulas quase morreram de obstrução intestinal.

Acumular fezes é sinal de ganância financeira, afirmou Freud. Ele não podia ter imaginado uma prova melhor. Mas as mulas detidas são apenas a ponta do iceberg.

Não posso deixar de imaginar o que Karl Marx, que identificou a "religião como o ópio do povo", teria pensado do fato de que duas das três maiores áreas produtoras de cocaína no mundo estão hoje sob controle marxista. Estima-se que em 2008 a Bolívia produziu 113 toneladas de cocaína e Evo Morales, o presidente comunista, é um ex-plantador de coca, embora só apoie o mascar da folha de coca e se oponha à extração da cocaína (daí o lema "Coca não é cocaína"). No Peru, a produção alcançou 300 toneladas, e as áreas de plantação de coca mais férteis são dominadas pelo Sendero Luminoso, um movimento marxista extremista que quase foi extinto na década de 1990. Contudo, graças aos lucros das drogas, o movimento voltou ao caminho revolucionário com as melhores armas que o dinheiro pode comprar.

Para os usuários, as drogas podem ser apenas um meio de ter um barato, mas para os cartéis trata-se de obter o melhor retorno. Tão bons capitalistas quanto as empresas farmacêuticas, eles continuam a lançar novos produtos no mercado. Drogas ilegais, semilegais e legais são anunciadas com o mesmo brio que o novo creme dental. É uma ironia que os laboratórios chineses que trabalham para um Partido Comunista nominal estejam tão envolvidos na manufatura dessas substâncias.

A dependência química tem um profundo efeito no crime e na população prisional do Reino Unido e, de modo mais dramático, nos Estados Unidos. O Programa de Monitoramento do Abuso de Drogas entre Presos do Instituto Nacional de Justiça fornece um bom retrato da situação. O Instituto calcula a porcentagem de presos que testam positivo para o abuso de drogas. Em algumas cidades americanas, os dados são coletados de forma anônima no momento da detenção. Ninguém é forçado a participar.

A cidade onde os criminosos menos usam drogas parece ser Anchorage, no Alasca. Ainda assim, os testes de 42,5% dos presos são positivos, embora isso possa ser dúbio, já que a posse de até 28 gramas de cannabis para uso pessoal não é um delito no Alasca, estado que é tão profundamente libertário quanto conservador. A pontuação mais alta entre homens foi de 78,7% em Filadélfia, na Pensilvânia. Em Nova York, 82% das mulheres detidas haviam usado drogas e a maioria foi detida por prostituição, posse ou venda de drogas. Homens e mulheres detidos por furto de carro, roubo e arrombamento também tinham pontuação alta. Três quartos dos que tiveram teste positivo para opiáceos também deram positivo para outra droga.

Em 2008, um total de 1,5 milhão de americanos foram detidos por delitos ligados a drogas, a maioria envolvendo maconha e, destes, 500 mil foram presos. Há diferenças raciais alarmantes nos padrões de prisões, processos, sentenças e mortes por drogas. Os usuários de drogas afro-americanos somavam 35% das detenções por drogas, 55% das condenações e 74% dos encarcerados por posse de drogas. Os afro-americanos foram enviados a prisões por delitos relacionados a drogas com uma frequência 13 vezes maior do que qualquer outro grupo étnico.

Em 2009, o senador Jim Webb, da Virgínia, introduziu a legislação bipartidária para reavaliar a política de encarceramento nos Estados Unidos. Ele era apoiado tanto pelos que cumpriam a lei quanto por organizações de direitos civis, e afirmou: "Em muitos debates sobre o sistema de justiça criminal, o elefante no quarto é o forte aumento do encarceramento por drogas nas últimas três décadas. Em 1980, tínhamos 41 mil réus por drogas na prisão; hoje, são mais de 500 mil, um aumento de 1.200%."

A população carcerária britânica duplicou nos últimos 15 anos, e muitos dos 81.000 presos no Reino Unido têm doenças mentais. Os especialistas penais afirmam que um terço dos prisioneiros britânicos apresenta sérios distúrbios psiquiátricos. A política liberal de fechar os hospícios significou que muitos homens e mulheres deprimidos e esquizofrênicos vivem em comunidade sem apoio adequado e, inevitavelmente, alguns são levados ao crime. Na prisão, são medicados e muitos usam também quaisquer drogas "recreativas" oferecidas pelos companheiros de cela. Colin Moses, diretor da Associação dos Agentes Penitenciários, afirmou que as drogas nas prisões alcançaram "proporções epidêmicas" e acrescentou um toque lírico. "Às vezes, parece que está nevando drogas, por causa da quantidade que entra pelas janelas."

O fracasso da política atual é belamente ilustrado por Huseyin Djemil, um dependente de longos anos que se livrou do hábito. Dezesseis anos depois de ser libertado, ele chegou ao cargo de coordenador de estratégias para as drogas das sete prisões londrinas e, em 2007, foi nomeado chefe de políticas para o tratamento de drogas do National Offender Management Service, agência que cuida da administração dos serviços penitenciários. Ele se demitiu semanas depois, acusou a estrutura caótica da organização e escreveu um panfleto muito crítico de 36 páginas que foi publicado pelo respeitabilíssimo Centro de Estudos de Políticas Públicas. Ele afirma:

"As drogas estão disseminadas nas prisões britânicas, o que mina quaisquer tentativas de manter os prisioneiros longe das dependências pregressas e aumenta enormemente as chances de recidiva e corrupção entre os funcionários."

Djemil criticou o governo trabalhista da época por tentar administrar o problema, em vez de atacá-lo. Ele argumentou que provavelmente a quantidade de drogas nas prisões era muito maior do que antes. Se não fosse trágico, poder-se-ia apreciar a ironia. Alguns detentos entram nas prisões sem qualquer dependência química e saem fisgados pelas drogas.

Um estudo em Cornton Vale, uma prisão feminina em Stirling, descobriu que quase todas as detentas tinham algum problema com drogas. Na maior parte das prisões, mais da metade dos detentos usam drogas, principalmente cannabis, muitas vezes também opiáceos. Os especialistas dificilmente deixam de apontar as ironias. Numa tentativa de reforma, muitas prisões anunciaram que iriam criar "pavilhões livres de drogas", onde haveria batidas constantes para erradicar as drogas. Neil McKeganey, professor de pesquisa sobre abuso de drogas na Universidade de Glasgow, observou que os chamados "pavilhões livres de drogas" estão hoje tomados pelo comércio ilegal.

As prisões estão na mira do crime organizado porque o negócio é muito lucrativo. A Serious and Organised Crime Agency, órgão de combate ao crime organizado, estima que aproximadamente 30 grandes traficantes controlam a rede de distribuição nas prisões do Reino Unido. No Natal de 2007, as solitárias da prisão de Whitemoor, em Cambridgeshire, estavam repletas de prisioneiros que buscavam refúgio dos traficantes aos quais deviam dinheiro.

Djemil estima que o comércio de drogas nas prisões britânicas alcance pelo menos 50 milhões de libras esterlinas, mas admite que provavelmente a soma deve ser muito maior, já que os preços nas prisões são muito altos. Há inclusive casos de traficantes que invadiram prisões para fazer negócio, embora existam métodos menos melodramáticos para contrabandear drogas. Por exemplo, um detento pode conseguir que as drogas sejam jogadas por cima dos muros da prisão, as quais são "pescadas" pelos prisioneiros quando os guardas estão distraídos.

Em 2008, a polícia metropolitana lançou uma equipe de especialistas "fantasmas", ou infiltrados, para detectar funcionários prisionais corruptos que faziam vista grossa para o tráfico. O governo trabalhista, afirma Djemil, não estava disposto a compartilhar informações e fornecer um quadro claro do problema. O uso de testes compulsórios de drogas, afirmou, provavelmente estimula o aumento do uso de drogas classe A na prisão, em parte porque são mais rapidamente eliminadas do sistema que a cannabis e, portanto, é menos provável que sejam detectadas pelos testes aleatórios. Novamente há aqui um paradoxo. Um prisioneiro dependente de heroína pode entrar num programa de desintoxicação que oferece metadona ou sua alternativa mais cara, o Subutex. Então, o detento com resultado positivo pode culpar a droga substituta. O Ministério do Interior, que administrava as prisões britânicas até maio de 2010, estava ciente dessa manobra particular há pelo menos cinco anos. Em 2005, publicou um relatório pouco divulgado, *Tackling Prison Drug Markets*, em que afirmava: "Os prisioneiros aprenderam diversos modos processuais e legais de evitar um teste positivo, que incluem a recusa a fazer o teste ou garantir a prescrição de medicação baseada em opiáceos pelo serviço de saúde para encobrir o uso ilícito destas substâncias."

As estatísticas apontam como a situação tornou-se crítica. Em 1997, menos de 14 mil detentos estavam em programas de desintoxicação. Hoje, o número supera os 51 mil. Segundo a revista *Druglink*, em algumas prisões, um de cada quatro detentos toma Subutex, porque é fácil contrabandeá-lo. Fora da prisão, o comprimido da droga é vendido por 5 libras esterlinas; dentro, sobe para 40 libras. Um detento que consegue deixar o cárcere "limpo" pode não conseguir permanecer na sua abstinência ao voltar para a comunidade. Recentemente, Paul Flynn, membro trabalhista do Parlamento, declarou: "A tragédia que persiste hoje em dia é que os que entram como dependentes e saem limpos da prisão, e são apresentados como um êxito do sistema prisional, com frequência morrem logo. Dois dos meus eleitores deixaram a prisão livres das drogas: um sobreviveu uma semana, o outro, um dia."

A internet só tornou o problema ainda mais difícil — e algumas substâncias muito perigosas são amplamente vendidas online. A FDA dos EUA leva de três a cinco anos para decidir se uma substância é segura (e costuma cometer erros), mas os traficantes, claro, querem vender a droga nova o mais rapidamente possível. Em geral não há absolutamente nada de informação sobre a segurança do último composto no mercado e, quando há, tende a ser anedótica e inadequada para as páginas de um periódico científico. É um pouco estranho descobrir que a *Mixmag*, uma revista sobre boates e música eletrônica, às vezes publica relatos de pesquisa introspectiva sobre drogas. Porém, os seus leitores são usuários regulares de drogas e compartilham informações sobre os novos compostos assim que eles surgem em cena.

Uma das modas recentes mais preocupantes envolve a mefedrona, 4-metilmetcatinona, um estimulante descrito como similar ao MDMA e à cocaína. A *Mixmag* fez uma pesquisa entre os usuários. A metodologia não é perfeita, claro, pois os entrevistados não são necessariamente típicos. Contudo, os resultados são preocupantes e mostram que a mefedrona apresenta sérios riscos — na verdade, aparentemente produz reações tóxicas evidentes com mais frequência que o MDMA e a cocaína:

- 67% dos usuários tiveram sudorese excessiva
- 51% tiveram dor de cabeça
- 43% tiveram palpitações cardíacas
- 27% tiveram náusea
- 15% ficaram com os dedos azulados ou frios

As informações anedóticas, observou a *Mixmag*, eram ainda mais preocupantes. Alguns usuários tiveram graves crises de pânico, alucinações e paranoia. Isso não surpreende, já que a mefedrona foi desenvolvida em instalações de fundo de quintal e não passou por testes laboratoriais adequados. Ninguém sabe quais são os seus efeitos a médio e longo prazos.

Em 2009, a metade dos 15 pacientes tratados no Guy's Hospital, em Londres, depois de usar mefedrona, estava agitada e 20% tiveram convulsões. Em outra pequena amostra, nove pacientes atingiram o grau 15 na Escala de Coma de Glasgow,* o que sugere, pelo menos, um mínimo dano cerebral. Tem sido alegado que a mefedrona provocou mortes, o que fez recordar as fatalidades atribuídas ao *ecstasy* no início da década de 1990. Após as primeiras acusações dos tabloides, descobriu-se novamente que outras substâncias haviam sido ingeridas junto com a mefedrona. Num caso famoso, as mortes atribuídas à mefedrona na verdade se deviam a overdoses de metadona, o sucedâneo da heroína.

Alguns comentaristas afirmam que hoje os websites dos usuários de drogas pelo menos oferecem boas informações sobre segurança. Embora os relatórios semi-introspectivos postados na rede devam muito a Shulgin, muitos se centram nas diferenças e complementaridades dos efeitos das drogas A e B, mais do que nos perigos em potencial. É difícil generalizar

*Nesta escala de 1 a 15, 1 representa o quadro mais grave. [*N. da T.*]

diante dos milhares de relatos que há na web, mas os dois a seguir são interessantes, inteligentes e bastante alarmantes.

Um usuário comprou 10 gramas de mefedrona de alguém que considera um "fornecedor químico com reputação na internet", mas ficou cauteloso após algumas mortes em 2009 devido a erros na rotulação do psicodélico Bromo-Dragonfly como 2C-B-Fly, um composto muito mais leve. Então, como Shulgin, ele começou com uma dose pequena, de 1 mg, e foi aumentando gradualmente até 25 mg, tomados em duas doses.

O humor do usuário mudou assim que tomou a droga: "Senti uma onda de energia, fiquei falante e com a mente muito clara [...]. Não houve efeitos físicos significativos. A experiência foi se desvanecendo aos poucos, sem rebote." Ele então tomou uma dose inteira e, uma semana depois, 300 mg em doses múltiplas durante uma festa noturna. Ele e a namorada sentiram-se ligeiramente eufóricos e muito sociáveis. O relato acompanha detalhadamente cada dose ingerida e seus efeitos:

> 0h45 — Sinto-me muito bem e acho que o efeito da substância está chegando ao ponto máximo. A festa acontece num lindo quintal urbano cercado de jardins magníficos e árvores decoradas com luzinhas. A socialização é fácil e suave. Sinto-me amigável, carinhoso e extrovertido, sem hiperestimulação. Neste aspecto a minha companheira não sente o mesmo que eu.

Uma hora e quinze minutos depois de tomar a primeira dose, ele se sente "ótimo. Sinto-me lúcido, sociável e muito à vontade. A mente está agradavelmente estimulada, mas o corpo está normal". A menos que este homem tenha levado um termômetro e um medidor de pressão para a festa, ele se limita a supor: "o batimento cardíaco está só ligeiramente acelerado, a temperatura corporal está mais ou menos normal". Quinze minutos depois, num tom poético, ele brinca: "Epa! Será este o primeiro aviso de que vai começar a baixar a onda?" Toma outros 100 mg e dá o mesmo à sua parceira. Não se sente muito cheio de energia, mas eles dançam.

Uma hora mais tarde, "ambos nos sentimos superbem, muito sociáveis e concordamos em que esta substância é demais".

Trinta minutos depois, eles vão para casa e tomam 3 ml de GHB, 0,25 mg de Xanax, 25 mg de difenidramina (um anti-histamínico com efeitos levemente sedantes e antipsicóticos) e "fumam um pouco de maconha, para o sono vir mais depressa. Sentados, conversamos sobre a festa por mais ou menos uma hora", mas não conseguem dormir porque o homem tem fantasias eróticas. A parceira sugere que façam sexo, mas ele está cansado demais para aceitar a oferta. Tomam mais 2 ml de GHB (um depressivo) cada um, e ele toma 50 mg de dimenidrinato (o sal da difenidramina, um sedativo ligeiramente menos potente). Funciona, pois agora suas fantasias sexuais cedem lugar a visões oníricas e ele por fim consegue dormir. "Fiquei muito cansado no dia seguinte."

O usuário concluiu que a mefedrona está a meio caminho entre a ritalina e a metilona, e pode ser "um remédio leve e eficaz para usar em terapia de casais, em que o sexo aparentemente seria uma perspectiva razoável após a sessão".

"Para recreação, como um elixir social suave, deve ser o melhor que se pode esperar. Tenho tendência a ficar um pouco tagarela com MDMA e a metilona [...]. Gostei principalmente do fato de que quase não houve ressaca. No dia seguinte eu estava um bagaço, mas era como se não tivesse dormido o suficiente."

Ele já está planejando a próxima experiência com mefedrona e provavelmente vai tomar a mesma quantidade total, "mas em doses menores repetidas, para obter um efeito mais consistente por um período mais longo; uma espécie de plano de lançamento estendido, eu diria (pergunte ao seu médico se você pode tomar Mefedrona ER® [...] haha)".

O fim do relato é displicente e ele diz "lembrem-se, galera, [...] não há drogas ruins, só maus padrões de uso. Usada com cautela e sensatez, acho que a mefedrona é uma substância valiosa". O segundo usuário informa que tomou um comprimido de Ambien, a marca do sedativo Zolpidem, amplamente receitado, que pode ser comprado na internet a 2,49 dólares o comprimido. À diferença da mefedrona, esta droga passou por diversos testes de laboratório. Em 2007, a FDA aprovou 13 versões genéricas do Zolpidem para venda com receita nos EUA. No Reino Unido diversos fabricantes a produzem, na África do Sul é um genérico da Sandoz, a TEVA o produz em Israel, e também outros laboratórios, como o Ratiopharm, na Alemanha. Diferentemente da classe de sedativos benzoadiazepínicos como Valium/Diazepam, Ativan/Lorazepam, e o Restoril/Temazepam — que o Zolpidem substituiu —, esta e outras substâncias relacionadas ao Zopiclone — as "drogas Z" — são medicamentos, e é legal portá-las sem receita. Obviamente, quando foram produzidas supunha-se que tinham pouco potencial para o uso abusivo, mas o Zolpidem às vezes tem efeitos esquisitos que já encontraram um mercado pronto entre simpatizantes dos estados alterados.

O relato não deixa claro se o usuário/autor é homem ou mulher, mas Freud teria se deleitado com a escrita, muito imaginativa. O usuário encontra a deusa Lilith e sua cama se transforma num "planeta habitado por formigas para as quais eu era deus".

Como um testemunho da natureza confusa da droga, o usuário publicou naquela noite um post não editado e incompreensível no seu site:

> *A minha mente estah funcionando 1/2 abaixo do padrão agora, /ex, /agora estou pensando pq 3 letras simplesmente não caem do alto da tel. O coisa ficm mudando e mexe, Anbieb eh q docenagr,,, eu fico ouvio cakcho nusixm, + ante 'eu devia se r um senhor da geurra dos aves de satã, ento eu era otumel saca rint viaji com doid. Vi as sombras faze ndo cruva em volta da quadraesprte ilumndedr mas era si uma cortina e uma cadeira. Algguiemedice pra conseguir o palhaço vem pro ppelq. o palco do meu menspq isto é um esqueçmeo anfotsr aténs eochfi. Ent-poa 5+0n.*

Mais tarde, o usuário 2 editou essa confusão em uma história coerente e fez um relato divertido. "Por volta de 10 da noite engoli dois comprimidos de 10 mg com um copo d'água e fui para a cama." Deitou-se e tomou mais dois comprimidos com um pouco de leite e comeu umas fatias de peru para neutralizar o sabor amargo.

Alguns segundos depois, "pairava acima de um alcantilado infinitamente alto, num abismo gigantesco da mais profunda escuridão. Eu estava dentro de um saco tecido com fios dourados. O saco estava sendo puxado para cima do alcantilado por uma força desconhecida, mas, como ele era infinitamente alto, eu sabia que nunca chegaria ao topo". Ele via o paredão do alcantilado pela trama do saco. "Eu não tinha medo da altura nem de talvez cair. Era muito agradável a sensação de estar suspenso sobre o nada dentro de um saco dourado."

Mas ele não estava só, pois a deusa "Lilith estava no saco comigo". Não é fácil falar com uma deusa e "ela se comunicava comigo telepaticamente e eu respondia com uma série de tosses guturais". Então ele percebeu que uma comunidade inteira de moradores do saco "estava dependurada alguns metros acima de mim", mas ele só conseguia ver suas silhuetas. Conversou com eles na linguagem de "tosse gutural de Lilith e eles responderam inalando em ritmos diferentes". Ele não havia perdido completamente o sentido da realidade, pois percebeu que, na verdade, o saco era sua manta de crochê, que ele havia puxado sobre a cabeça.

Ele foi à cozinha buscar um refrigerante. O cômodo começou a girar e os objetos pareciam se fundir uns nos outros. Ele viu arcos-íris por toda parte e "todas as luzes (principalmente os painéis de relógios digitais, pois era noite) deixavam traços brilhantes". A bancada comum da cozinha se transformou num campo onde havia uma centena de homens minúsculos vestidos de roupas pretas. Eles tentavam freneticamente fazer o armário se equilibrar, pois ele despencava sobre uma gota gigante, como a van do filme *Uma saída de mestre*. Ele tentou salvá-los empurrando a bancada, mas "os homenzinhos começaram a gritar e me xingaram porque eu estava interferindo". Finalmente, a bancada caiu direto no chão. "Todos os homenzinhos desapareceram." Então ele se enrolou com a sombra de um homem alto que vestia um sobretudo. Subitamente, Lilith apareceu e a sombra a puxou para a parede. "Pulei em cima dele para atacá-lo e salvar

Lilith, mas eles sumiram na parede antes que eu conseguisse agarrá-los." Ele viu o Shadowman desaparecer noite adentro num carro velho.

O usuário foi buscar cigarros no carro e ao voltar para o apartamento descobriu que este se transformara num aquário e "arraias-janta de um azul elétrico nadavam sob os meus pés". Ele fumou alguns cigarros enquanto as arraias nadavam ao seu redor. Então "vi umas crianças de sombra paradas ao lado de um carro e joguei a luz da lanterna nelas. Elas se esfumaram".

Pareceu-me que valia a pena citar longamente essa viagem elaborada. Como ficção é absorvente, mas como relato introspectivo tem sérios equívocos, pois fica claro que o usuário a poliu demasiado. A confusão tão evidente na introdução do diário, quando ele realmente estava sob os efeitos da droga, explica também por que algumas pessoas hoje optam por drogas com um efeito mais focalizado — os chamados "neuroestimulantes", cujos efeitos não são nem de longe espirituais ou alucinatórios. A maioria é composta de estimulantes leves com efeitos similares aos da Ritalina.

A *New York Review of Books* (15 de janeiro de 2009) voltou ao tema dos laboratórios farmacêuticos que corrompem os médicos. Marcia Angell concluiu que ninguém sabia quanto dinheiro os laboratórios ofereciam aos médicos e psiquiatras. Ela analisou os relatórios anuais dos nove maiores laboratórios americanos e estimou que o total de dinheiro dado aos médicos "chega a dezenas de milhões de dólares por ano. Com isso, a indústria farmacêutica obteve um enorme controle sobre o modo como os médicos avaliam seus produtos". Ela acrescentou que os vínculos entre os laboratórios e as faculdades de medicina de prestígio afetavam "o modo como a medicina é exercida e até mesmo a definição do que constitui uma doença".

No Reino Unido, a situação permanece confusa. Em dezembro de 2010, o governo lançou outra estratégia para as drogas: "Reduzir a demanda, limitar o fornecimento e reforçar a recuperação: apoio para uma vida sem drogas." A Turning Point, uma importante instituição filantrópica, deu boas-vindas a esta abordagem holística que vê a recuperação como uma jornada.

O problema das jornadas, no entanto, é o custo. No papel a nova estratégia parece boa, pois "a recuperação está no centro". Ela atribui mais responsabilidade aos próprios indivíduos, que devem buscar ajuda, e reconhece a necessidade de atuar nas questões de emprego e moradia. Então vem a típica "Guerra às Drogas", e a estratégia alardeia uma abordagem "sem concessões, com medidas duras contra os envolvidos nas redes de fornecimento de drogas no país e no exterior". Uma prova irônica de que o governo se recusa a fornecer os meios para tal surgiu no Natal de 2010, quando vazou um e-mail que parecia instruir a Alfândega do Heathrow para não perseguir potenciais traficantes de drogas, já que não havia orçamento suficiente para equipar adequadamente as barricadas antidrogas. Apesar das boas intenções da estratégia de 2010, os Ministérios do Interior e da Saúde haviam destinado apenas 125 milhões de libras esterlinas à luta contra as drogas na Inglaterra e no País de Gales para o ano seguinte. Precisamos de mais dinheiro e aprimorar o pensamento. Se acreditarmos nos entusiastas das drogas, este último não é difícil de alcançar.

No seu livro *A revolução neurotecnológica*, Zack Lynch sugere que estamos a caminho do que denomina "a sociedade neuronal". Os cientistas produzirão novos neuroestimulantes cujo propósito não será curar os doentes, mas aprimorar os sãos. O objetivo dessa forma de usar drogas não é a iluminação nem o hedonismo, mas a "vantagem competitiva", explica Lynch. Ele afirma que devemos deixar de ser puritanos com relação aos neuroestimulantes, pois no futuro eles podem ter um forte significado na decisão sobre que nações obterão esta "vantagem competitiva" no médio prazo. Eles são muito populares nos países asiáticos, inclusive nos que costumam ter políticas severas para o uso de drogas "recreativas". Os neuroestimulantes não provocam euforia e podem ser considerados o meio-termo perfeito entre as drogas "recreativas" e as "terapêuticas". Lynch declarou à *New Yorker*: "Se você tem uma empresa em Cingapura com 47 escritórios espalhados pelo mundo, e de repente o seu escritório de Cingapura usa estimulantes cognitivos e você diz ao Congresso 'Vou mudar todas as minhas operações financeiras para Cingapura e Taiwan porque lá os estimulantes não são proibidos', pode apostar que o Congresso vai dizer 'Tudo bem'. É uma questão bastante discutível. Seria como dizer: 'Você não pode usar o celular. Ele pode aumentar a produtividade!'"

Lynch não está sozinho na defesa do uso de estimulantes cognitivos. Em 2002, pesquisadores da Universidade de Cambridge aplicaram testes cognitivos padrão em 60 voluntários do sexo masculino. A metade fez os testes depois de tomar modafinil, melhor conhecido pela marca Provigil, uma alternativa à Ritalina e às anfetaminas no tratamento da narcolepsia. O segundo grupo de Cambridge recebeu placebo. O grupo com Provigil se saiu melhor em diversos testes, inclusive nas tarefas de reconhecimento visual e no teste de amplitude atencional, em que devem repetir uma longa sequência de números em ordem crescente e depois decrescente. O grupo de Cambridge escreveu em *Psychopharmacology* que os resultados sugeriam que "o modafinil apresenta um potencial significativo como estimulador cognitivo".

Depois, o grupo de Cambridge fez uma pesquisa e recebeu 1.427 respostas — 62% das quais dos Estados Unidos. Publicada na *Nature*, a pesquisa indagava sobre Ritalina, Provigil e betabloqueadores para controlar a pressão. Dos entrevistados, 62% haviam usado Ritalina, 44% haviam usado Provigil e 15% os betabloqueadores. Não havia pudores em se tratando do uso de neuroestimulantes. Um terço dos entrevistados afirmou que daria as drogas aos filhos para melhorar o seu desempenho na escola caso outros alunos também as tomassem.

O Provigil é um enorme êxito de vendas, que alcançaram 196 milhões de dólares em 2002 e 968 milhões em 2008. O fabricante, a Cephalon, foi autorizado pela FDA a vender a droga em 1998, mas para um só diagnóstico: "excesso de sono durante o dia" provocado pela narcolepsia. Em 2004, a Cephalon conseguiu aprovar a droga também para a apneia do sono, a interrupção da respiração durante o sono. A droga também ajuda nos distúrbios do sono causados por horários de trabalho irregulares.

A Cephalon afirma que não recomenda o uso do Provigil para outros fins. No entanto, em 2002 a empresa distribuiu materiais de marketing sugerindo a droga para remediar o cansaço e o decréscimo de atividade, que não são doenças. Seis anos depois, ao ser repreendida pela FDA, a Cephalon teve de pagar 425 milhões de dólares em indenizações por danos. Não obstante, a empresa planeja apresentar o Nuvigil, de nome igualmente simpático, uma versão de longa duração do Provigil. O Nuvigil vai remediar o sono excessivo associado à esquizofrenia, à depressão bipolar, aos ferimentos traumáticos e ao *jet lag*. Então, é uma droga adequada para doenças específicas. No entanto, a Cephalon acrescentou que, "como parte da preparação para algumas destas outras doenças, estamos investigando se há uma melhora na cognição" (Candace Steele, porta-voz da Cephalon).

A incansável Nora Volkow novamente apresentou críticas em um estudo sobre dez homens que tomaram Provigil ou um placebo. Com o Provigil, os níveis de dopamina no cérebro aumentaram como com a cocaína. "Uma vez que as drogas que aumentam a dopamina são potencialmente causadoras de dependência", concluiu, "os resultados sugerem que o risco de dependência em pessoas vulneráveis merece atenção redobrada." A sua ansiedade teve eco no website Erowid, de um ex-estudante de bioquímica que afirmou ter conseguido deixar a cocaína e os opiáceos, mas não conseguia deixar de usar Provigil. Quando parava de tomar a droga, "Começo a pirar. Depois de 4-5 dias sem ela, a cabeça volta a ficar nublada". Vários relatos semelhantes foram postados no site.

Alguns cientistas ainda se entusiasmam com os neuroestimulantes, em parte por razões semelhantes às de Freud ao promover a cocaína. Recentemente, um grupo declarou na *Nature*, em "Towards Responsible Use of Cognitive Enhancing Drugs by the Healthy" (Pelo uso responsável de estimulantes cognitivos por pessoas sadias), que essas substâncias tinham o seu lugar. "Como todas as novas tecnologias, o estimulante cognitivo pode ser bem ou mal utilizado", dizia o artigo. "Devemos dar as boas-vindas aos novos métodos para melhorar o funcionamento cerebral [...] os estimulantes cognitivos seguros e eficazes beneficiarão o indivíduo e a sociedade." Até a Associação Britânica de Medicina, que costuma ser acomodada, afirmou que "o acesso universal a intervenções de estimuladores elevaria o nível básico da capacidade cognitiva, o que de modo geral é considerado algo bom". Tantos os críticos quanto os defensores do uso generalizado dos neuroestimulantes referem-se aos seus efeitos como "neurologia cosmética". Esta é uma expressão tola que não reconhece a complexidade da questão. Mesmo que fosse possível, a alteração da capacidade cognitiva do cérebro tem implicações muito maiores que um mero procedimento cosmético.

Contudo, os tempos de expansão da mente, os anos 1960, já ficaram para trás. Os neuroestimulantes não abrem as portas da percepção, não nos livram das cadeias das quais Karl Marx insistiu que nos libertássemos, não dissolvem os limites do nosso ser cotidiano nem nos levam a encontrar a sombra da divindade em nossas almas. Eles servem para uma pessoa conseguir manter o foco nas horas extras de trabalho, terminar de escrever um relatório de vendas ou estudar para uma prova final. Na verdade, os neuroestimulantes estimulam o capitalismo. Marx teria algo irônico a dizer sobre as substâncias químicas que acorrentam o trabalhador alienado ao computador e fazem dele um zangão mais produtivo. Embora Freud tenha elogiado a cocaína e o tabaco por ajudarem-no a se concentrar, ele também teria se assombrado com o culto ao Provigil. Ser um pouco mais competente em tecnologia da informação não era o que ele tinha em mente quando, memoravelmente, afirmou que a psicanálise tornaria as pessoas livres para "amar e trabalhar".

Este relato sobre o trabalho e o legado de Freud em relação às drogas me leva a duas conclusões — uma sobre a natureza da pesquisa, a segunda sobre a natureza das políticas de drogas. Freud, James e outros estavam interessados na cocaína, na mescalina e no óxido nitroso porque esperavam aprender mais sobre o cérebro. Sabemos muito mais sobre o cérebro do que antes, mas talvez muito menos do que seria de esperar 160 anos depois de Brücke e Helmholtz lançarem a sua entusiasta declaração fisicalista.

Há muitos motivos para esse fracasso relativo. Um deles é a enorme complexidade do cérebro. No que concerne às drogas, os estudos farmacológicos às vezes não são muito confiáveis por sofrerem a influência de considerações financeiras, ao passo que a pesquisa sobre drogas "recreativas" tem sido, em sua maior parte, acidental. Hoffman saiu do padrão ao estudar o LSD durante 50 anos, por exemplo. A maioria dos envolvidos na análise das próprias reações às drogas rapidamente passou a outros campos. Freud parou de escrever sobre a cocaína; Havelock Ellis pôs muito mais energia no estudo do comportamento sexual do que na mescalina; Huxley voltou a escrever romances e temas polêmicos.

Além disso, a ênfase na pesquisa sobre o cérebro, pelo menos nos Estados Unidos e no Reino Unido, centra-se mais no que se poderia denominar "doenças dignas", como AVC, Parkinson e autismo. Há menos simpatia pelos dependentes de drogas do que pelas vítimas dessas doenças, e o sentimento de que eles já custam demasiado à comunidade.

Novas técnicas sofisticadas de imageamento cerebral podem mostrar como o cérebro responde a novos estímulos e às drogas, mas há muitas diferenças individuais, o que não surpreende, dada a complexidade do córtex. Esta complexidade é física, química e filosófica. O problema da mente/corpo não foi resolvido, o que tampouco surpreende, pois vem derrotando grandes filósofos há pelo menos 400 anos. Esse problema nunca foi daqueles que se dissolvem ao serem expressos corretamente. Wittgenstein afirmou que se você fizesse as perguntas certas na linguagem correta, as questões que há séculos atormentam os filósofos se desvaneceriam. Contudo, o problema da mente/corpo é teimosamente prático e real. Ver que neurônios se acendem em determinadas áreas do meu córtex quando vejo um triângulo verde não revela como a matéria se torna mente, como o padrão de neurônios acesos se converte no pensamento, por exemplo, de que eu gosto de triângulos verdes, pois me fazem lembrar que tive de tocar triângulo na banda escolar porque sempre me atrapalhava com as escalas do violino. Há duas linguagens em funcionamento — por um lado, a linguagem da física, da química e da biologia; por outro, a linguagem da subjetividade e da introspecção. Quem descobrir como converter um no outro vai merecer mais do que o Prêmio Nobel, e mesmo assim a conversão poderá apenas ser aproximada.

Contudo, pesquisas introspectivas melhores e em maior quantidade seriam um avanço modesto. Isso exigiria um chute no córtex ou, para dizê-lo mais formalmente, uma mudança de atitude diante do que os psicólogos consideram pesquisa legítima. Jack e Roepstorff argumentam que "o crescimento da ciência cognitiva deixou claro que precisamos da introspecção para enfrentar questões teóricas centrais, como a consciência e os estados subjetivos". Os psicólogos acadêmicos "resistem" à introspecção, embora a resistência seja ilógica. Os psicólogos sabem que os objetos dos experimentos cognitivos "estão quase invariavelmente conscientes" e, no entanto, preferem ignorar essa consciência. Tristemente, há décadas um psicólogo me ensinou que, frequentemente, a disciplina é alheia à lógica. Jack e Roepstorff tinham razão ao dizer que "a experiência ainda é considerada um problema, mais do que uma fonte pronta para ser destampada". Essa rejeição da subjetividade limita a psicologia. Isso prosseguirá assim enquanto muitos psicólogos se preocuparem mais com a aceitação da disciplina como uma "ciência" do que com a verdadeira utilidade das suas descobertas.

Jack e Roepstorff reconhecem, porém, que não vão operar mudanças rápidas na psicologia. Deixem os psicólogos às voltas com seus experimentos objetivos, dizem eles, mas com uma nova ênfase. Deixem as pessoas fazerem a tarefa objetiva mensurável tradicional — a resposta ao estímulo é mais rápida quando se toma um composto qualquer? Mas depois entrevistem o objeto da pesquisa e façam as perguntas que se faria num estudo introspectivo:

Como foi a experiência para você?

Que lembranças lhe trouxe?

O que acha que ocorreu com o seu corpo?

"Os relatórios retrospectivos enriquecerão consideravelmente os experimentos, permitindo compreender 'como é' fazer a tarefa, e podem revelar fenômenos experimentais inesperados e importantes", argumentam Jack e Roepstorff. Eles sugerem também que os experimentos com imageamento cerebral tenham três componentes:

- A mensuração objetiva tradicional do comportamento.
- O registro tradicional da atividade cerebral, aprimorado pelos últimos avanços tecnológicos, incluindo as técnicas recentes de imageamento cerebral.
- Evidências introspectivas, que eles esperam relacionar com o anterior.

Jack e Roepstorff chamam essas abordagens de "diferentes camadas de descrição" e "não enxergam a lógica da prática atual de ignorar uma destas fontes de evidência, o relatório introspectivo". Citam o biólogo Seymour Kety, que afirmou: "A natureza é uma mina enganosa, e é temerário percorrê-la com um olho fechado e um pé manco." Num artigo sobre o futuro da psicologia experimental, Alan Costall (2010) argumentou que a ciência é um "projeto humano" e "muitas das figuras mais renomadas da psicologia evolucionista recente estão profundamente confusas a respeito do lugar da subjetividade na pesquisa experimental objetiva".

A proposta soa modesta e sensata, mas exige que os psicólogos sejam mais abertos. Eles poderiam começar lendo John B. Watson, o fundador do behaviorismo, considerado um importante proponente inicial do "empirismo radical" na psicologia. Longe de ser dogmático, Watson frequentemente tinha conversas profundas com os seus objetos de pesquisa, o que era natural, já que muitos deles eram colegas na Johns Hopkins. (Watson e Karl Lashley, um colega psicólogo, se divertiram em um verão estudando o efeito da ingestão de uísque na sua habilidade para datilografar e atirar com o arco e flecha. O experimento lhes permitiu obter legalmente um pouco de uísque em plena Lei Seca e, claro, incluir o custo da bebida nos gastos vitais da pesquisa.) Como a psicologia se alastrou como disciplina acadêmica, cada vez mais experimentos são feitos com estudantes do primeiro período, frequentemente por seus próprios professores — e os psicólogos falam muito menos com eles do que se os objetos de pesquisa fossem escolhidos entre os seus pares.

Não se trata só de uma questão de método, mas de posição social. Quando Freud usou Herzig como cobaia e, na verdade, quando Havelock

Ellis deu mescalina aos seus amigos artistas, havia equidade entre pesquisadores e objetos de pesquisa, o que tornava os primeiros mais suscetíveis a encarar seriamente os participantes.

Além de lutar por pesquisas mais acabadas, a história sugere que é preciso um enfoque mais racional na política voltada para as drogas em todas as áreas. De certo modo, as minhas propostas nesse sentido ecoam as de David Healy, autor de *The Creation of Psychopharmacology*. Apesar do pânico moral e das intermináveis histórias dos tabloides, os governos não conseguiram controlar o tráfico de drogas. Alguns argumentam que todas as drogas deveriam ser legalizadas. Afinal, o álcool e o tabaco são profundamente prejudiciais e continuam sendo legais. No entanto, a legalização de todas as drogas apresenta perigos óbvios.

Uma abordagem alternativa seria que todas as drogas atualmente ilegais fossem vendidas por farmacêuticos — mas só por farmacêuticos. Elas poderiam ser compradas sem receita unicamente por indivíduos registrados como usuários de drogas (um registro confidencial zelosamente protegido). A vantagem desse sistema seria que as pessoas saberiam o que compram, pois os farmacêuticos não seriam autorizados a vender drogas adulteradas. Quando Freud encomendava seu grama de cocaína à Merck, não se preocupava com a sua pureza.

Qualquer pessoa registrada como usuária de droga seria antes examinada por um médico ou alguém qualificado para trabalhar com drogas. Ela teria de fazer um acordo sobre qual seria a ração de droga do usuário. Afinal, se estamos numa *guerra contra as drogas*, o racionamento faz sentido. Seria possível comprar, por exemplo, uma pequena quantidade de cocaína quatro vezes por mês, e nunca mais de uma vez por semana. Seria semelhante à política que o governo britânico empregou por mais de 50 anos após o relatório Rolleston, quando os dependentes de heroína eram tratados com heroína receitada. O sistema começou a entrar em colapso na década de 1970, mas, quando filmei *Kicking the Habit*, entrevistei alguns — só alguns — dependentes que conseguiam manter seus empregos e levavam uma vida em família relativamente normal. É difícil saber quanto custaria criar o tipo de sistema que sugiro, mas provavelmente não custaria mais do que os 15 bilhões de libras que o Comitê de Contas Públicas calculou ser o valor do comércio de drogas no Reino Unido.

Essa política não eliminaria o comércio ilegal, mas o reduziria de modo significativo. Uma versão modificada dela também funcionaria nas prisões, onde, como vimos, atualmente reina o caos. Claro, um sistema como esse seria inevitavelmente burlado por alguns, que venderiam a outros a sua ração de drogas, mas isso poderia ser resolvido, ao menos em parte, mantendo-se as penalidades legais para a venda de drogas sem licença e obrigando os usuários a fazer exames de urina regulares para garantir que consomem unicamente a sua ração da droga. Uma pequena taxa — muito menor que os preços do mercado negro — paga pelos usuários de drogas recreativas poderia ser empregada para combater os problemas causados pelo uso de drogas. Essa abordagem tiraria grande parte do glamour do uso de drogas ilícitas e, combinada com uma abordagem médica sensata para a dependência crônica, poderia oferecer a esperança verdadeira de reduzir a violência relacionada às drogas. Em muitos países a maré se virou contra o modelo da *Guerra às Drogas* e a descriminalização da posse para uso pessoal em Portugal tem sido bem-sucedida. Esse país tem um dos índices mais baixos de crimes violentos na Europa. Um armistício na *Guerra às Drogas* seria imperfeito — mas certamente, seria um avanço com relação à situação atual.

É hora de voltar a Freud e a Hoffman. Este último continuou acreditando nos benefícios terapêuticos do LSD até a sua morte, aos 102 anos. O LSD e outras drogas psicoativas "mudaram a minha vida e me deram um novo conceito do que é a realidade", disse ele, e acrescentou:

> Antes, eu acreditava que só havia uma realidade: a da vida cotidiana. Porém, com o LSD entrei em realidades que eram tão reais e até mais reais que a do cotidiano [...]. Tornei-me consciente da maravilha da criação, da magnificência da natureza e dos reinos animal e vegetal. Tornei-me muito sensível ao que ocorrerá com eles e com todos nós.

Após muitas e muitas "viagens de ácido", Hoffman finalmente desistiu dos psicodélicos. "Conheço o LSD; não preciso tomá-lo novamente", afirmou. Ele acreditava ter aprendido tudo o que era possível sobre a droga.

Se Freud tivesse tomado mescalina, em vez de cocaína, ou se um viajante do tempo lhe tivesse oferecido LSD, será que teria desenvolvido a psicanálise de outro modo? A evidência sugere que isso provavelmente teria ocorrido. O LSD parece lidar com um dos grandes problemas que os psicanalistas trabalham com os seus clientes — a resistência. Não compreendemos por que o LSD abre o que está reprimido. Mas a evidência de Bastiaans e outros deixa claro que isto ocorre com frequência. Claro, é possível que Freud com ácido tivesse tomado a decisão oposta ao Freud histórico com coca, e tivesse se dedicado à metafísica e à filosofia, e não ao inconsciente. Talvez um Freud inspirado pelo ácido tivesse até passado por uma experiência de conversão, dado as costas à ciência e ao ateísmo e se tornado rabino.

É pena que Hoffman parecesse conhecer tão pouco sobre o trabalho de Freud com a cocaína e não tenha ido a Londres depois de descobrir o LSD. O jovem químico e o velho psicanalista teriam tido muito assunto e, entre eles, poderiam ter aberto portas para novos estados da percepção.

Bibliografia

Como a obra de Freud e os comentários sobre o seu trabalho são muitos, esta bibliografia geral com obras de ou sobre Freud se divide em quatro partes.

1. Obras de Sigmund Freud

Todas as referências são à *Obra Completa*, da Standard Edition de James Strachey com a ajuda de Anna Freud. A edição inglesa foi publicada pela Hogarth Press de Londres, que era dirigida por Leonard e Virginia Woolf. Elas vêm abreviadas como SE e o número seguinte indica o volume. As datas são as da primeira publicação em alemão.

1895. *Projeto para uma psicologia científica*. SE 1.
1895. *Estudos sobre a histeria*. SE 2.
1899. *A interpretação dos sonhos*. SE 4-5.
1903. *Chistes e sua relação com o inconsciente*. SE 8.
1909. *O pequeno Hans: análise de uma fobia em um menino de 5 anos*. SE 10.
1913. *Totem e tabu*. SE 13.
1914. *O Moisés de Michelangelo*, primeira publicação em *Imago*. SE 13.
1920. *Além do princípio do prazer*. SE 18.
1923. *O ego e o id*. SE 19.
1925. *Um estudo autobiográfico*. SE 19.
1926. *Sobre Dostoiévski*. SE 20.
1927. *O futuro de uma ilusão*. SE 21.
1932. *Por que a guerra*? Panfleto para a Liga das Nações. SE 22.
1937. *Análise terminável e interminável*. SE 23.
1937. Traduções de *Topsy*, de Marie Bonaparte. Albert de Lange: Bruxelas.
1938. *Moisés e o monoteísmo*. SE 23.

1940. *Esboço de psicanálise.* SE 23.

Freud excluiu seu trabalho sobre a cocaína da Standard Edition, mas um compêndio útil pode ser encontrado em: Byck, Robert (org.) (1975) *The Cocaine Papers*, Nova York: New American Library (Meridian).

O que segue reproduz todos os escritos de Freud sobre a cocaína e alguns comentários, que incluem:

Freud, Sigmund. (1974) *Über Coca.* Primeira edição em alemão, 1884.
Freud, Sigmund. (1974) *Addenda to Über Coca.* Primeira edição em alemão, 1885.
Freud, Sigmund. (1974). *Craving for and fear of cocaine.* Primeira edição em alemão, 1887.

2. Cartas de Freud

Freud, Sigmund. *Letters of Sigmund Freud 1873-1939* (Freud, Ernst, org.), Londres: Hogarth, 1961.
Freud, Sigmund. *Letters*, Nova York: Basic Books, 1960.
Freud, Sigmund. *Letters of Sigmund Freud and Eduard Silberstein: 1871-1881*, Cambridge, MA: Harvard University Press, 1989.
Freud, Sigmund. *Letters* (1914-1938) Coleção MS na Biblioteca John Rylands da Universidade de Manchester. A coleção inclui cartas do seu sobrinho Samuel.
Freud, Sigmund. *The complete letters of Sigmund Freud to Wilhelm Fliess, 1887-1904* (Masson, Jeffrey M., org. e trad.), Cambridge, MA: Harvard University Press, 1985.
Freud, Sigmund. *Briefbraute*, Frankfurt: Fischer, 1998.

3. Obras de parentes e amigos

Bernays, Edward. (1923) *Crystallizing Public Opinion.* Artigos de Edward Bernays na Biblioteca do Congresso.
Bernays, Edward. *Propaganda*, Brooklyn, NY: Ig Publishing, 2004.
Bernays-Freud, Anna. "My brother Sigmund Freud", *American Mercury*, 2005, 51 (203), 335-342.

Bernays-Freud, Anna. *Eine Wienerin in New York*, Berlim: Aufbau-Verlag, 2005.

Bernays-Heller, Judith. "Freud's Mother and Father", em *Freud as we know him* (Ruitenbeck, Hendrick M., org.), Detroit: Wayne State University Press, 1973.

Freud, Martin. *Glory reflected: Sigmund Freud — man and father*, Londres: Angus & Robertson, 1975.

Zweig, Stefan. *Mental Healers*, Londres: Cassel and Co., 1931.

4. Biografias e aspectos da obra de Freud

Baur, Eva G. *Freud's Wien: eine Superunsuche*, Munique: Verlag C. H. Beck, 2005.

Bertin, Celia. *Marie Bonaparte: a life*, New Haven: Yale University Press, 1987.

Farrell, Brian A. *The Standing of Psychoanalysis*, Oxford: Oxford University Press, 1981.

Ferris, Paul. *Dr Freud: a life*, Londres: Sinclair-Stevenson, 1997.

Forrester, John. *Dispatches from the Freud Wars: psychoanalysis and its passions*, Londres: Harvard University Press, 1997.

Gay, Peter. *Freud: A Life for Our Time*, Londres: Dent, 1988.

Grosskurth, Phyllis. "The Shrink Princess", *New York Review of Books*, 16 de dezembro de 1982, 29 (20).

Hayman, Ronald. *A Life of Jung*, Londres: Bloomsbury, 1999.

Hogenson, George B. *Jung's Struggle with Freud: a metabiological study*, Brooklyn, NY: Chiron Publications, 1994.

Jones, Ernest R. *Sigmund Freud*, 3 vols., Nova York: Basic Books, 1953-1957.

Malcolm, Janet. *In the Freud Archives*. Nova York: Knopf, 1985.

Masson, Jeffrey M. *The Assault on Truth: Freud's suppression of the seduction theory*, Nova York: Farrar, Straus and Giroux, 1984.

Rand, Nicholas e Torok, Maria. *Questions for Freud: the secret history of psychoanalysis*, Londres: Harvard University Press, 1997.

Sulloway, Frank J. *Freud, Biologist of the Mind: beyond the psychoanalytic legend*, Nova York: Basic Books, 1979.

Wollheim, Richard. *Freud*, Londres: Fontana/ Collins, 1971.

Wollheim, Richard (org.). *Freud: A Collection of Critical Essays*, Garden City, NY: Anchor Books, 1974.

Wollheim, Richard e Hopkins, James (orgs.). *Philosophical Essays on Freud*, Cambridge: Cambridge University Press, 1982.

Wortis, Joseph. *Fragments of an analysis with Freud*, Nova York: Simon & Schuster, 1954.
Young-Bruehl, Elisabeth. *Anna Freud: a biography*, 2ª ed., Londres: Yale University Press, 2008.

Referências por capítulos

Introdução

Burroughs, William S. *The Naked Lunch: the restored text*, Londres: Fourth Estate, 2010.
Burroughs, William S. Jr. *Speed*, Londres: Olympia Press, 1970.
Burroughs, William S. Jr. *Kentucky Ham*, Nova York: E. P. Dutton, 1973.
Kicking the Habit. Filme para a Rede ITV estreado em 9 de julho de 1985.
Goethe, Johann Wolfgang von. *Fausto*: *the first part of the tragedy with unpublished scenarios for the Walpurgis Night and the Urfaust*, trad. de John R. Williams, Ware, Herts.: Wordsworth Editions Limited, 1999.

Capítulo 1

Os primeiros artigos de Freud sobre psicologia e enguias são:

Freud, Sigmund. Beobachtungen über Gestaltung und feineren Bau der als Hoden beschriebenen Lappenorgane des Aals [Observações sobre a formação e a estrutura mais delicada dos órgãos em forma de lóbulo da enguia descritos como testículos]. *Sitzungsberichte der Kaiserliche Akademie der Wissenchaften* (Viena), 1887a, 75: pp. 419-431.
Freud, Sigmund. Über den Ursprung der Hinteren Nervenwurzeln im Rückenmark von Amnocoetes (Petromyzon Planeri) [Sobre a origem das raízes nervosas posteriores na medula de amnocoetes (Petromyzon Planeri)]. *Sitzungsberichte der Kaiserliche Akademie der Wissenchaften* (Viena), 1877b, 75, pp. 15-30.
Freud, Sigmund. Über Spinalganglien und Rückenmark des Petromyzon [Sobre os gânglios espinhais e a medula do Petromyzon]. *Sitzungsberichte der Kaiserliche Akademie der Wissenchaften* (Viena), 1878, 78, pp. 81-167.
Freud, Sigmund. A new histological method for the study of nerve-tracts in the brain and spinal Cord. *Brain: A Journal of Neurology*, 1884, 7, pp. 86-88.

Outras referências:

Há um longo debate sobre o behaviorismo e seus vícios e virtudes. Duas obras captam o sabor e as paixões que ele desperta, ver o positivo:

Broadbent, Donald. *Behaviour*, Oxford: Oxford University Press, 1961.

E o negativo:

Jordan, Nehemiah. *Themes in Speculative Psychology*. Londres: Tavistock, 1968.

Sobre Clinton, a inalação de substâncias e a exalação de falsidades, ver:

Hitchens, Christopher. *No One Left to Lie to: the triangulations of William Jefferson Clinton*. Londres: Verso, 2000.

Sobre o Clube dos Haxixins, ver:

Théophile Gautier, Pierre J. "Le club des Haschischins", *Revue des Deux Mondes*, 1º de fevereiro de 1846.

Sobre Humphry Davy, ver:

Thorpe, Thomas E. *Humphry Davy, poet and philosopher*, Stroud: Nonsuch, 2007

Sobre Freud e Jung, ver:

Hogenson, George B. *Jung's Struggle with Fred: a metabiological study*, op. cit.

Sobre Melitta Schmideberg, ver:

Schmideberg, Melitta. *Children in Need*, Londres: publicado na Psychological & Social Series: Allen & Unwin, 1948.

Em 1957 ela lançou *The International Journal of Offender Therapy and Comparative Criminology*.

Sobre Alexander Shulgin, ver:

Shulgin, Alexander & Shulgin, Ann. *Pihkal: a chemical love story*, Berkeley, CA: Transform Press, 1991.

Sobre John B. Watson, ver:

Cohen, David. J. *B. Watson, the founder of Bahaviourism: a biography*, Londres: Routledge & Kegan Paul, 1979.

Outras referências:

Benaim, Valérie e Azeroual, Yves. *Nicolas Sarkozy and Carla Bruni: the true story*. Londres: Cutting Edge Press, 2010.

Bloom, Harold. "The Art of Criticism nº 1", *Paris Review*, 118, primavera de 1991.

Boxer, Sarah. "Flogging Freud", *New York Times*, 10 de agosto de 1997.

Clapton, Eric com Sykes, Christopher S. *Eric Clapton: the autobiography*. Londres: Arrow, 2008.

Cohen, David. *Psychologists on Psychology*, Londres: Routledge & Kegan Paul, 1977.

Cohen, David. *Diana: Death of a Goddess*, Londres: Century, 2004.

Cohen, David. *A fuga de Freud*, Rio de Janeiro: Record, 2011.

Edmonds, David e Eidinow, John. *Decadência e queda do império freudiano*, Rio de Janeiro: Civilização Brasileira, 1993.

Farrell, Brian A. *The Standing of Psychoanalysis*, op. cit.

Frankl, Viktor E. *Man's search for meaning: an introduction to logotherapy*, Boston: Beacon Press, 2006.

Gore, Al e Gore, Tipper. *Joined at the Heart: the transformation of the American family*, Nova York: Henry Holt, 2002.

Granaham, Tom. "High Finance", *Investment Dealer's Digest*, 12 de dezembro de 2007.

James, William. *The Principles of Psychology*, Nova York: Dover, 1950.

Laing, Ronald D. *The Divided Self: an existential study in sanity and madness*, Londres: Tavistock, 1960.

Menninger, Karl. *Sparks*, Nova York: Thomas Y. Crowell, 1973.

Obama, Barack. *Dreams from My Father: a story of race and inheritance*, Edimburgo: Canongate, 2008.

Reich, Wilhelm. *The Mass Psychology of Fascism*, Nova York: Farrar Strauss and Giroux, 1970.
Skinner, Burrhus F. *Particulars of my Life*, Londres: Cape, 1976.
Wittgenstein, Ludwig. *Lectures and conversations on aesthetics, psychology and religious belief*, Oxford: Blackwell, 1970.

Capítulo 2

Sobre Jones, ver:

Maddox, Brenda. *Freud's Wizzard: the enigma of Ernest Jones*, Londres: John Murray, 2006.

Sobre os hábitos noturnos de William Gladstone, ver:
Magnus, Philip. *Gladstone: a biography*, Londres: Penguin, 2001.

A famosa citação "a humanidade não aguenta muita realidade" é de Burnt Norton, um dos Quatro Quartetos publicados pela Faber and Faber, onde Eliot era diretor. Um dos fatos menos conhecidos sobre Eliot é que ele conheceu, estimulou e publicou o autor de ficção científica Brian Aldiss, que me contou que a sua ficção científica era muito influenciada por Freud.

Eliot, T. S. *Four Quartets*, Londres: Faber and Faber, 1943.

Outras referências:

Bell, Sanford J. "A Preliminary Study on the Emotion of Love Between the Sexes", *American Journal of Psychology*, 1902, 13 (3), pp. 325-354.
Bernard Shaw, George. *Pygmalion*, Harmonsworth: Penguin, 2003.
Produzida em 1912, esta é a peça em que Alfred Doolittle assombra a classe média com sua moralidade radical. O autor teve a honra de entrevistar Stanley Holloway, que fez este papel em *My Fair Lady*.
Broderau, J. *Opium, Morphine et Cocaine*, Cours de Medicine Legal à la Faculté de Médecine, Paris, 1906.
Doyle, Arthur Conan. *The Sign of Four*, Londres: Spencer Blackett, 1890.
Eastman, Max. *Heroes I have known: twelve who lived great lives*, Nova York: Simon and Schuster, 1942.

Einstein, Albert e Freud, Sigmund. *Por que a guerra?,* op. cit.
Ellis Havelock. *Studies in the Psychology of Sex*, 6 vols., Charlston, SC: Bibliobazaar, 2006.
Eyguesier, Pierre. *Comment Freud devint drogman: études sur la coca et la cocaine à la Belle Époque* (Bibliothèque des Analytica), Paris: Seuil, 1983.
Jastrow, Joseph. *A psicanálise ao alcance de todos. O edifício que Freud construiu*, Rio de Janeiro: José Olympio, 1948.
Jones, Ernest R. *The Elements of Figure Skating*, Londres: Methuen, 1931.
Jones, Ernest R. *Sigmund Freud*, 3 vols., op. cit., 1953-1957.
Lewis, David. *The man who invented Hitler*, Londres: Headline, 2003.
Malcolm, Janet. *In the Freud Archives*, op. cit.
Masson, Jeffrey M. *The Assault on Truth: Freud's suppression of the seduction theory*, op. cit., 1984.

A carta em que Freud admite o que hoje chamaríamos de um sonho inapropriado com sua filha Mathilde foi escrita a Fliess em maio de 1887 e consta em: Masson, Jeffrey M. *The letters of Freud and Fliess*, op cit.

Schitzler, Arthur. *La Ronde*, Londres: Nick Hern Books, 2007.
Schur, Max. *Freud, Living and Dying*, Londres: Hogarth Press, 1972.
Sófocles. *Oedipus Rex*, Nova York: Harcourt, Brace & World, 1939.
Swales, P. J. *Freud, Faust and cocaine: new light on the origins of psychoanalysis*. Palestra na New York University, 27 de abril de 1981.
Thorton, Esther. *Freud and cocaine: the Freudian fallacy*, Londres: Blond and Briggs, 1983.
Thurber, James G. e White, Elwyn B. *Is Sex Necessary? Or, why you feel the way you do*, Nova York: Harper, 1952.
Von Scheidt, Jürgen. *Freud und das Kokain: die Selbstversuche Freuds als Anstoss zur 'Traumdeutung'*, Munique: Kindler, 1973.
Zweig, Stefan. *Mental Healers*, op. cit.

Capítulo 3

Sobre a infância de Freud, ver:

Gicklhorn, Renée. "The Freiburg period of the Freud family", *Journal of History of Medicine and Allied Sciences*, 1969, 24 (1), pp. 37-43.

E:

Sajner, Josef. "Sigmund Freud's Beziehungen zu seinem Geburtsort Freiburg (Pribor) und zu Maehren", *Clio Medica*, 1968, 3, pp. 167-180.

Outras referências:

Krüll, Marianne. *Freud und sein Vater: Die Entstehung der Psychoanalyse und Freuds ungelöste Vaterbindung*, Munique: Beck, 1979.
Krüll, Marianne. *Freud and his father*, Nova York: W. W. Norton, 1986.
Rand, Nicholas e Torok, Maria. *Questions for Freud: the secret history of psychoanalysis*, op. cit.
Vitz, Paul. *Sigmund Freud's Christian Unconscious.* Grand Rapids: William Eerdmans, 1993.

A carta em que Freud compara a saudade de Anna com a falta que lhe faz fumar charuto foi escrita para Lou Andreas-Salomé em 1922 e está citada em: Young-Bruehl, Elisabeth. *Anna Freud: a biography*, op. cit.

Capítulo 4

Para uma boa história sobre a Coca-Cola, ver:

Pendergrast, Mark. *For God, country and Coca-Cola: the history of the world's most popular soft drink*, Londres: Orion Business, 2000.

Sobre Cortés, ver:

Díaz del Castillo, Bernal. *The Conquest of New Spain*, Harmondsworth: Penguin, 1963.
Vailliant, George C. *Aztecs of México: origin, rise and fall of the Aztec nation*, Garden City, NY: Doubleday, 1944.

Sobre Humphry Davy, ver:

Thorpe, Thomas E. *Humphry Davy, poet and philosopher*, op. cit.

Sobre Mantegazza, ver:

Mantegazza, Paolo. (1858) "On the hygienic and medicinal properties of coca and on nervine nourishment in general", em: Andrews, George e Solomon, David, *The coca leaf and cocaine papers*, Nova York: Harcourt Brace Jovanovich, 1975.

Sobre Paracelso, não desanime com o fato de o príncipe Charles ser um fã. A melhor biografia é:

Ball, Philip. *The Devil's Doctor: Paracelsus and the World of Renaissance Magic and Science*, Londres: Arrow, 2007.

Sobre Von Tschudi e Niemann, ver:

Karch, Steven B. *A brief history of cocaine*, Boca Raton: CRC Press, 1998.

Outras referências:

Aschenbrandt, Theodore. "On the Workings of Cocaine", *Deutsche Medicine Wochenschrift*, 12 de dezembro de 1883.

Baudelaire, Charles. *Artificial Paradise*, Nova York: Herder and Herder, 1971.

Christison, Robert. "Observation on the Effects of Cuca, or Coca, the Leaves of Erythroxylon Coca", *British Medical Journal*, 1876, 1 (800), p. 527.

Gautier, J. em: Eyguesier, Pierre. *Comment Freud devint drogman: études sur la coca et la cocaine à la Belle Époque*, op. cit., 1983.

Gautier, Théophile. *Le club des haschischins*, op. cit., 1846.

Hayter, Alethea. *Opium and the Romantic Imagination*, Londres: Faber and Faber, 1968.

James, William. "Subjective Effects of Nitrous Oxide", em Le Doux, Joseph E. *The Emotional Brain: the Mysterious Underpinnings of Emotional Life*, Nova York: Simon and Schuster, 1996.

James, William. *The Varieties of Religious Experience: a study in human nature*, Harmondsworth: Penguin, 1983.

Maisch, John M. "On Coca Leaves", *Medical and Surgical Reporter*, 1861, 6 (18), p.399.

Merck, E. *Cocaine and its salts*, em Byck, Robert (org.) *The Cocaine Papers*, Nova York: New American Library (Meridian), 1975.

De Quincey, Thomas. *Confessions of an English Opium Eater*, Oxford: Oxford University Press, 2008.

Capítulo 5

Sobre Martha Bernays, ver:

Behling, Katja. *Martha Freud: a biography*, Cambridge: Polity, 2005.

Sobre Josef Breuer, ver:

Oberndorf, Clarence P. "Autobiography of Josef Breuer (1842-1925)", *International Journal of Psycho-Analysis*, 1953, 34, pp. 64-67.

Sobre Fleischl, ver:

Medwed, Hans-Peter. *Ernst Fleischl von Marxow (1846-1891): Leben und Werk*, Tübingen: MVK Medien Verlag Köhler, 1997.

Sobre o hábito de Freud de tomar dinheiro emprestado, ver as suas cartas a Martha de 6 de junho de 1885, 10 de fevereiro de 1886, 13 de maio de 1866 — o tema reaparece ligeiramente diferente numa carta de 1938 que enviou de Londres ao seu advogado, o dr. Indra. Os nazistas queriam confiscar uma de suas contas bancárias estrangeiras em florins holandeses, e Freud pediu ao dr. Indra que protestasse, pois lhe haviam prometido que poderia usar o dinheiro para começar uma nova vida na Inglaterra. Anton Sauerwald, o nazista que ajudou Freud a fugir da Áustria, tentou persuadir a Gestapo a não confiscar o dinheiro holandês. Às vezes Freud empregava o termo ídiche *schnorrer* para reclamar de indivíduos que parasitavam outros, mas na juventude ele também foi um pouco *schnorrer*.

Sobre Hansen, ver:

Gauld, Alan. *A History of Hypnotism*, Cambridge: Cambridge University Press, 1992.

Existe uma vasta bibliografia sobre Anna O., que inclui:

Borch-Jacobsen, Mikkel. *Remembering Anna O.: a century of mystification*, Nova York: Routledge, 1996.

Jones, Ernest sobre Anna O., em Jones, Ernest R. *Sigmund Freud*, op. cit., vol. 1, 1953-1957.

Skues, Richard A. *Sigmund Freud and the History of Anna O.: reopening a closed case*, Basingstoke: Palgravre Macmillan, 2006.

Outras referências:

Bernays-Freud, Anna. *Eine Wienerin in New York*, op. cit., 2005.

Breslau N. Lucia V. C. e Alvarado M. P. H. "Intelligence and Other Predisposing Factors in Exposure to Trauma and Posttraumatic Stress Disorder", *Arch Gen Psychiatry*, 2006; 63: 1.238-1.245.

Darwin, Charles. *The correspondence of Charles Darwin*, vol. 2, Cambridge: Cambridge University Press, 1985.

Freud, Sigmund, em *Brain*, op. cit.

Freud, Sigmund e Silberstein, Eduard. *Letters of Sigmund Freud and Eduard Silberstsein: 1871-1881*, op. cit., 1989.

A carta de Freud a Stefan Zweig sobre Anna O. foi escrita 50 anos após o ocorrido. Ela tem data de 30 de setembro de 1934 e se encontra em Freud, Sigmund. *Letters*, op. cit.

Freud, Sigmund. *Briefbraute*, op. cit.

Knopmacher, Hugo: artigos na Freud Collection na Biblioteca do Congresso.

Knopmacher, Hugo. "Sigmund Freud in highschool", *American Imago*, 1979, 36, 287-300.

Loas, G., Atger, F., Perderau, F., Verrier, A., Guelfi, J. D., Halfon, O, Lang, F., Bizouard, P., Venisse, J.L., Pérez-Días, F., Corcos, M., Flament, M., Jeammet, P. "Comorbidity of dependent personality disorder and separation anxiety disorder in addictive disorders and in healthy subjects", *Psychopathology* 2002, 35, 249-253.

Capítulo 6

Sobre os intestinos de Freud, as observações mais interessantes sobre o seu Konrad foram citadas em:

Freud, Sigmund, para Jung, Carl J. 4 de outubro de 1909, em McGuire, William. *The Freud/Jung Letters: The Correspondence between Sigmund Freud and C. G. Jung*, Princeton: Princeton University Press, 1974.
Von Anrep, Vassily. "On the psychological action of cocaine", *Pfluges Archives ges. Physiology*, 1880, 21, pp. 38-77.
Palmer, E. R. "Erythroxylon coca as an antidote to the opium habit", *Therapeutic Gazette*. 1880, 1, pp. 163-164.

A carta em que Freud alerta Martha "Pobre de ti, minha princesa" está datada de 2 de junho de 1884 em Freud, Sigmund. *Briefbraute*, op. cit.

Para as transações entre a Merck e Fleischl, ver:

Hirschmüller, Albrecht. "E. Merck und das Kokain: zu Sigmund Freuds Kokainstudien und ihren Beziehungen zu der Darmstädter Firma", *Gesnerus*, 1995, 52 (1-2), pp.116-132.

Outras referências:

Festinger, Leon; Riecken, Henry e Schachter, Stanley. *When prophecy fails*, Nova York: Harper & Row, 1964.
Fleischl para Eitelberger e Brücke para Du Bois, citados em: Medwed, Hans-Peter, *Ernst Fleischl von Marxow (1846-1891): Leben und Werk*, op. cit.,1997.
Freud, Sigmund. *Ein Fall von hirnblutung mit indirekten basalen herdsymptomen bei skorbut*, Viena, 1884.
Freud, Sigmund. *Über Coca*, op.cit.
Freud, Sigmund. Carta a Martha de 5 de outubro de 1885, em: *Briefbraute*, op. cit.
Freud, Sigmund. Cartas a Martha de 13 e 28 de outubro de 1885, em: *Briefbraute*, op. cit.
Freud, Sigmund. Carta a Martha de 9 de maio de 1885, em: *Briefbraute*, op. cit.
Hirschmüller, Albrecht, op. cit., 1995.

Israëls, Han. *Der Wiener Quacksalber: kritische Betrachtungen über Sigmund Freud und die Psychoanalyse*, Jena: Verlag Dr. Bussert & Stadeler, 2006.
Masson, Jeffrey M. Op. cit., 1984.

Capítulo 7

Sobre Hortense Becker e Ernst Freud, ver:

Becker, Hortense. Op. cit., 1974.

Sobre Charcot, ver:

Goetz, Christopher; Bonduelle, Michel e Gelfand, Toby. *Charcot: Constructing Neurology*, Oxford: Oxford University Press, 1995.

Ver também:

Freud, Sigmund. Relatório sobre os meus estudos em Paris e Berlim. SE 1, 1886.

Sobre o escritor francês Alphonse Daudet, ver:

Dufief, Anne-Simone. *Alphonse Daudet*, Rennes: Éditions Ouest France, 2005.

Sobre William Halsted, o "pai da cirurgia americana", ver:

Nuland, Sherwin B. *Doctors: the Biography of Medicine*, Nova York: Knopf, 1988.

Sobre Josef Herzig, ver:

Oberhummer, Wilfrid. "Herzog, Josef", em *Neue Deutsch Biographie*, 1969, vol. 8, Berlim: Duncker & Humblot.

Sobre Koller, a melhor fonte é a sua filha Hortense:

Becker, Hortense. "Coca Koller", em Byck, Robert (org.) , *The Cocaine Papers*, op. cit., 1975.

E:

Koller, Karl. "Vorlaufige Mittheilung über locale Anasthesirung am Auge", *Klinische Monatblatt Augenheilkunde*, 1884, 22, pp. 60-63.

Ver também:

Galbis-Reig, David. "Sigmund Freud and Carl Koller: the controversy surrounding the discovery of local anesthesia", em: Diz J. C., Franco, A., Bacon, D. R., Rupreht, J. e Álvarez, J. (orgs.) *The History of Anesthesia: Proceedings from the Fifth International Symposium on the History of Anesthesia, Santiago de Compostela, Spain, 19-23 September 2001.* International Congress Series, nº 1242, Londres: Elsevier Science, pp. 571-575.

Goldberg, Morton F. "Cocaine: The first local anesthetic and the 'third scourge of humanity': a centennial melodrama", *Archives of Ophthalmology*, 1984, 102 (10), pp. 1443-1447.

Noyes, Henry D. "The Ophthalmologic Conference in Heilderberg", *New York Medical Record*, 1884, 26, pp. 417-418.

Archer, W. H. "The History of Anesthesia", em: Anderson, George M. (org.) *Proceedings Dental Centenary Celebration: 1840-1940*, Maryland State Dental Association, 1940.

Kolbasenko, I. S., "Cocaine in Teeth Extraction", *Russkaia Meditzina* (S. Petersburgo), 1888, 39, p.623.

Sobre Zinner e o duelo, ver:

Becker, Hortense. "Coca Koller", op. cit., 1974.

Outras referências:

Daudet, Alphonse. *In the Land of Pain*, Londres: Jonathan Cape, 2002.

Daudet, Alphonse. *Lettres de mon Moulin*, Paris: Distribooks, 2005.

Daudet, Alphonse. *Tartarin de Tarascon*, Rio de Janeiro: Record, 2008.

Cartas de Freud a Martha de 10, 16 de março e 21 de março e de 12 de maio de 1885, em Freud, Sigmund. *Briefbraute*, op. cit.

Carta de Freud a Martha de 28 de agosto de 1885 em Freud, Sigmund. *Briefbraute*, op. cit.

Carta de Freud a Martha de 24 de novembro de 1885 em Freud, Sigmund. *Briefbraute*, op. cit.
Carta de Freud a Martha de 19 de março de 1886 em Freud, Sigmund. *Briefbraute*, op. cit.
Carta de Freud a Carl Koller de 28 de setembro de 1886, em Becker, Hortense, op. cit., 1974.
Freud, Sigmund. "Nachtrage der Coca", em: Byck, Robert (org.) (1975) *The Cocaine Papers*, op. cit.
Freud, Sigmund. *Obituário de Charcot*, em SE, 3, 1893.
Freud, Sigmund. *Um estudo autobiográfico*, SE, 20, 1925.

Para detalhes sobre a morte de Fleischl, incluindo os comentários de Exner, ver:

Medwed, Hans-Peter. *Ernst Fleischl von Marxow (1846-1891): Leben und Werk*, op. cit., 1997.
Hammond, William A. "Cocaine and the so-called cocaine habit", *The New York Medical Journal*, 1886, 44, pp. 637-639.

Sobre argumentos pró e contra a cocaína, ver:

Halsted, William S. "Practical comments on the use and abuse of cocaine", *The New York Medical Journal*, 1885, 44, pp. 294-295.

Capítulo 8

Sobre John Beard, ver:

Beard, John. "Embryological aspects and etiology of carcinoma", *The Lancet* ,1902, 159 (4112), pp. 1758-1761.
Beard, John. *The Enzyme Treatment of Cancer*, Londres: Chatto and Windus, 1911.

Sobre Emma Eckstein, ver:

Masson, Jeffrey M. *The assault on truth: Freud's suppression of the seduction theory*, op. cit., e sua entrevista com Robyn Williams, "A história da cirurgia de Emma Eckstein", em ABC Radio National (segunda difusão em 3 de junho de 2006).

Freud, Sigmund, para Fliess, Wilhelm: cartas de 8 e 20 de março de 1895, 24 de abril de 1895, 12 de junho de 1895, 26 de agosto de 1895, em Masson, Jeffrey M. *The assault on truth*, op.cit.

Sobre Fliess, ver:

Swales, P. J. (no prelo). *Wilhelm Fliess: Freud's Other*, Nova York: Random House.
Freud, Sigmund para Fliess, Wilhelm, em Masson, Jeffrey M. *The assault on truth*, op. cit.

Sobre John Noland Mackenzie, ver:

Mackenzie, John Noland. "The teaching of Laryngology in Johns Hopkins University", *The Laryngoscope*, 1906, 16 (11), pp. 906-909.

Outras referências:

Martindale, William. *Coca and Cocaine*, Londres: H. K. Lewis, 1886.
Freud, Sigmund. O caso do cheiro de pudim queimado em *Estudos sobre a histeria*, op. cit.
Freud, Sigmund. *Projeto de uma psicologia científica*, op. cit.
Freud, Sigmund para Fliess, Wilhelm, de 22 de dezembro de 1897, em Masson, Jeffrey M. *The assault on truth*, op. cit.
Sulloway, Frank J. *Freud, Biologist of the Mind*, op. cit.

Capítulo 9

Sobre o sonho de Irma, ver:

Erikson, Eric. "The dream specimen of psychoanalysis", *Journal of the American Psychoanalytic Association*, 1954, 2, pp. 5-56.
Freud, Sigmund. O sonho em que era dissecado está em *A interpretação dos sonhos*, op. cit.

Outras referências:

Nordenskjold. *The Antarctic*, Kessinger Publishing, 1904.
Velikovsky, Immanuel. "The dreams Freud dreamed", *Psychoanalytic Review*, 1941, 28, pp. 487-511.

Von Scheidt, Jürgen. *Freud und das Kokain: die Selbstversuche Freuds als Anstoss zur 'Traumdeutung'*, op. cit.
Zizek, Slavoj. "Is psychoanalysis really outmoded? A propos to the 150th anniversary of Freud's birth", *Journal of European Psychoanalysis*, 2006, 2 (23).

Capítulo 10

Sobre Havelock Ellis, ver:

Ellis, Havelock. *My Life: autobiography of Havelock Ellis*, Whitefish M. T.: Kessinger Publishing, 2008.

Outras referências:

Ellis, Havelock. "A note on the phenomenon of mescal intoxication", *The Lancet*, 1897, 149 (3849), pp.1540-1542.
Ellis, Havelock. "Mescal: a new artificial paradise", *The Contemporary Review*, janeiro de 1898.
Meyers, Annie C. *Eight years in cocaine hell*, Chicago: Press of the St. Luke Society, 1902.
Wells, Herbert G. *When the Sleeper Awakes*, Leipzig: Bernhard Tauchnitz, 1899.

Capítulo 11

Sobre o movimento antitabagista na virada do século, ver:

Snowdon, Christopher. *Velvet glove, iron fist: a history of anti-smoking*, Middleton Quernhow: Little Dice, 2009.

Sobre Otto Gross e Wilhelm Steket, ver:

Brome, Vincent. *Freud and his Disciples: the struggle for supremacy*, Londres: Caliban Publications, 1984.

Sobre Karl Kraus, ver:

Timms, Edward. *Karl Kraus, apocalyptic satirist: the post-war crisis and the rise of the Swastika*, New Haven: Yale University Press, 1986.

Sobre Otto Loewi, ver:

Raju, Tonse N. K. "The Nobel Chronicles. 1936: Henry Hallett Dale (1875-1968) and Otto Loewi (1873-1961)", *The Lancet*, 353 (9150), 30 de janeiro de 1999, p. 416.

Sobre Wilhelm Reich, ver:

Sharaf, Myron. *Fury on Earth: a biography of Wilhelm Reich*, Londres: Hutchinson Press, 1984.

Outras referências:

Bhargava, A. P. *Cocaine and its demoralising effects*, Allahabad: Oriental Press, 1916.
Christie, Agatha. *The Murder of Roger Ackroyd*, Londres: W. Collins, Sons & Co., 1926.
Cohen, David. *J. B. Watson, the founder of behaviourism: a biography*, op. cit.
Dostoiévski, Fiódor. *The Gambler, Bobok, and A Nasty Story*, Harmondsworth: Penguin, 1966.
Elkin, Evan J. "Freud's passion",*Cigar Aficionado*, inverno de 1994.
Freud, Martin. *Glory reflected*, op. cit., 1957.
Holroyd, Michael. *Bernard Shaw: Vol. 2, 1898-1918. The Pursuit of Power*, Harmondsworth: Penguin, 1989.
Rolleston, Humphrey. *Report of the Departmental Committee on Morphine and Heroin Addiction*, Londres: HMSO, 1926.
Sayers, Dorothy L. *Murder Must Advertise*, Nova York: Harper Torch, 1995.

Capítulo 12

Sobre Marie Bonaparte, ver:

Bertin, Celia. *Marie Bonaparte*, op. cit.

Sobre Paul Fichtl e Freud em Londres, ver:

Berthelsen Detlef. *La famille Freud au jour le jour; souvenirs de Paula Fichtl*, op. cit., 1991.

Sobre Robert Fliess, ver:

Fliess, Elenore. "Robert Fliess: A Personality Profile", *American Imago*, 1982, 39, pp. 195-218.

Sobre Mathias Göring e a lenda estranha sobre o fascínio dos nazistas pela terapia, ver:

Cocks, Geoffrey. *Psychotherapy in the Third Reich*, Oxford: Oxford University Press, 1987.

Sobre Albert Hoffman e o Dia da Bicicleta, ver:

Hoffman, Albert. *LSD: My Problem Child*, Nova York: McGraw Hill, 1980.

Sobre Jung, ver:

Léon, M. *The Case of Dr. Carl Gustav Jung: Pseudo-scientist Nazi auxiliary*. Relatório ao Departamento de Estado dos EUA e ao Tribunal de Nuremberg, 1946.

Sobre Carl Rogers, ver:

Cohen, David. *Carl Roger: a critical biography*, Londres: Constable, 1997.

Outras referências:

Busch, Anthony K. e Johnson Warren C. "L.S.D. 25 as an aid in psychotherapy: preliminary report of a new drug", *Diseases of the Nervous System*, 1950, 11 (8), pp. 2-4.

Freud, Sigmund, carta a um provável paciente, de 15 de maio de 1933.

Freud, Sigmund, para Freud, Alexander, carta de 19 de abril de 1938 sobre os charutos.

Glover, Edward. "Sigmund Freud (May 6, 1856-September 23, 1939): A broadcast tribute", *The Listener*, 28 de setembro de 1939.

Healy, David. *The Creation of Psychopharmacology*, Cambridge, MA: Harvard University Press, 2002.

Heffer, Simon. *Like the Roman: the life and times of Enoch Powell*, Londres: Weidenfield, 1998.

Huxley, Aldous. *As portas da percepção*, Rio de Janeiro: Civilização Brasileira, 1957.

Huxley, Aldous. *Brave New World*, Londres: Chatto & Windus, 1932.
Jones, Ernest R. "Funeral Oration", *American Imago*, 1940, 1B, pp. 1-3.
Kuhn, R. sobre os tricíclicos, citado em: Fangmann, Peter; Assion, Hans-Jörg; Juckel, Georg; González, Cecilio Llamo; López-Muñoz, Francisco. "Half a century of Antidepressant Drugs: On the Clinical Introduction of Monoamine Oxidase Inhibitor, Tricyclics and Tetracyclics. Part II: Tricyclis and Tetracyclics", *Journal of Clinical Psychopharmacology*, 2008, 28 (1), pp. 1-4.
Wells, Herbert G. *The Door in the Wall*, Fairfield: 1st World Publishing. Originalmente publicado em 1906.

Capítulo 13

Sobre Bastiaans, ver:

Cohen, David. "A war of nerves", *New Scientist*, 1759: 9 de março de 1991.

Sobre Timothy Leary, ver:

Allegro, John M. *The Sacred Mushroom and the Cross: A Study of the Nature and Origins of Christianity within the Fertility Cults of the Ancient Near East*. Edição do 40º aniversário com posfácio de Carl A. P. Ruck. [S. I.]: Gnostic Media Research and Publishing, 2009.

Sobre a história do MK-ULTRA, ver:

Thomas, Gordon. *Journey into madness: medical torture and the mind controller*, Londres: Bantam, 1988.

Sobre Wasson, ver:

Wasson, Robert G. "Seeking the Magic Mushroom", *Life Magazine*, 13 de maio de 1957.
Cohen Sidney. *The Drug Dilemma*, Londres: McGraw Hill, 1976.
Dyck, Erika. "'Hitting highs at Rock Bottom': LSD Treatment for Alcoholism, 1950-1970", *Social History of Medicine*, 2006, 19 (2), pp. 313-329.
Hoffman, Albert. *LSD: My Problem Child*, op. cit.

Leary, Timothy. "The Religious Experience: its production and interpretations", *The Psychedelic Review*, 1964, 1 (3), pp. 324-346.
Leary, Timothy. *Starseed*, San Francisco: Level Press, 1973.
Newberg, A.; d'Aquili, E. e Rause, V. *Why God won't go away*, Nova York: Ballantine, 2002.
Stanley, Owsley. Comentário sobre Timothy Leary postado em página da internet. Disponível em: http://forum.lowcarber.org/showpost.php?p=6064486&postcount=1637.

Capítulo 14

Sobre Bill Collins, ver:

Cohen David e Goodchild, Sophie. "Free after 36 years: the man who was left to rot in Broadmoor", *The Independent on Sunday*, 7 de janeiro de 2007.

Sobre distúrbio de oposição, ver:

Higgins, Edmund S. "Do ADHD Drugs Take a Toll on the brain?", *Scientific American Mind*, 22 de julho de 2009.

Sobre Patrick McGrath, ver:

Cohen, David. *Broadmoor*, Londres: Psychology News Press, 1981.

E:

I Was in Broadmoor. Documentário transmitido pela rede ITV em junho de 1981.

Sobre Shulgin, ver:

Shulgin, Alexander e Shulgin, Ann. *Pihkal: a chemical love story*, op. cit.

Outras referências:

Dyck, Erika. "Flashback: psychiatric experimentation with LSD in historical perspective", *Canadian Journal of Psychiatry*, 2005, 50 (7), pp. 381-388.

Gazzaniga, Michael S. "Smarter on Drugs", *Scientific American Mind*, 21 de setembro de 2005.

Griffiths, Roland; Richards, William A.; Johnson, Marshall W.; McCann, Una e Jesse, Robert L. "Mystical-type experiences occasioned by psylocibin mediate the attribution of personal meaning and spiritual significance 14 months later", *Journal of Psychopharmacology*, 2008, 22 (6), pp. 621-632.

Griffiths, Roland; Richards, William A.; McCann, Una e Jesse, Robert L. "Psylocibin can occasion mystical-type experiences having substantial and sustained personal meaning and spiritual significance", *Psychopharmacology* (Berlim), 2006, 187 (3), pp. 268-283.

Johnson, Marshall W.; Richards, William A. e Griffiths, Roland. "Human hallucinogen research: guidelines for safety", *Journal of Psychopharmacology*, 2008. 22 (6), pp. 603-620.

Kirsch, Irving; Deacon, Brett J.; Huedo-Medina, Tamia B; Scoboria, Alan; Moore, Thomas J. e Johnson, Blair T. "Initial Severity and Antidepressant Benefits: A Meta-Analysis of Data Submitted to the Food and Drug Administration", *PLoS Medicine*, 2008. 5 (2), e45.

Nestler, Eric J. "Research Highlights", *Nature*, 451 (7182), p. 1033, 28 de fevereiro de 2008.

Vedantam, Shankar. "Against Depression a Sugar Pill is Hard to Beat: Placebos Improve Mood, Change Brain Chemistry in Majority of Trials of Antidepressants", *Washington Post*, 2 de maio de 2002, p. A01.

Volkow, Nora D.; Fowler, Joanna e Wang, Gene-Jack. "Role of dopamine in drug reinforcement and addiction in humans: results from imaging studies", *Behavioural Pharmacology*, 2002, 13 (5/6), pp. 355-366.

Volkow, Nora, citada em Rosack, Jim. "Volkow to Head Federal Addiction Research Agency", *Psychiatric News*, 2003, 38 (6), p. 12.

Swanson, James M.; Elliot, Glen R.; Greenhill, Laurence L.; Wigal, Timothy; Arnold, L. Eugene; Vitiello, Benedetto; Hechtman, Lily; Epstein, Jeffrey N.; Pelham, William E.; Abikof, Howard B.; Newcorn, Jeffrey H.; Molina, Brooke S. G.; Hinshaw, Stephen P.; Wells, Karen C.; Hoza, Betsy; Jensen, Peter S.; Gibbons, Robert D.; Hur, Kwan; Stehli, Annamarie; Davies, Mark; March, John S.; Conners, C. Keith; Caron, Mark e Volkow, Nora D. "Effects of stimulant medication on growth rates across 3 years in the MTA follow-up", *Journal of the American Academy of Child and Adolescent Psychiatry*, 2007, 46 (8), pp. 1015-1027.

Wurtzel, Elizabeth. *More, Now, Again: a memoir*, Londres: Virago, 2002.

Capítulo 15

Sobre a saga de David Nutt, ver:

Aitkenhead, Decca. David Nutt: "The government cannot think logically about drugs", *The Guardian*, segunda-feira, 6 de dezembro de 2010.

Cohen, Sidney. *The drugs dilemma*, op. cit.

Sobre Watson, Lashley e as flechas disparadas durante a bebedeira, ver:

Cohen, David. *J. B. Watson, the founder of Behaviourism: a biography*, op. cit.

Outras referências:

Costall, A. "Looking ahead, the future of experimental psychology", *The Psychologist*, 2010, 23, pp. 1022-1023.

Greeley, Henry A.; Sahakian, Barbara; Harris, John; Kessler, Ronald C.; Gazzaniga, Michael; Campbell, Philip e Farah, Martha J. "Towards responsible use of cognitive-enhancing drugs by the healthy", *Nature*, 456 (7223), pp. 702-705, 11 de dezembro de 2008.

Healy, David. *The Creation of Psychopharmacology*, op. cit

Hoffman, Albert. *LSD: My Problem Child*, op. cit.

House of Commons Public Affairs Committee. Report of the Seventh Session. Londres: HMSO, 2009.

Jones, Roy; Morris, Kelly e Nutt, David. *Cognition Enhancers* em: Nutt, David; Robins, Trevor W.; Stimson, Gerald V.; Ince, Martin e Jackson, Andrew (orgs.). *Drugs and the Future: brain, science and society*, Londres: Academic Press, 2008.

Jack, Anthony e Roepstorff, Andreas (orgs.). *Trusting the Subject? The use of introspective evidence in cognitive science*, Exeter: Imprint Academic, 2003.

Lynch, Zack. *The Neuro Revolution: How Brain Science Is Changing Our World*, Nova York: St Martin's Press, 2009.

Volkow, Nora D; Swanson, James M. "The action of enhancers can lead to addiction", *Nature*, 2008, 451 (7178), p. 520.

Créditos das ilustrações

O encarte inclui material de duas revistas para as quais escrevi na década de 1970, *Lords* e *French Psychologie*. Ambas saíram de circulação. Tony Jadunath esteve no Broadmoor e lhe encomendei fotos na década de 1980. Não consegui encontrá-lo, e espero que esteja bem. Todas as demais ilustrações parecem ser de domínio público e as usei de acordo com os termos de uso comum.

Índice

Este livro foi composto na tipologia
Adobe Garamond Pro, em corpo 11,5/16, e
impresso em papel off-white no Sistema Cameron
da Divisão Gráfica da Distribuidora Record.